广西教育发展蓝皮书编委会

主　编：覃壮才　旷　乾

副主编：黄兰妹　谢　清

核心组成员：覃壮才　旷乾　黄兰妹

编　委（按作者姓氏拼音排序）：

杜　鑫　耿雪莲　黄兰妹　黄晓鑫　范俊雄

旷　乾　李　露　李雪岩　李　燕　罗丽玲

覃壮才　苏曼丽　孙维克　唐　银　王　舒

韦兰明　韦克平　谢　清　郑　盼

广西教育发展蓝皮书

第一辑

覃壮才　旷　乾　主　编

GUANGXI NORMAL UNIVERSITY PRESS
广西师范大学出版社
·桂林·

图书在版编目（CIP）数据

广西教育发展蓝皮书. 第一辑 / 覃壮才, 旷乾主编. 桂林：广西师范大学出版社，2017.5
ISBN 978-7-5495-9844-1

Ⅰ. ①广… Ⅱ. ①覃…②旷… Ⅲ. ①地方教育－教育事业－研究报告－广西 Ⅳ. ①G527.67

中国版本图书馆 CIP 数据核字（2017）第 116803 号

广西师范大学出版社出版发行
（广西桂林市中华路 22 号 邮政编码：541001
网址：http://www.bbtpress.com）
出版人：张艺兵
全国新华书店经销
衡阳顺地印务有限公司印刷
（湖南省衡阳市雁峰区园艺村 9 号 邮政编码：421008）
开本：787 mm × 1 092 mm 1/16
印张：19 字数：288 千字
2017 年 5 月第 1 版 2017 年 5 月第 1 次印刷
定价：45. 00 元

前　言

教育是一个民族的“神经系统”，是一个民族的传统和期望的最好表达，是现代文明的基石。党的十八大把教育放在改善民生和加强社会建设的首位，明确提出教育是民族振兴和社会进步的基石，应努力办好人民满意的教育。

2014 年广西教育硕果累累。2014 年，广西以建立教育精准扶贫新机制为核心，着力推动教育公平取得新成效。将学生资助政策与扶贫开发政策进行无缝衔接，建立教育精准扶贫新机制，构建定户、定人教育精准资助扶贫脱困体系，资助各级各类家庭经济困难学生 282.3 万人次，为 28.8 万名家庭经济困难大学生办理生源地信用助学贷款 17.3 亿元。首次实现全区中职生免学费全覆盖，全年共筹措资金 7.84 亿元，其中中央资金 6.27 亿元，自治区资金 1.57 亿元，为约 32 万名中等职业学校在校生免除学费。在 42 个县推进农村义务教育学生营养改善计划，惠及 6 752 所义务教育学校 111.8 万名学生。切实保障了 1.3 万名残疾儿童、38 万名进城务工人员随迁子女和 146 万名农村留守儿童受教育的权利。

2014 年是落实《国家中长期教育改革和发展规划纲要(2010—2020 年)》(以下简称《规划纲要》)的第四年，据广西的教育事业统计数据显示，2014 年广西各项教育事业发展顺利，为今后全面实现《规划纲要》的目标奠定了坚实基础。广西各级各类教育的蓬勃发展，使教育公平得到进一步推进，入学机会继续加大，资源配置更趋合理，教育质量逐步提高。学前教育规模有较大幅度的增长，毛入园率上升较快；义务教育普及与巩固水平进一步提高；高中阶段教育规模略有扩大，比例结构更趋优化；高等教育规模适度增长，重点正转向结构优化与质量提高。

《广西教育发展蓝皮书(第一辑)》较为全面地反映了2014年广西教育发展的状况。内容分为两部分:第一部分“主题报告”用翔实的数据反映了广西各级教育事业发展的总体情况和取得的成就,并对学前教育、义务教育、高中教育、中职教育和高等教育的教育现状进行了深入的分析,较为全面地反映了广西教育的发展情况,尤其是教育资源配置的状况;第二部分的专题报告部分有10篇专论,针对广西教育发展热点问题进行深入的研究,涉及了所有的教育层次。从内容上看,涵盖了民族教育、教育服务贸易、教育营销、学业成就等。

大厦之成,非一木之材也。此书希望能抛砖引玉,为有关教育科学从业和研究人员、关心教育的有识之士提供有益的参考,也期望社会各界能够更加理解和支持广西的教育事业。《广西教育发展蓝皮书》科研组也将继续深入研究、总结经验、探索规律,努力探索和总结新形势下广西教育发展面临的机遇和挑战,努力使《广西教育发展蓝皮书》成为适合教育研究和人民群众需要的、反映广西教育政策研究水平的大众化精品。

由于我们水平有限,难免有疏漏之处,敬请广大读者批评指正。

覃壮才

2015年6月

目 录

第一部分

主题报告

主题报告分为广西教育事业总体状况、学前教育、义务教育、高中教育、中职教育和高等教育六个部分，较为全面地反映了广西教育的发展情况，尤其是教育资源配置的状况。

第一章　广西教育事业总体状况

百年大计，教育为本。教育是一个民族发展的立足之本，教育的发展不仅关系当前而且关系长远，不仅关系到经济繁荣而且关系到社会进步和国民素质的提高。教育是民族振兴、社会进步的基石，是提高国民素质、促进人的全面发展的根本途径。强国必先强教，经济发展和社会进步都离不开教育，而经济和社会又为教育的发展提供了物质基础。把教育摆在优先发展的战略地位，是我国必须长期坚持的一项重大方针。优先发展教育、提高教育现代化水平，对全面建成小康社会、建设富强民主文明和谐的社会主义现代化国家具有决定性意义。

广西作为我国西部的一个民族自治区，经济正在快速发展，人民安居乐业，国家的各种优惠政策、国内外的环境也有利于广西教育的快速发展。特别是我国教育大会的召开和新颁布的《国家中长期教育改革和发展规划纲要（2010—2020年）》，提出了缩小东西部教育差距、实施中西部高等教育振兴计划。这些政策和措施为广西的教育发展提供了难得的机遇，同时也给广西教育的发展带来了巨大的挑战。为推动我区教育事业科学发展，根据《国家中长期教育改革和发展规划纲要（2010—2020年）》，我区制定了《广西壮族自治区中长期教育改革和发展规划纲要（2010—2020年）》，对广西各级各类教育做出了长期的规划。2014年，广西各级各类教育蓬勃发展，教育公平进一步推进，入学机会继续加大，资源配置更趋合理，教育质量逐步提高。学前教育规模有较大幅度增长，毛入园率上升较快；义务教育普及与巩固水平进一步提高；高中阶段教育规模略有扩大，结构更趋合理；高等教育规模适度增长，重点转向结构优化与质量提高。

一、《国家中长期教育改革和发展规划纲要（2010—2020年）》（以下简称《规划纲要》）规定的教育事业发展规划目标实现情况

2014年是落实《规划纲要》的第四年，据广西的教育事业统计数据显示，2014

年广西各项教育事业发展顺利,为今后全面实现《规划纲要》的目标奠定了坚实基础。

(一)学前教育规模增长较快,提前实现纲要提出的目标

《规划纲要》提出要基本普及学前教育。到 2020 年,普及学前一年教育,基本普及学前两年教育,有条件的地区普及学前三年教育。广西积极贯彻落实国务院《关于当前发展学前教育的若干建议》,学前教育取得快速发展。2011 年广西启动了《广西学前教育三年行动计划(2011—2013 年)》,三年来,全区新增幼儿园 1 821 所,幼儿园总数达 8 029 所,新增在园幼儿 37.46 万名,在园幼儿总数 181.71 万名,学前三年毛入园率达 66%,“入园难、入园贵”问题得到有效缓解。2014 年,为加快我区学前教育发展,切实解决“入园难”问题,针对我区实际情况,我区制定了《广西壮族自治区第二期学前教育三年行动计划(2014—2016 年)》。同年,我区出台了《广西壮族自治区人民政府办公厅关于创新体制机制加快学前教育发展的若干意见》,提出通过大力发展多元普惠幼儿园来缓解“入园难”的问题,并出台了配套的政策,如《广西壮族自治区多元普惠幼儿园认定及管理办法》《广西壮族自治区学前教育集团化办园试点办法》《广西壮族自治区幼儿看护点分类管理办法》。在 2014 年,广西幼儿园总数增加到 9 336 所,在园幼儿数增加到 197.34 万名。学前教育三年毛入园率达到 70.40%,提前六年超额完成国家和广西教育规划纲要所提出的 2020 年目标(即学前教育三年毛入园率达 70%)。

(二)义务教育普及水平保持高位,巩固率逐步提高,城乡义务教育发展日渐均衡

《规划纲要》提出巩固提高九年义务教育水平,到 2020 年,全面提高普及水平,全面提高教育质量,基本实现区域内均衡发展,确保适龄儿童接受良好的义务教育。

1.九年义务教育巩固率稳步提高

国家“十二五”规划纲要将九年义务教育巩固率作为“十二五”期间经济社会发展的约束性指标,提出了刚性要求。为确保实现“十二五”时期我区九年义务教育巩固率规划的目标,实施好教育惠民工程,结合我区的实际,我区制定了《关于进一步提高我区义务教育巩固率的工作方案》。全面实施国家、广西中长期教育改革

和发展规划纲要，进一步强化各级人民政府履行提高义务教育普及水平的职责，以保障适龄儿童少年接受义务教育的合法权利为根本出发点，全面提高我区义务教育普及水平，确保九年义务教育巩固率在2011年达到86%，2012年达到88%，2015年达到93%。

2014年，义务教育在校生为6 268 907人，义务教育普及水平继续保持高位；我区初中阶段毛入学率为108.87%；九年义务教育的巩固率达到90.3%。

2.九年义务教育的辍学率逐步下降

为确保九年义务教育巩固率的提高，实现控辍保学的目标，广西先后出台了《广西壮族自治区人民政府办公厅关于开展控制中小学生辍学专项行动的通知》(桂政办发〔2010〕111号)、《广西壮族自治区人民政府办公厅印发关于进一步提高我区义务教育巩固率工作方案的通知》(桂政办发〔2011〕95号)、《关于做好我区未入学适龄残疾儿童少年入学工作的通知》(桂教基教〔2013〕41号)、《广西壮族自治区人民政府办公厅关于进一步规范农村义务教育学校布局调整的实施意见》(桂政办发〔2014〕53号)等有关文件，将控辍保学作为开学工作的重中之重，坚持义务教育巩固率提高年活动的成功经验做法，进一步健全完善"双线控辍工作目标责任制"，把控制学生流失、辍学工作目标分解到具体的部门和个人。2014年，广西小学生、普通初中的辍学率分别为1.47%和2.48%，分别比2010年下降了0.63个百分点和4.12个百分点。小学毕业生升学率为98.37%，比2010年提高了0.67个百分点。

3.城乡义务教育发展日渐均衡

为促进义务教育均衡发展，广西2011年以来先后出台了一系列配套政策，如《关于做好2011年农村义务教育阶段学校教师特设岗位计划工作的通知》、《关于编制中西部地区农村闲置校舍改建项目建设规划(2011—2013年)等规划的通知》、《广西壮族自治区人民政府关于深入推进义务教育均衡发展的实施意见》(桂政发〔2014〕7号)等，促进了广西义务教育的均衡发展，努力使每所义务教育学校达到自治区办学基本标准，着力破解"农村弱""城市挤""择校热"等突出问题。实施重大基础教育工程建设，大力改善办学条件，有效缩小了城乡义务教育学校办学条件的差距。实施农村义务教育学校课桌椅更新工程，为农村义务教育阶段乡镇中小学校统一配备全新钢木课桌椅，基本实现全区农村义务教育阶段学生"人人都有新课桌椅"。不断加强农村骨干教师、教学点教师、农村紧缺薄弱学科教师、民族聚居地区教师的培训，农村教师的教育教学能力得到了整体提升。

（三）高中阶段教育中期规模平稳发展，但离纲要目标还有一定距离

《规划纲要》提出要加快普及高中阶段教育。到2020年，普及高中阶段教育，满足初中毕业生接受高中阶段教育的需求。合理确定普通高中和中等职业学校招生比例，今后一个时期总体保持普通高中和中等职业学校招生比例，今后一个时期总体保持普通高中和中等职业学校的招生规模大体相当。

《广西中长期教育改革和发展规划纲要（2010—2020年）》（以下简称《广西教育规划纲要》）指出，加快扩大高中阶段办学规模，逐年提高高中阶段教育毛入学率。普及高中阶段教育，统筹普通高中教育和中等职业教育协调发展。到2012年，高中阶段教育办学条件改善，高中阶段教育毛入学率达到76%。到2015年，基本普及高中阶段教育，高中阶段教育优质资源扩大，毛入学率达到87.3%。为贯彻落实《广西教育规划纲要》对普通高中提出"深入推进课程改革，全面落实课程方案"的要求，我区于2012年还制定了《广西普通高中课程改革实施方案》。实施普通高中课程改革，是加快推进普及高中阶段教育的一项重要措施，对提高我区人口素质和综合竞争能力，推进经济和社会全面进步与发展，具有深远的战略意义和重要的现实意义。之后，广西出台了《广西壮族自治区人民政府关于高中阶段教育突破发展的若干意见》（桂政发〔2014〕12号）和《关于做好2014年初中毕业升学考试和高中阶段招生工作的通知》（桂教办〔2014〕62号）等文件，以实施高中阶段教育突破发展工程，进一步扩大普通高中的规模。

为贯彻落实国家和自治区中长期教育改革和发展规划纲要以及自治区第十次党代会精神，巩固提高我区职业教育首轮攻坚成果，深入推进国家民族地区职业教育综合改革试验区建设，加强体制机制创新和内涵建设，充分发挥职业教育在扶贫开发中的重要作用，进一步提高职业教育服务富民强桂新跨越战略实施的能力，2012年，我区制定了《广西壮族自治区新时期深化职业教育攻坚五年计划》。该计划对职业教育在未来几年的发展提出了具体的目标。为加快发展我区县级中等职业教育，改善我区中等职业教育特别是县级中等专业学校办学条件薄弱、体制机制不畅、吸引力不强、教育质量不高等问题，2014年，我区制定了《广西壮族自治区县级中等专业学校综合改革计划》。

2014年，我区高中阶段教育招生人数为637 584人，其中中等职业教育招生301 106人，占高中阶段教育招生总数的47.23%；高中阶段在校生规模为1 781 279

人，其中中等职业教育在校生 864 771 人，占高中阶段在校生总数的 48.55%。中等职业教育规模与普通高中规模大体相当。

2014 年，我区高中阶段教育毛入学率达 82%，比《广西教育规划纲要》所提出的 2015 年 87%的规划目标低 5 个百分点，中期目标实现度达 94.25%。

（四）高等教育的普及水平离中期目标尚有一定距离

《规划纲要》提出高等教育大众化水平进一步提高，毛入学率达到 40%。《广西教育规划纲要》不仅描绘了 2010—2020 年广西教育改革发展的宏伟蓝图，而且对未来 10 年广西高等教育事业改革与发展做出了全面部署，提出了振兴高等教育的目标、任务和策略。改革开放以来，特别是"十一五"期间，广西高等教育稳步发展，规模不断扩大，结构布局进一步优化，人才培养质量逐步提高，科学研究和社会服务能力进一步增强，与东盟国家的教育交流合作日益增多，进入了高等教育大众化发展阶段。针对高等教育发展现状，《广西教育规划纲要》提出了全力振兴高等教育的战略目标，这一政策目标将对广西高等教育发展起到指引作用。这个政策目标分为三个步骤：第一步，到 2012 年高等教育结构进一步优化，高等教育毛入学率达到 21%；第二步，到 2015 年高等教育大众化水平大幅度提高，高等教育毛入学率达到 28%；第三步，到 2020 年高等教育规模和质量达到全国平均水平，高等教育毛入学率达到 40%。

2014 年，各种形式的公办高等教育在校生总数达到 727 801 人，其中高职高专 345 934 人，普通本科 355 979 人，研究生 25 888 人。2014 年，我区高等教育毛入学率为 27.3%，比《广西教育规划纲要》提出的 2015 年的目标低 0.7 个百分点。

表 1.1　《广西教育规划纲要》教育事业规划目标实现情况

	《广西教育规划纲要》目标			2014 年	2015 年目标的实现程度(%)
	2012 年	2015 年	2020 年		
学前教育					
幼儿园在园人数(万人)	130	143	151	197.3	
学前一年毛入园率(%)	78	85	95		
学前三年毛入园率(%)	57	60	70	70.4	117.3

续表

	《广西教育规划纲要》目标			2014 年	2015 年目标的实现程度(%)
	2012 年	2015 年	2020 年		
九年义务教育					
在校生(万人)	644	650	690	626.9	
巩固率(%)	88	93	95	90.3	97.1
普通高中教育					
在校生(万人)	156	174	187	173.5	
毛入学率(%)	73	87	90	82	94.3
职业教育					
中等职业教育在校生(万人)	78	87	90	78.3	
高等职业教育在校生(万人)	34	38	42	34.6	
高等教育					
在学总规模(万人)	90	95	110		
在校生(万人)	82	90	100	96.8	
其中：研究生(万人)	2.4	3.0	4.0	2.6	
毛入学率(%)	21	28	40	27.3	97.5

二、各级各类教育规模发展

2014 年，广西共有各级各类学校 25 278 所，比 2010 年增加了 2 712 所。幼儿园 9 336 所，比 2010 年增加 3 987 所；义务教育阶段学校 14 789 所，比 2010 年减少 1 127 所，其中普通小学 12 946 所，比 2010 年减少 996 所，初中阶段学校 1 843 所，比 2010 年减少 131 所；普通高中学校 788 所，比 2010 年减少 86 所；中等职业学校 295 所，比 2010 年减少 62 所；高等学校 70 所，与 2010 年数量持平。

从学校构成来看，2014 年广西各级各类学校中，义务教育阶段学校占 58.51%，幼儿园占 36.93%，高中阶段学校占 4.28%，高等院校占 0.28%。

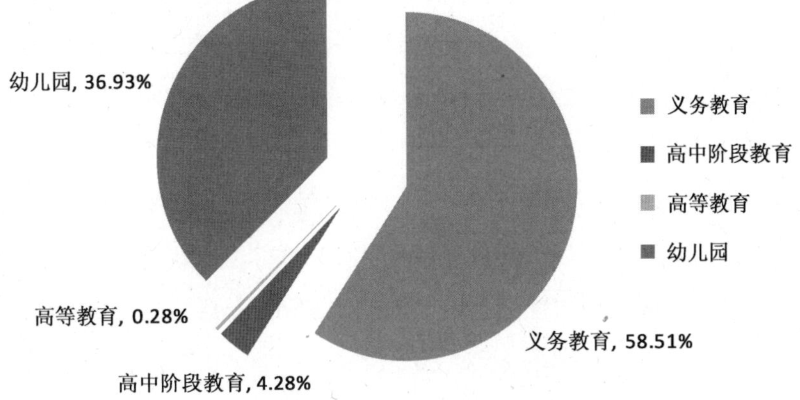

图 1.1　2014 年广西各级各类学校构成示意图

2014 年,广西各级各类学历教育在校生为10 958 607人,比 2010 年增加 1 038 112 人;随着教育普及程度的提高,非义务教育阶段在校生规模持续扩大。受学龄人口下降的影响,义务教育阶段在校生继续减少。

学前教育规模有较大幅度增长。《广西教育规划纲要》中提出通过扩建、新建幼儿园扩大学前教育规模。适应城镇化需要,加快城镇幼儿园布局和建设,城区以建设配套小区幼儿园为主,增加城市幼儿园教育资源。充分利用中小学布局调整中富余的资源开办幼儿园,办好村级及以下幼儿教育点,增加农村学前教育资源。2011—2013 年,广西共筹措学前教育专项资金 35 亿元,支持新建和改扩建乡、村幼儿园,扶持城市和民办幼儿园发展,建立学前教育资助制度和实施幼儿园教师培训项目。自 2010 年开始实施学前教育三年行动计划以来,广西在校舍建设方面,共筹措学前教育改造类资金 28 亿元,利用闲置校舍改建幼儿园 2 157 所,农村小学及教学点增设附属幼儿园 5 112 所。为打破学前教育儿童的"入园难"瓶颈,2014 年,广西提出实施学前教育发展工程,推进学前教育多元办学体制改革,建成"广覆盖、保基本、多形式、有质量"的学前教育公共服务体系。2014 年,广西要求各市县把学前教育工作列为年度为民办实事项目,纳入年度绩效考评范围,形成自治区、市、县、乡镇四级共同推进学前教育发展的格局。2014 年,广西学前教育财政预算达 9 亿元。广西新建多元普惠幼儿园 293 所,已认定多元普惠幼儿园 1 000 所,落实奖补资金 5 676.92 万元,受益幼儿约 23 万人。到 2014 年底,广西共有幼儿园 9 734 所,比 2010 年增加 4 385 所;在园幼儿人数 1 973 352 人,比 2010 年增加 788 015 人,增长 66.5%。学前三年毛入园率达 70.4%,分别比 2013 年、2012 年、2011 年增长4.4个百分点、5.4个百分点、6.4个百分点,有效缓解了“入园难”问题。

义务教育巩固率提高,但规模继续减少。广西近年来义务教育的巩固率逐年提高。但随着广西适龄人口规模的下降,义务教育的规模有所减少。2014年,广西小学学龄儿童入学率达到99.58%,比“十一五”末提高0.18个百分点,初中阶段毛入学率为108.87%,比“十一五”末提高2.17个百分点;小学辍学率为1.47%,普通初中辍学率为2.48%,分别比“十一五”末下降0.63个百分点和4.12个百分点。小学毕业生升学率为98.37%,比“十一五”末提高0.67个百分点。2010—2014年,全区九年义务教育巩固率分别为85%、86%、88%、90%、90.3%,逐年增长。2014年,全区普通小学在校生为4 318 063人,比2010年增加17 465人,增长0.41%;初中阶段在校生为1 950 844人,比2010年减少53 067人,下降2.65%。

高中阶段教育规模略有扩大。《广西壮族自治区教育事业改革和发展“十二五”规划》提出要加强普通高中发展的科学规划,采取改扩建、新建、撤并等方法,大力推进普通高中布局调整。对生源不足、办学条件差、办学效益低的农村高中,采取撤并或迁移的方式进行调整。预留普通高中教育用地,根据需要在城市新区和县城建设普通高中。扩大普通高中招生规模。制定和完善支持民办普通高中发展的优惠政策,鼓励发展民办普通高中教育。鼓励和扶持64个少数民族聚居区各办好一所以上的普通高中,提高这些地区的每万人口普通高中在校生人数。2014年,全区高中阶段在校生为1 734 865人,比2010年增加63 141人;其中,普通高中在校生为838 231人,比2010年增加84 250人,增长11.17%。

广西在2007年制定了《关于全面实施职业教育攻坚的决定》(以下简称《决定》)。《决定》提出,要加大对中等职业教育的投入,扩大中等职业教育规模,并加大对困难群体子女的资助力度,逐步实现免费职业教育。“十一五”时期,中等职业教育投入159亿元,广西中等职业教育的招生规模大幅度增长。从“十一五”初2006年招生24.52万人逐年上升,增至“十一五”末2010年招生43.23万人,增幅达76.3%。在2012年,为巩固提高我区职业教育首轮攻坚成果,深入推进国家民族地区职业教育综合改革试验区建设,我区制定了《广西壮族自治区新时期深化职业教育攻坚五年计划》(以下简称《计划》)。《计划》进一步提出要扩大中等职业教育免学费范围,并提出目标:到2012年,中等职业教育在校生达78万人以上,人才培养质量持续提升;到2015年,中等职业教育在校生达87万人以上。据统计,2014年,广西中等职业在校生为782 675人,比2010年减少26 833人,降低3.3%,与《计划》

中所提出的 2015 年目标值(87 万)存在较大的差距。

高等教育规模稳步增长。在《广西教育规划纲要》中,广西根据《规划纲要》提出了振兴高等教育的策略,把全力振兴高等教育作为今后十年广西高等教育发展的核心任务,并将高等教育振兴工程纳入未来十年十项教育发展的重点工程之一。在《广西壮族自治区教育事业改革和发展"十二五"规划》中提出要扩大高等教育规模,以缩小广西与全国高等教育毛入学率的差距为目标,实施高等教育大众化水平提升计划。大力加强专业学位研究生教育。适度增加普通高校数量和提升部分普通高校的办学层次。加强高校基础设施建设,扩大办学空间,改善办学条件。积极争取增加普通高等教育招生计划,着重增加经济社会发展急需专业、优势特色专业以及研究生的招生计划。支持民办高校在办学条件达标的情况下扩大办学规模。努力扩大成人高等教育、现代远程教育规模,扩大少数民族预科教育规模。2014 年,全区各种形式高等教育在校生总人数达 968 296 人,比 2010 年增加 225 127 人,增长 30.29%。

表 1.2　2010—2014 年广西各级各类学历教育规模(单位:人)

	高等教育	高中阶段	初中阶段	小学	学前教育
2010 年	743 169	1 671 724	2 003 911	4 300 598	1 185 337
2011 年	778 270	1 730 478	2 008 317	4 270 002	1 442 519
2012 年	851 881	1 770 490	1 966 202	4 264 831	1 659 317
2013 年	908 048	1 754 119	1 950 761	4 262 624	1 817 105
2014 年	968 296	1 734 865	1 950 844	4 318 063	1 973 352

注:高等教育总规模包括本科和专科在校人数。

从教育结构看,随着各级教育规模的快速发展和普及水平的逐步提高,位于金字塔上半部分的高中阶段和高等教育在校生规模明显扩大;受学龄人口下降影响,位于金字塔下半部分的小学、初中规模明显缩小。2014 年,各级各类在校生总数中,义务教育人数占 57.3%,高中阶段教育人数占 15.8%,高等教育人数占 8.8%,学前教育人数占 18.0%。

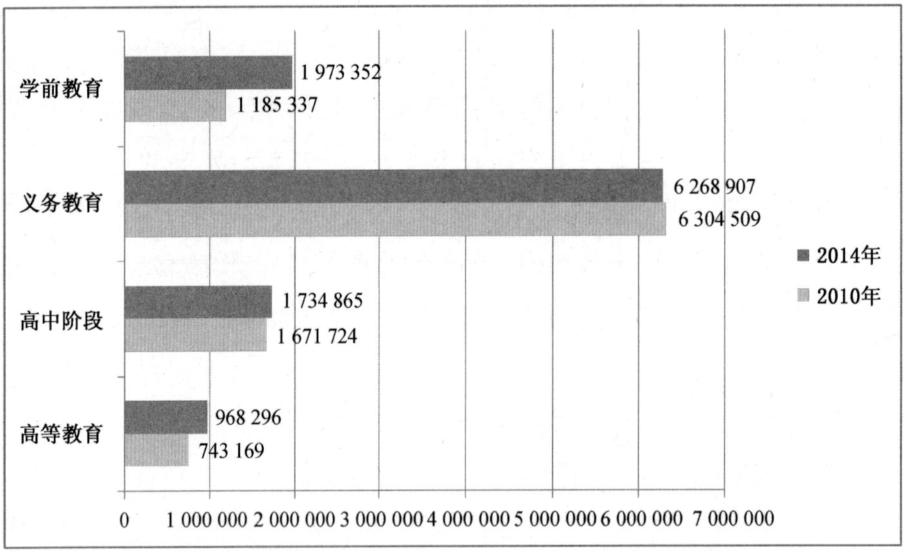

图 1.2 2010 年和 2014 年广西各级各类教育在校生规模比较示意图

数据来源：2010—2014 年广西教育事业统计报表。

各级教育普及水平不断提高,受教育机会进一步增多。2014 年,初中阶段毛入学率达 108.87%,与 2010 年相比,增长了 2.22 个百分点;高中阶段毛入学率达 82%,比 2010 年增长了 12 个百分点;高等教育毛入学率达 27.3%,比 2010 年提高了8.3 个百分点。

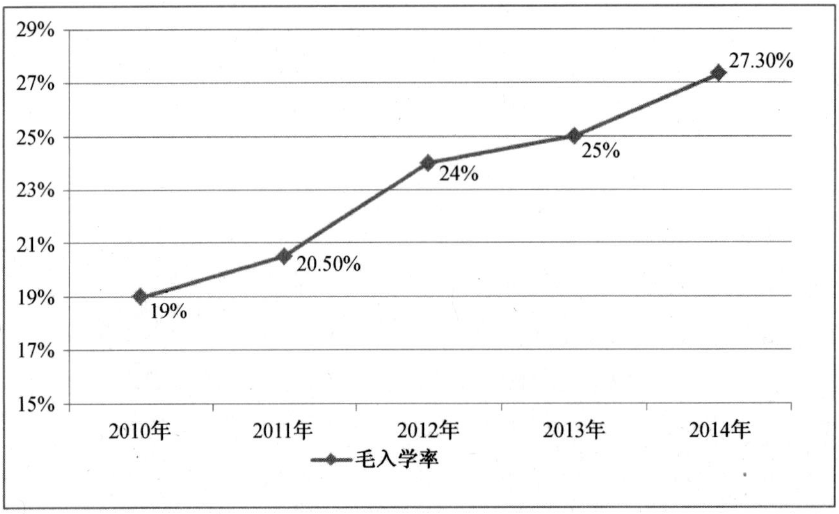

图 1.3 2010—2014 年广西高等教育毛入学率变化图

数据来源：2010—2014 年广西教育事业统计报表。

随着教育普及水平的提高,每十万人口中高等教育和学前教育在校生明显增加。2014 年,每十万人口中高等教育在校生人数为 2 037 人,比上年增加 113 人;每十万人口中学前教育在园人数为 4 151 人,比上年增加 300 人。因学龄人口的下降,大体上每十万人口中义务教育阶段在校生人数继续减少,其中小学近两年有小幅回升。2014 年,每十万人口中初中阶段在校生人数为 4 104 人,比上年减少 30 人;每十万人口中小学在校生人数为 9 083 人,比上年增加 50 人。

表 1.3 2010—2014 年广西每十万人口中各级教育平均在校生数(单位:人)

年份	高等教育	高中阶段	初中阶段	小学	学前教育
2010 年	1 612	3 626	4 347	9 329	2 571
2011 年	1 676	3 725	4 324	9 193	3 106
2012 年	1 819	3 781	4 199	9 109	3 544
2013 年	1 924	3 717	4 134	9 033	3 851
2014 年	2 037	3 649	4 104	9 083	4 151

注:高等教育包括研究生和普通本专科;高中阶段包括普通高中和中等职业教育。

三、各级各类民办教育规模发展

民办教育是社会主义教育事业的重要组成部分,是教育事业发展的重要增长点和促进教育改革的重要力量,是完成我区新时期新阶段教育改革与发展任务、实施"科教兴桂"和"富民强桂"战略的重要保障。为深入贯彻和实施《国家中长期教育改革和发展规划纲要(2010—2020 年)》和《广西壮族自治区人民政府关于印发进一步促进民营经济发展的若干措施的通知》(桂政发〔2010〕76 号),按照"积极鼓励、大力支持、正确引导、依法管理"的方针,并根据《中华人民共和国民办教育促进法》《中华人民共和国民办教育促进法实施条例》,我区于 2011 年制定了《广西壮族自治区人民政府办公厅关于促进民办教育发展的意见》,为我区大力发展民办教育提供一系列保障措施,并提出以下目标:到 2015 年,各类民办教育在校生比例达到全国平均水平。其中,民办高等教育在校生人数占普通高等教育在校生人数的比例达到 25%以上,高中阶段民办教育在校生人数占高中阶段教育在校生人数的比例达到 30%以上,民办学前教育在园幼儿人数占学前教育在园幼儿人数的比例达到 50%以上。在全区示范性幼儿园、示范性高中和示范性职业院校建设中,重点扶持发展一批民办学校成为全区示范性学校,引导形成一批规模适度、质量优良、特色鲜明、社会反响良好的优秀民办学校。

近年来,我区各级民办教育规模均有较大幅度的增长,所占比例也进一步提高。2014 年,全区共有各级各类民办学校 8 948 所,比 2010 年增加 3 590 所;各级各类民办学校在校生人数为 166.94 万人,比 2010 年增加 65.46 万人,增长 64.5%。

非义务教育阶段民办教育规模快速增长,占同级教育的比例继续提高。2014 年,民办高等教育在校生人数为 14.13 万人,比上年增长 30.68%,占全区高等教育在校生总人数的 14.59%,比 2010 年提高 0.05 个百分点;民办幼儿园发展尤为迅速,2014 年,全区民办幼儿园在园幼儿人数为 112.14 万人,比 2011 年增长 113.4%,占全区在园幼儿总人数的 56.82%,比上年提高 12.49 个百分点。民办幼儿园教育规模的快速增长为学前教育普及水平的提高作出了积极贡献。

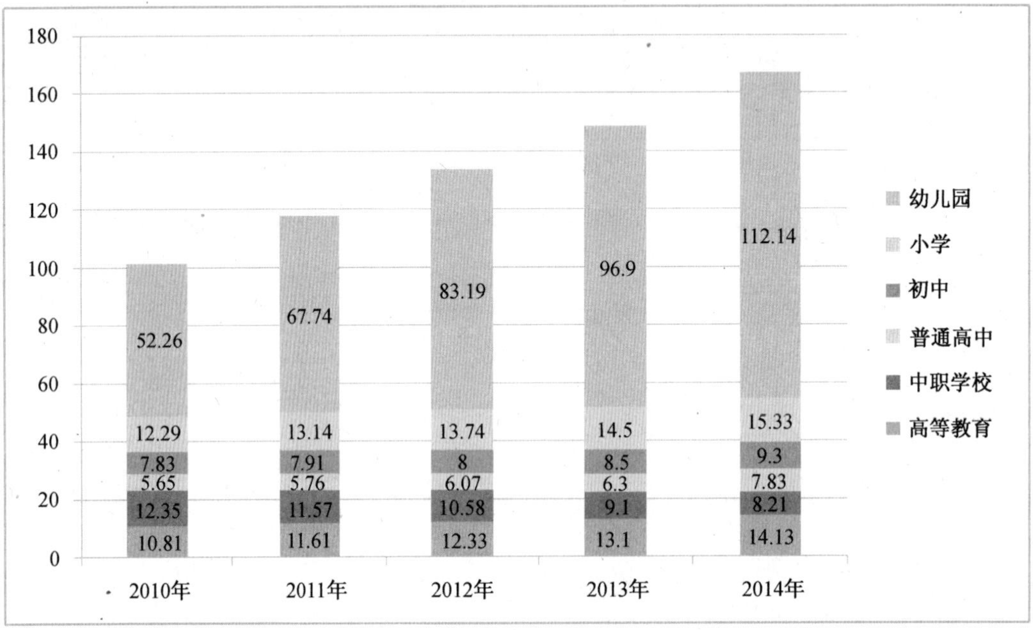

图 1.4 2010—2014 年广西各级各类民办教育规模变化示意图

数据来源: 2010—2014 年教育事业数据分析。

四、各级各类学校的师资力量不断加强

2014 年,广西各级各类学校专任教师人数为 503 141 人,比 2010 年增加 32 034 人。其中幼儿园专任教师人数增长较快,由 2010 年的 31 109 人增加到 61 256 人,增加 30 147 人,增长 96.91%。

高等教育专任教师人数有所增加,为 38 719 人,比 2010 年增加 6 103 人,增长

18.71%。

高中阶段专任教师人数与2010年相比有所增加。其中，普通高中专任教师为48 357人，比2010年增加6 237人，增长14.81%；中等职业学校专任教师为20 417人，比2010年减少52人，下降0.26%。

义务教育阶段专任教师人数与2010年相比有所减少。小学专任教师为210 666人，比2010年减少9 517人，下降4.32%；初中阶段专任教师为117 805人，比2010年减少915人，下降0.77%。

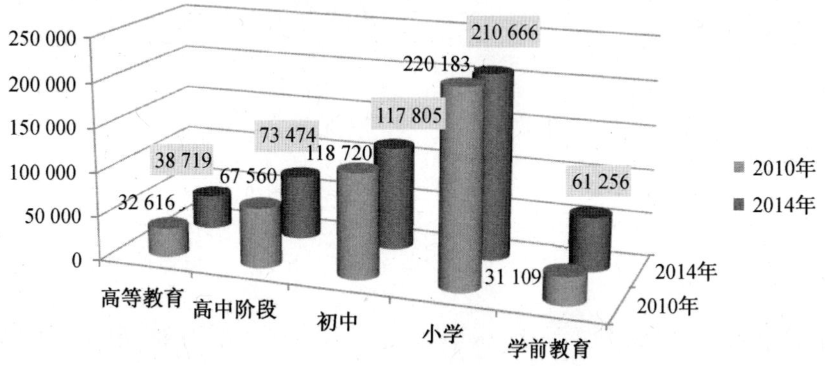

图1.5　2010年、2014年广西各级各类教育专任教师人数示意图

五、各级各类学校办学效益

2014年，各级各类学校办学效益逐步提高，教师配置状况也有所改善。多数类型学校校均规模继续扩大。2014年，普通小学校均规模为334人/所，比2010年增加26人/所；初中校均规模为1 059人/所，比2010年增加44人/所；普通高中校均规模为1 884人/所，比2010年增加256人/所；中等职业学校校均规模为2 987人/所，比2010年增加719人/所。

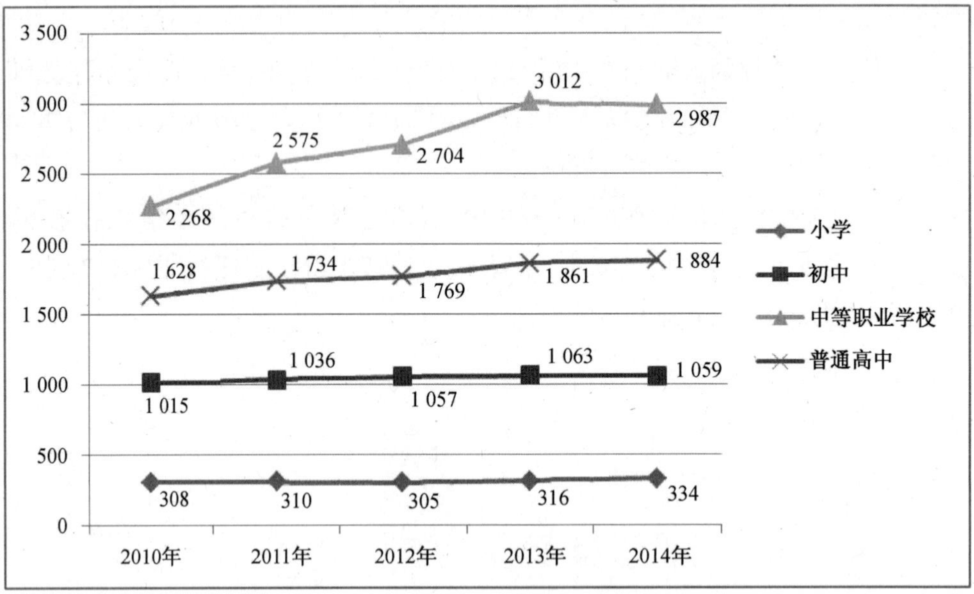

图 1.6　2010—2014 年广西初等、中等教育学校校均规模变化情况示意图

普通本科院校校均规模为 10 787 人/所，比 2010 年增加 1 774 人/所；普通专科院校校均规模为 9 350 人/所，比 2010 年增加 1 883 人/所。

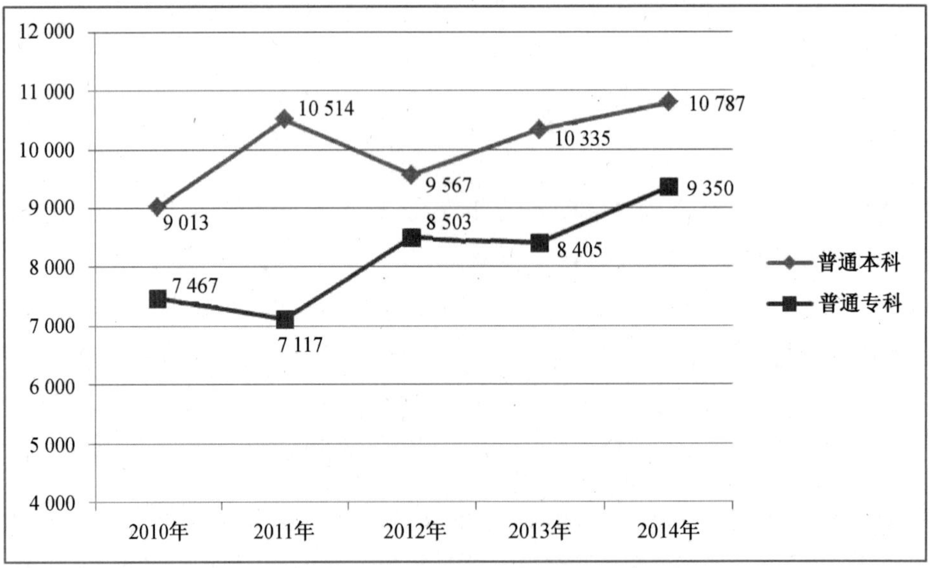

图 1.7　2010—2014 年广西普通高校校均规模变化情况示意图

从专任教师配置状况来看，高等教育生师比为 17.9∶1，与 2010 年持平。高中阶段教师有所改善，普通高中生师比由 2010 年的 17.9∶1 下降为 17.3∶1；中等职业学校生师比由 2010 年的 39.5∶1 下降到 38.3∶1，初中生师比由 2010 年的 16.9∶1

下降到 16.6∶1，小学生师比由 2010 年的 19.5∶1 上升到 20.5∶1，幼儿生师比由 2010 年的 21.86∶1 上升到 22.70∶1。

表 1.4　2010—2014 年广西各级各类学校的生师比情况

	2010 年	2011 年	2012 年	2013 年	2014 年
高等教育	17.9	17.9	17.8	18.1	17.9
普通高中	17.9	18	17.9	17.5	17.3
中职学校	39.5	40.9	41.6	40.2	38.3
初中	16.9	16.8	16.7	16.7	16.6
小学	19.5	19.5	19.6	19.8	20.5
幼儿园	21.86	22.23	22.63	22.88	22.70

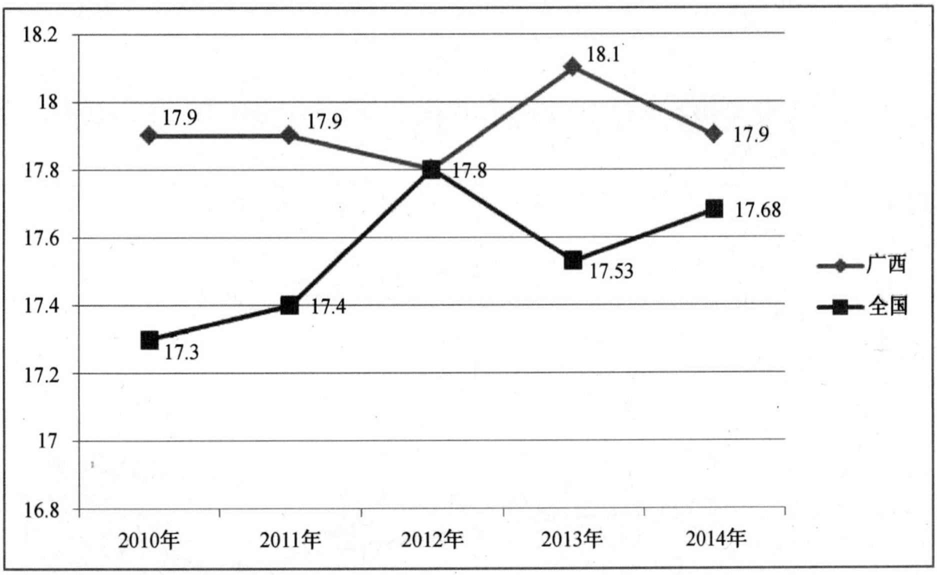

图 1.8　全国普通高校生师比与广西普通高校生师比的比较示意图

由图 1.8 可见，2010—2014 年，除 2012 年广西高等教育的生师比与全国持平外，其他年份广西高等教育的生师比都高于全国高等教育的生师比。近年来，广西普通高校生师比与全国高等教育的生师比的差距有减少的趋势。

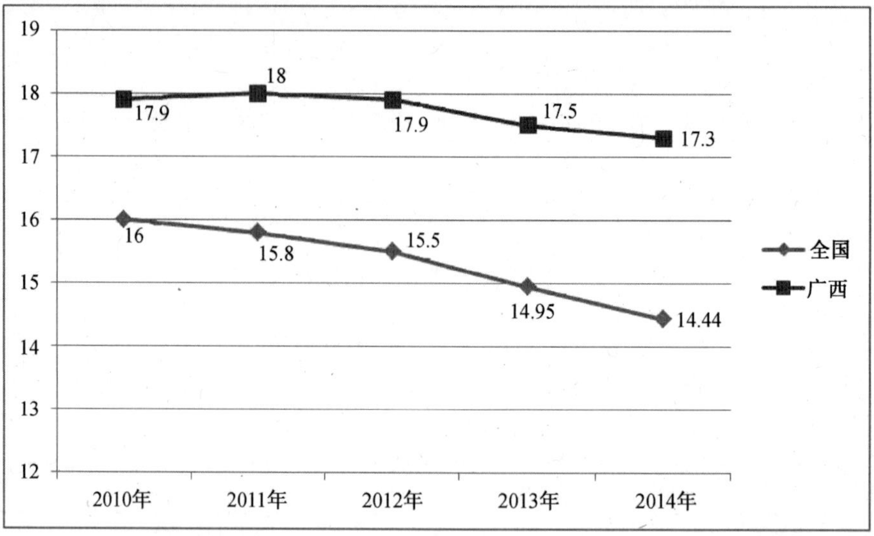

图 1.9 全国普通高中生师比与广西普通高中生师比的比较示意图

由图 1.9 可见，广西普通高中的教师配备低于全国平均水平。广西和全国的普通高中的教师配备都越来越高。同时，近几年来，广西普通高中的生师比与全国相比，差距进一步拉大。

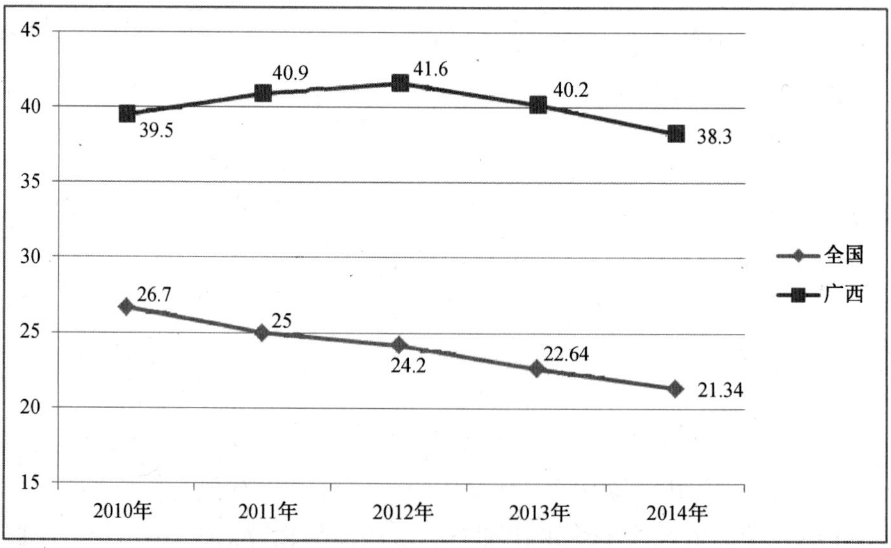

图 1.10 全国中职学校生师比与广西中职学校生师比的比较示意图

由图 1.10 可见，2010—2014 年，广西中职学校的教师配备均低于全国平均水平。从 2012 年开始，广西中职学校的生师比呈逐年降低趋势，但仍然与中职学校的标准存在一定的差距，并且其降低速度要慢于全国中职学校的生师比的下降速度，与全国中职学校的生师比的差距进一步拉大。

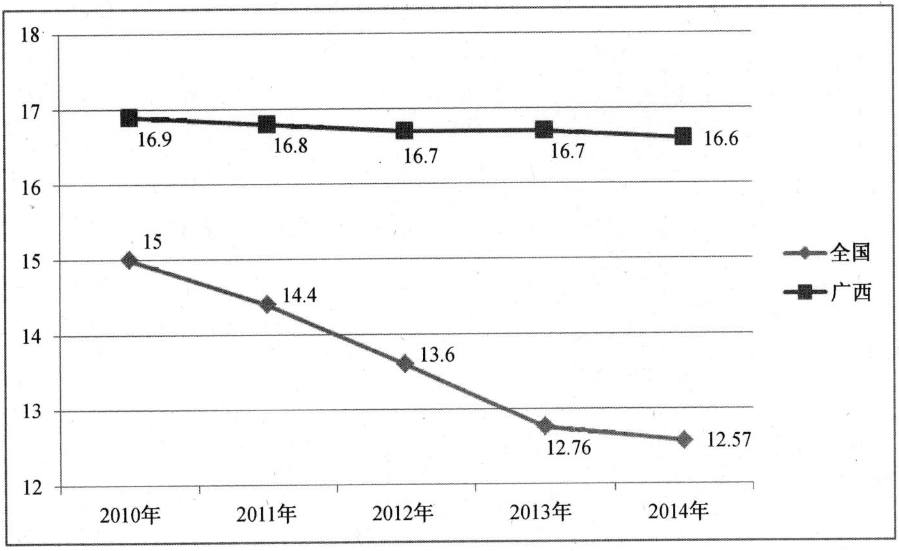

图 1.11　全国普通初中生师比与广西普通初中生师比的比较示意图

由图 1.11 可见，2010—2014 年，广西普通初中的教师配置低于全国平均水平。广西和全国普通高中的教师配置都越来越高。但是广西普通初中的生师比与全国相比，差距在逐年增大。

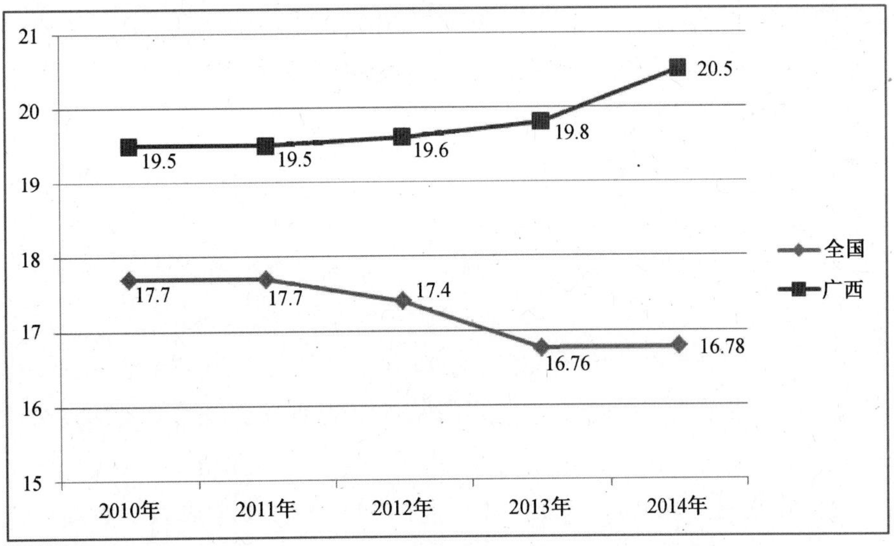

图 1.12　全国普通小学生师比与广西普通小学生师比的比较示意图

由图 1.12 可知，2010—2014 年，广西普通小学的教师配备均低于全国平均水平。全国的普通小学的教师配备越来越高，与此相反，广西普通小学的教师配备水平却逐年降低。广西普通小学的生师比与全国的平均水平相比，差距进一步拉大。

第二章　学前教育:在希望中前行

一、前言

随着我国经济的不断发展,教育越来越受到重视。继 2011 年中央政府颁布《国家中长期教育改革和发展纲要(2010—2020 年)》和国务院颁布《关于当前发展学前教育的若干意见》之后,党的十八大报告更明确指出"要办好学前教育"。在此背景下,广西也在积极发展学前教育,出台了《广西学前教育三年行动计划(2011—2013 年)》。三年来,全区新增幼儿园 1 821 所,幼儿园总数达 8 029 所;新增在园幼儿37.46 万名,在园幼儿总数达 181.71 万名,学前三年毛入园率达 66%,"入园难、入园贵"问题得到一定程度的缓解。2014 年,广西区人民政府又提出了《广西壮族自治区第二期学前教育三年行动计划(2014—2016 年)》。计划到 2016 年,在全区初步建成"广覆盖、保基本、多元化、有质量"的学前教育公共服务体系,学前教育三年毛入园率达 75%,公办幼儿园和多元普惠幼儿园覆盖率达到 60%以上。基本建立公共财政和家庭合理分担成本的城市学前教育运行保障机制,基本建立以公共财政投入为主的农村学前教育运行保障机制。学前教育教师队伍配备进一步优化,专业化程度进一步提高。基本解决"入园难、入园贵"问题,办园水平和保教质量显著提高。

在财政性教育经费投入方面,2012 年地方财政教育支出 445 亿元,比 2007 年增加 169 亿元,5 年增长了 61.23%,达到国家规定的地方财政教育支出占公共财政支出比例 17%的目标。其中 146.06 亿元用来保障妇女儿童的工作,安排学前教育专项资金 23.67 亿元,支持新建、改扩建幼儿园和在农村小学或教学点增设附属幼儿园,扶持民办幼儿园、城市幼儿园的建设和发展,并对经县级以上教育行政部门审批设立的普惠性幼儿园的在园家庭经济困难儿童、孤儿、残疾儿童给予资助。尽管如此,广西学前教育依然存在投入不足、资源分布不均、城乡差异显著等问题,区域间的教师学历水平的不均衡也成为阻碍学前教育发展的绊脚石,这对学前教育的发展提出了很大的挑战,如何更好地解决城乡差异等问题成为近年来广西学前教育发展的重中之重。

本部分以实证研究和政策分析作为主要的研究方法。根据区域经济特色发展状况,将广西14个市分为桂东区(玉林市、贵港市、梧州市)、桂西区(河池市、百色市和崇左市)、桂中区(柳州市、来宾市)、桂南区(南宁市、北海市、防城港市和钦州市)和桂北区(桂林市、贺州市),再运用具体的数据统计描述和分析广西学前教育发展的现状以及出现的问题。研究中主要采用具有典型意义的核心指标,纵向研究广西学前教育的发展和变化,同时横向研究广西各市学前教育发展的水平和相互之间的差距。在发展中总结经验,在差距中发现问题。

研究中主要采用下列核心指标作为研究的重点。

第一,学前教育的规模和普及水平:幼儿园数、在园儿童数、班级数。

第二,学前教师队伍:师资队伍总量、专任教师数、师资队伍学历结构、教师参加培训的比例。

第三,幼儿园格局:占地面积、校舍面积、图书总量和活动室面积。

二、广西各市学前教育事业发展现状

(一)取得的成就

2001—2013年,我区公共财政教育投入从约62亿元增加到约608亿元,年均增长20.96%,财政性教育支出已成为公共财政的第一大支出。

广西实施学前教育三年行动计划以来,广西通过政府统筹、科学规划,采用多种形式发展学前教育。到2014年底,全区共有幼儿园9 336所,在园幼儿197.34万人,学前三年毛入园率达70.40%。教育经费方面,从2009年起,自治区本级财政设立学前教育专项经费,并逐年加大对学前教育的投入,新增教育经费向学前教育倾斜,从2009年安排0.1亿元到2013年安排2.4亿元,增长了23倍。在自治区本级财政加大投入的同时,中央和市县政府也加大了对学前教育的投入。2011年,《广西当前促进学前教育发展的若干建议》中提出,各级政府要把学前教育经费列入本级财政预算,并及时拨付到位;制定优惠政策鼓励社会力量投资办园和捐资助园;根据国家规定的学前教育资助政策,建立我区学前教育资助体系来增加学前教育经费。据统计,2011—2013年,我区筹措学前教育专项资金达到35亿元,支持新建和改扩建乡、村幼儿园,扶持城市幼儿园和民办幼儿园发展,建立学前教育资助制度和实施幼儿园教师培训项目。此外,2012年政府还发放奖补经费共计2.2亿元,惠及全区 4 093 所幼儿园,占全区幼儿园总数的 54%。

教育规模方面,2014 年,广西加大第二期学前教育三年行动计划的实施力度,继续开展"乡镇中心幼儿园建设年"活动,确保到 2016 年,在全区初步建成"广覆盖、保基本、多元化、有质量"的学前教育公共服务体系,学前教育三年毛入园率达 75%。主要措施:一是进一步优化学前教育布局,以公办幼儿园和多元普惠幼儿园为主体,按照"广覆盖、保基本、多元化、有质量"的学前教育公共服务体系的建设要求,把幼儿园建设规划作为城镇化和新农村建设规划的重要内容,切实做到统一规划、优先建设;二是加快城乡公办幼儿园建设,重点建设城镇幼儿园,加强示范幼儿园建设,加大乡镇中心幼儿园扶持力度;三是大力发展多元普惠幼儿园,优先支持集团连锁普惠幼儿园建设,按标准认定和扶持多元普惠幼儿园,完善奖补政策,提升多元普惠幼儿园公益服务能力;四是加强城镇小区配套幼儿园建设和管理;五是对实力薄弱的幼儿园的改造升级;六是切实加强学前教育教师队伍建设等。2014 年全区共有幼儿园 9 336 所,分别比 2013 年、2010 年增加 1 307 所、3 987 所,在园人数为 197.33 万人,分别比 2013 年、2010 年增加 15.62 万人、78.80 万人,专任教师 6.13 万人,分别比 2013 年、2010 年增加 9 097 人、30 147 人,学前三年毛入园率为 70.40%,分别比 2013 年、2010 年增加 6.67 个百分点、30.37 个百分点,有效缓解了"入园难"问题。

教育资源分配方面,2011 年,自治区教育厅启动了"乡镇中心幼儿园建设促进年"活动,通过抓活动、促建设,强化地方政府发展学前教育的责任,督促各地加大投入,加快幼儿园园舍建设。2012 年,为加快贫困地区学前教育发展,解决贫困地区学前教育资源不足、学前教育办园条件薄弱、办园质量和办园效益不高的现状,广西制定了《加快贫困地区农村学前教育发展工作方案》,提出加大学前教育经费投入,重点扩大贫困地区农村学前教育资源,促进贫困地区农村幼儿园办园条件明显改善,幼儿教师队伍素质普遍提高,为贫困地区农村适龄幼儿提供接受学前教育的机会,保障贫困地区学前教育事业健康持续发展。2011—2012 年,全区筹措农村学前教育推进工程经费 3.81 亿元,支持全区 34 个县、区的 106 所乡镇中心幼儿园建设。2011—2012 年筹措 18.025 亿元,支持农村闲置校舍改建幼儿园 1 574 所,农村小学及教学点增设附属幼儿园(班)3 486 所,目前项目开工率达 89%,完工率 63%,完成投资额的 52%。同时,以中小学布局调整为契机,利用闲置校舍改建、增设幼儿园。

师资力量方面,2011 年启动的《广西学前教育三年行动计划(2011—2013 年)》

提出，要严格执行幼儿园教师资格考试制度，实施教师资格注册制度，严把准入关。积极探索学前教育专业免费师范生政策，通过逐年返还学费等形式鼓励师范生到农村幼儿园任教。探索通过委托培养、自主定向培养等形式，吸引更多具备条件的毕业生充实农村学前教师队伍，鼓励非幼教专业优秀大学毕业生参加并通过幼儿教师资格考试取得相应资格，充实学前教师队伍。组织中小学富余教师进行相应专业培训，合格后转岗到学前教师队伍。2014 年进行的第二期学前教育三年行动计划（2014—2016）提出加快教师核编、配备工作，加大师资培训力度，保障幼儿教师的合法权益与待遇。2014 年，全区专任教师为 61 256 人，比上年增加了 9 097 人，增长了 17.44%。其中，城市幼儿园专任教师数为 21 112 人，镇区专任教师为 27 006 人，乡村专任教师为 13 138 人。全区教师整体学历水平均有所提高。

（二）存在的问题

2014 年是广西教育大发展的一年，但发展的过程中仍然存在一定的问题。幼儿园规模虽在扩大，但“入园难”的问题仍然没有得到有效解决，财政投入虽逐年递增，但仍满足不了人们对学前教育日益增长的需求，使得人们对幼儿园的质量和监管产生了很大的质疑。纵观广西学前教育的发展，其存在的问题主要表现在：

1.入园难问题仍然存在，城乡发展依旧不均衡

2014 年广西出台了第二期学前教育三年行动计划，其目标是到 2016 年在全区初步建成“广覆盖、保基本、多元化、有质量”的学前教育公共服务体系，学前教育三年毛入园率达 75%，公办幼儿园和多元普惠幼儿园覆盖率达到 60%以上。随着学前教育三年行动计划的全面实施和顺利进行，全区的学前教育都有了较大发展。2014 年，全区幼儿园数 9 336 所，比 2013 年增加了 1 307 所，增长幅度为 16.28%。从各市情况来看，南宁市的幼儿园数最多，为 1 350 所，比上年增加了 140 所，增长了 11.57%，北海市的幼儿园数最少，为 256 所，比去年增加了 29 所。幼儿园增长数量最多的市是来宾市，比上年增加了 221 所，增长了 37.71%。增长幅度最大的市钦州市，增加了 101 所，增长了 72.66%。

表 2.1　2014 年广西学前教育机构数变化情况

地区	学前教育机构数	比上年增减(所)	比上年增长(%)
全区	9 336	1 307	16.28
南宁市	1 350	140	11.57

续表

地区	学前教育机构数	比上年增减(所)	比上年增长(%)
柳州市	626	46	7.93
桂林市	816	158	24.01
梧州市	439	74	20.27
北海市	256	29	12.78
防城港市	182	54	42.19
钦州市	240	101	72.66
贵港市	812	49	6.42
玉林市	1 214	119	10.87
百色市	1 081	86	8.64
贺州市	336	41	13.90
河池市	763	152	24.88
来宾市	807	221	37.71
崇左市	414	37	9.81

整体上来看,全区 14 个市的幼儿园数都有不同程度的增加,特别是来宾市、桂林市和河池市等市,分别比上年增加了 221 所、158 所和 152 所。幼儿园数增加较多的市大多数位于桂东南区,如南宁市、玉林市和钦州市,分别增加了 140 所、119 所和 101 所。

表 2.2　2014 年广西各市幼儿园数的分档情况

	桂东区	桂西区	桂中区	桂南区	桂北区
900 所以上	玉林	百色		南宁	
600—900 所	贵港	河池	柳州、来宾		桂林
300—600 所	梧州、崇左				贺州
100—300 所				北海、钦州、防城港	

分区域看,全区各市幼儿园数在 900 所以上的市有南宁市、玉林市、百色市,分别有 1 350 所、1 214 所、1 081 所;600—900 所的有桂林市、贵港市、来宾市、河池市、柳州市,分别有 816 所、812 所、807 所、763 所、626 所;300—600 所的有梧州市、崇左市和贺州市,分别有 439 所、414 所、336 所;100—300 所的城市有北海市、钦州市和防城港市,分别为 256 所、240 所、182 所。

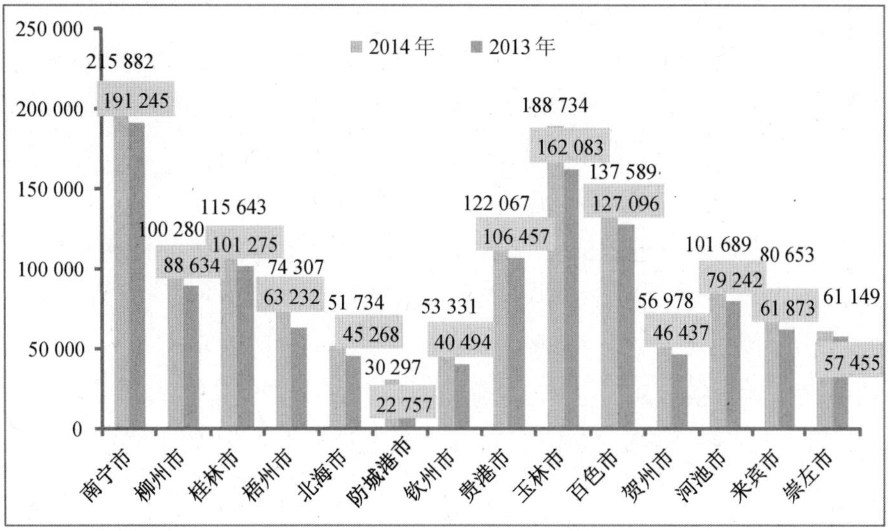

图 2.1　2013—2014 年广西各市学前教育在园儿童数变化情况示意图

2014 年,全区在园幼儿人数为 1 973 352 人,比上年增加了 156 247 人,增长了 16.44%。其中增加数量最多的是玉林市,比上年增加了 26 651 人,增长了 8.59%;其次是南宁市,增加了 24 637 人,增长了 12.88%,增长最少的是崇左市,增加了 3 694 人,增长了 6.43%。从全区来看,14 个市的在园幼儿数均有增加。

值得注意的是,在学前教育快速发展的同时,"入园难、入园贵"的问题依然存在。2015 年教育部委托北京师范大学对江苏、山东、安徽、江西、陕西、四川、甘肃七省 5 年来执行和实施《教育规划纲要》,促进学前教育改革与发展的效果进行了评估。所做的《学前教育专题评估报告》显示,从 2009 年至 2014 年,全国幼儿园班级数量增加了 59.26%。从各样本省市来看,14 个样本市的城区共增加幼儿园 1 793 所,平均每市新增城区幼儿园 128 所;11 个样本市的镇区 5 年共增加幼儿园 1 206 所,平均每市新增乡镇幼儿园 110 所;12 个样本市的农村 5 年共增加幼儿园 389 所,平均每市新增农村幼儿园 32 所。学前教育规模的快速扩大,为增加适龄儿童入园机会提供了基本条件保障,但由于目前公办幼儿园占比仍然较低,民办幼儿园占比过高,普惠性资源严重短缺,因此"入园难"问题依然严峻。① 2011 年以来,广西学前教育的规模虽有所上升,但仍不能满足社会的需要,尽管当前学前教育的资源日益增多,但解决这一长期积累的问题仍需要一个较长的过程。

除此之外,城乡幼儿园良莠不齐,农村幼儿园存在诸多隐患。据不完全统计,

---

① 《国家中长期教育改革和发展规划纲要(2010—2020 年)》中期评估学前教育专题评估报告,2015.11

2010年至2014年7月,全国共发生43起校车事故,其中发生事故最多的是在2011年(有14起)。其中2013年玉林市博白县文地镇一幼儿园校车与货车相撞,造成1名学童死亡,5人受伤。据统计,幼儿园校车事故中农村幼儿园的校车事故所占比例最大,安全也日渐成为人们选择幼儿园最重要的参考条件。

2.学前教育财政投入总量不足,事业发展保障薄弱

长期以来,学前教育的投入水平偏低,占财政性教育经费的比重仅为1.2%—1.3%,难以从根本上有效地支撑学前教育事业的健康持续发展。《广西壮族自治区教育事业改革和发展"十二五"规划》中指出,2010年全区教育经费投入累计1 717亿元,其中义务教育投入923亿元,普通高中教育投入175亿元,中等职业教育投入159亿元,高等教育投入336亿元,各级各类教育都有专项经费,而学前教育的事业经费没有单项列出,一直包括在义务教育的预算中。由于对投入的总量、比例没有明确的规定,因此政府对学前教育财政投入的稳定性较差,使广西的学前教育事业发展缺乏基本的经费保障。

2013年,广西教育事业费共拨款564.70亿元,其中幼儿园拨款为14.74亿元,占总拨款的2.61%,远远落后于小学教育的40.77%。具体情况如图2.2所示。

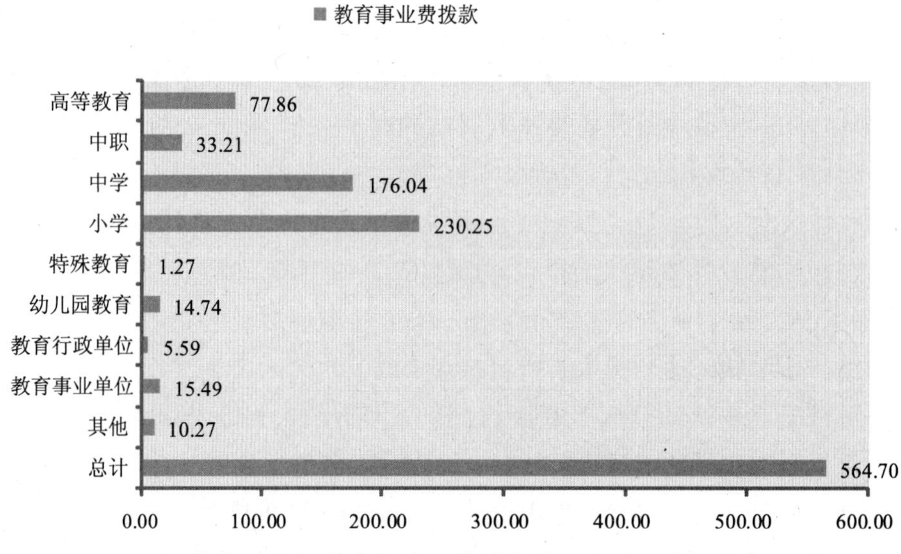

图2.2 2013年广西各级各类教育经费拨款情况统计示意图(单位:亿元)

3.政府主导职能缺失,幼儿园管理秩序混乱

加快发展学前教育,是大力实施科教兴国和人才强国战略的重大举措。2012年广西学前教育发展迅速,但也出现了种种诸如经费不足、校园安全、幼儿园监管不力等问题,这些问题反映出政府在履行发展学前教育职责中存在严重不足。要促进广西学前教育事业的健康、可持续发展,需要重新审视政府在学前教育发展中

的角色和职能定位。

首先,政府作为教育规划制定者,学前教育发展缺乏足够的法律保障。学前教育的首要任务是保育,其次是教育,幼儿时代的成长对人生起着至关重要的作用。教育立法是保证教育政策顺利执行、推进现代教育普及化的手段之一,也是管理和运行教育体制的重要措施,所以加快学前教育的立法,是政府发展学前教育事业的必由之路。

目前还没有学前教育的专门法用以解决学前教育发展过程中出现的种种矛盾和问题。但很多发达国家都制定了法律,为学前教育事业发展提供保障,如美国在1979 年和 1990 年分别颁布了《儿童保育法案》《儿童保育和发展基金法案》,英国在 1989 年颁布了《儿童保育法案》,用于保护儿童的合法权益。因此,加快学前教育的立法是迫在眉睫的问题。在立法的同时明确学前教育的公益性和福利性,强化政府作为教育规划制定者的责任。

除了要加快相关专门法律的立法之外,还要进一步完善原有的法律和规章制度,加快解决现今出现的如“幼儿园办园不规范”“幼儿园乱收费”以及“学前教育工作督导”等阻碍学前教育发展的问题和矛盾。

其次,政府作为教育出资者,学前教育发展缺乏足够的财政投入。近年来,我国的学前教育国情是投入少,资源配置不公平。目前广西区的情况亦是如此,城市、乡镇和农村的公办幼儿园和民办幼儿园获得的政府经费少之又少,多数的学前教育教育经费主要投入到了公办幼儿园,而民办幼儿园的经费大多取自学费,自收自支,自负盈亏,造成了区内幼儿园发展、幼儿群体间存在较大的差异。

以生均教育事业费为例,2013 年广西幼儿园生均教育事业费为 1 946.08 元,同年农村生均教育事业费为 1 203.24 元,城乡差别显著。如表 2.3 所示。

表 2.3　2013 年广西各市幼儿园生均预算内教育事业费　单位:元/(生·年)

地区	生均教育事业费	农村生均教育事业费	所占比例(%)
全区	1 946.08	1 203.24	61.83
南宁市	1 677.90	668.64	39.85
柳州市	5 660.35	2 986.31	52.76
桂林市	3 359.03	2 167.80	64.54
梧州市	1 063.42	573.90	53.97
北海市	1 162.18	241.21	20.75
防城港市	5 316.40	3 687.26	69.36
钦州市	1 084.73	998.56	92.06

续表

地区	生均教育事业费	农村生均教育事业费	所占比例(%)
贵港市	1 079.13	1 069.72	99.13
玉林市	1 046.82	630.64	60.24
百色市	3 537.80	1 879.37	53.12
贺州市	2 098.91	1 796.29	85.58
河池市	1 940.37	1 614.30	83.20
来宾市	4 561.96	3 876.72	84.98
崇左市	4 402.36	2 062.91	46.86

上述数据显示全区幼儿园在经费投入上城乡差距较大。2013 年全区幼儿园生均教育事业费为 1 946.08 元/(生・年),同期农村幼儿园生均教育事业费为 1 203.24 元/(生・年),仅占全区经费的 61.83%。同时,全区各市的农村幼儿园生均经费也因地区情况有所不同,所占比例最高的市是贵港市,比例为 99.13%,所占比例最低的市是北海市,比例仅为 20.75%。

再次,加强学前教育师资队伍建设也迫在眉睫。2014 年,分市看,全区 14 个市的专任教师数均呈现不同程度的增长,其中涨幅较大的有防城港市、钦州市和来宾市,涨幅分别为 51.87%、34.53%和 24.30%。如图 2.3 所示。

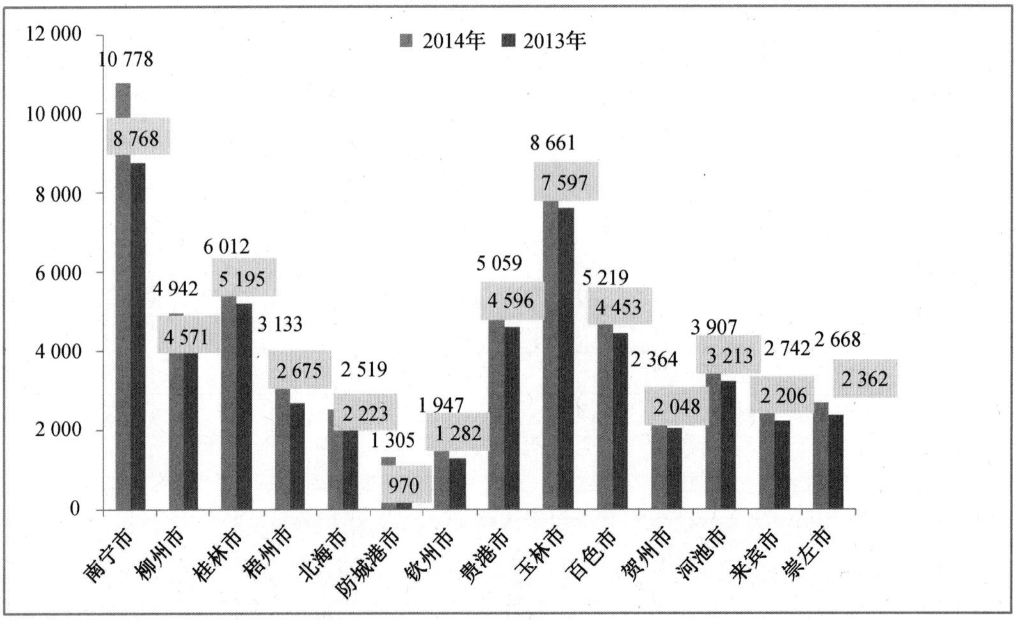

图 2.3　2013—2014 年广西各市幼儿园专任教师数示意图

除此之外,2014 年幼儿园专任教师总计参加境内外各级各类培训 367 660 次,其中国内各级各类培训 367 607 次，从培训类型来看，幼儿园专任教师校级培训所占比例最高，其次是县级培训，省级培训和国家级培训所占份额相对较少。从培训时间上看，校级培训的时间也最长，其次是县级和地市级培训。国家级培训中，三个月以内的和一年及以上的比例相对较高。如图 2.4 所示。

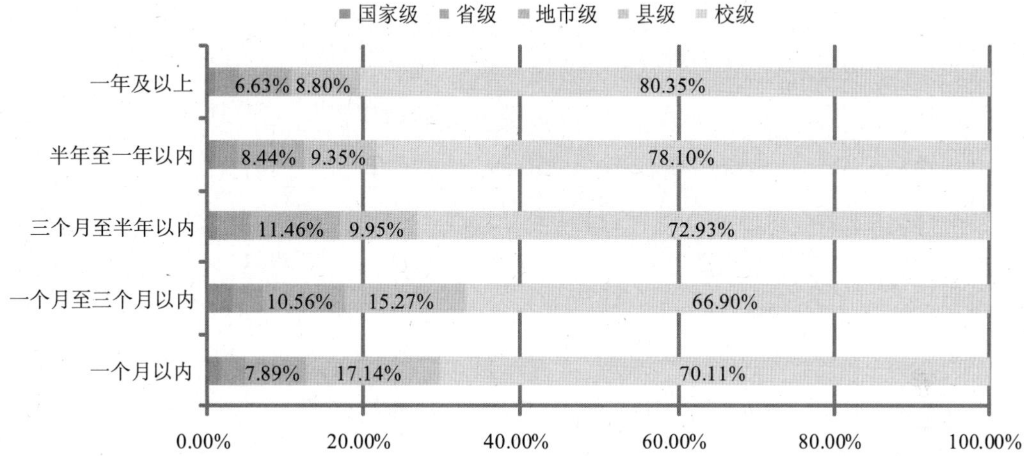

图 2.4　2014 年全区幼儿园专任教师参加国内各级各类培训时间比例情况示意图

（三）结论

2011 年广西启动了《广西学前教育三年行动计划（2011—2013 年）》后，广西加大了对农村幼儿园的投入，筹措中央及地方资金近 20 亿元用于发展农村幼儿园，广西幼儿园数量、在园儿童数和毛入园率均有不同程度的增长。2014 年，广西进入第二期学前教育三年行动计划（2014—2016 年），进一步强化各级政府发展学前教育责任，坚持公办民办并举，创新学前教育发展体制机制，大力发展多元普惠幼儿园，扩大和优化学前教育资源；合理配置保教人员，不断提高学前教育教师专业化水平和保教质量；初步建成覆盖城乡、布局合理的学前教育公共服务体系，努力提高学前教育公共服务水平。2014 年广西学前教育总体得到了发展，但发展速度缓慢，主要表现在：

1.学前教育总体投入不足，公共资源稀缺

2012 年，广西地方财政教育支出 445 亿元，比 2007 年增加 169 亿元，其中安排学前教育专项资金 23.67 亿元，支持新建、改扩建幼儿园和在农村小学或教学点增设附属幼儿园，扶持民办幼儿园、城市幼儿园的建设和发展，并对经县级以上教育行政部门审批设立的普惠性幼儿园的在园家庭经济困难儿童、孤儿、残疾儿童给予资助。

2014 年，全区幼儿园数 9 336 所，比 2013 年增加了 1 307 所，增长了 16.28%。

从各市情况来看,南宁市的幼儿园数最多,为 1 350 所,比上年增加了 140 所,增长了 11.57%;防城港市的幼儿园数最少,为 182 所,比去年增加了 54 所。幼儿园增长数量最多的市是来宾市,比上年增加了 221 所,增长了 37.71%;增长幅度最大的市是钦州市,增长了 72.66%,增加了 101 所。但总体来看,学前教育的资源仍显不足,2012 年,广西学前三年毛入园率达到 65%,但仍有近 35%的适龄儿童没有接受学前教育的机会,农村的毛入园率更低。

2.学前教育发展出现区域性差异,县镇发展明显滞后

从数据上看,2014 年广西各市的学前教育发展均有上升的趋势,但上升的幅度各有不同。相对而言,桂东地区和桂南地区的学前教育发展较为明显,桂北地区发展相对缓慢。从表 2.2 和图 2.1 可以看到,在学前教育办园数量、儿童数方面,桂南和桂东地区的发展均高于桂北等其他地区。从表 2.3 可以看出,在广西各市学前教育生均预算内教育事业费投入方面,各市之间差别较大,城市中投入最高的柳州市与投入最低的玉林市相差 4 613.53 元/(生·年),农村中投入最高的来宾市和投入最低的北海市相差 3 635.51 元/(生·年)。师资方面,数量上专任教师数各市之间差距较大,以 2014 年为例,专任教师数量最高的南宁市比最少的防城港市多 9 473 人,质量上专任教师参与高质量培训的机会仍较少,培训时间仍不够充裕,2014 年,专任教师参与培训仍以时间最长的校级培训为主,省级以上培训的比例不超过 10%。

3.学前教育中政府职能不清,缺乏主导能力

学前教育在各类教育中从政府获取的资源是最少的,政府的投入也是最低的,与各类教育相比,政府对于学前教育的投入明显不足,远远落后于其他教育。投入不足带来的后果除了影响教育公平之外,还给家长带来了较大的经济负担。2009 年广西学前教育经费投入为 39.67 亿元,而幼儿园投入为 3.16 亿元,仅占整体投入的 0.8%。而到了 2013 年,虽然对学前教育投入有所增长,但给各级各类教育经费拨款中,学前教育仍仅占我国总教育投入的 2.61%,远远少于小学教育的 40.77%,以及中学教育的 31.17%。

三、促进广西学前教育发展的建议

(一)强化政府主导责任,以公办幼儿园为主实现学前教育的普及

《广西当前促进学前教育发展的若干建议》提出要多渠道增加公办学前教育资源。通过改建、扩建和新建的方式,扩大现有公办幼儿园办学规模。通过多种方

式，支持行政事业单位、街道、农村集体利用国有和集体资产举办公办性质幼儿园。充分利用中小学布局调整的富余资源和其他富余公共资源，优先举办公办幼儿园。城镇幼儿园建设要充分考虑进城务工人员随迁子女接受学前教育的需求。利用财政性经费办园是政府提供学前教育公共服务的一种重要方式，也是解决当前学前教育供需矛盾特别是农村薄弱地区学前教育供需矛盾的有效途径。

由于农村薄弱地区是普及学前教育的重点和难点地区，广大农村普遍存在公办学前教育资源短缺、社会力量办园布局规划不合理、学前教育办学水平总体偏低等问题，造成目前农村60%的幼儿无法接受基本稳定的学前教育。基于以上问题，政府应从改革农村办园体制入手，强化政府的主导责任，改善农村学前教育的发展状况。

（二）加大学前教育的财政投入力度，构建合理的学前教育成本分担机制

截至2013年，全区各个市的学前教育经费都有所增长，但是学前教育的整体投入水平仍然偏低，同时学前教育的经费支出与其他基础教育阶段的预算经费支出相比比重过低，难以从根本上保证学前教育的均衡发展。因此，促进学前教育的普及和公平，需要政府在财政上给予较大的支持，同时建立各级政府共同负责、家庭和社会适当参与的学前教育成本分担机制。

首先，应构建以政府财政投入为主的学前教育投入机制，保障学前教育的发展水平。当前，全区学前教育存在教育机构不足、教学质量不高、师资力量薄弱等问题，这一切都源于学前教育的经费投入不足。这就要求政府在财政投入上应当加大力度。当然，政府的财政投入需要有明确的方向，应向经济欠发达的城市以及农村地区倾斜，促进学前教育的公平。此外，政府的财政支撑只是政府发展学前教育的原则，当财政能力不足时，仍然需要政府以外的社会和个人等多种力量的参与。

其次，要逐步确立以各级政府为主、社会和个人适当参与的学前教育成本分担机制。学前教育投入不足，不单单是政府一方的事情，也反映出全区可以利用的社会资源非常稀少，社会和家庭对于学前教育的投资非常有限。要想促进学前教育的发展，构建合理的成本分担机制，形成政府、社会、家庭多渠道筹措经费的体制成为较为合理的选择。《广西当前促进学前教育发展的若干建议》提出制定优惠政策鼓励社会力量投资办园和捐资助园。各地要采取政府奖励、税费减免、金融扶持和土地优惠等政策措施，鼓励和引导社会力量投资办园。进一步完善学前教育成本

分担机制,形成政府投入、社会举办者投入、家庭合理分担的投入机制。同时,鼓励社会团体、企业、个人捐资助园,捐赠资金按税收法律法规规定在所得税税前扣除。各级政府对捐资助园成绩突出的社会团体、企业、个人给予表彰。

(三)重点发展农村教育,促进城乡学前教育均衡发展

农村学前教育发展滞后、城乡学前教育发展差距显著,是当前我国学前教育事业发展的突出问题和难点问题。在广西,各级各类教育发展的同时,学前教育的城乡差异也在不断拉大。如何缩小城乡差距、促进农村学前教育发展引起各方重视。《广西壮族自治区第二期学前教育三年行动计划(2014—2016年)》提出各级政府要切实办好乡镇中心幼儿园,积极筹措办园经费,努力改善办园条件。县(市、区)政府要完成辖区每个乡镇建设一所中心幼儿园的任务,为乡镇中心幼儿园安排一定数量的公办幼儿教师事业编制。乡镇中心幼儿园是农村学前教育管理网络中的重要节点,要充分发挥乡镇中心幼儿园对全乡镇幼儿园的管理指导和示范辐射作用。积极推广依托乡镇中心幼儿园对村办幼儿园(班)实施教育教学统筹管理的模式。

第一,要发展以政府为主导的农村学前教育。农村庞大的人口基数说明学前教育的质量直接影响了教育效果。因此,要明确政府的主导力量,把学前教育发展的重点放到农村地区,同时结合新农村建设的战略,加快农村学前教育的普及。

第二,要实行城乡不同的办园体制。数据显示,全区城乡差距显著。为了适应不同的发展需求,城乡应实行不同的办园体制。农村地区应以政府为主,以民办为辅,同时鼓励社会力量参与;而在城市,则应该鼓励以多种形式共同办学,多渠道投资,促进公办民办幼儿园的共同发展。

(四)加强学前教育教师队伍建设,保障教师权益

教师是学前教育工作的主要承担者。保持教师队伍稳定的关键在于培养职业化的教师。教育改革专家认为,学校必须招募和培养真正职业化的教师,这不仅为教师间的相互尊重打下基础,也鼓励他们发扬团队合作精神,同时还可以促进教师之间关于教学方式、教学态度等方面的交流与学习,促进学前教育高效运作。

除了要建立保持学前教育教师稳定的机制之外,还要保障教师的各项权利,不断提高幼儿园教师的工资待遇,保障农村教师的收入。为了不断提升教师的素质,要定期对幼儿教师进行培训和专业技术的评选,建立培训基地和正常的奖惩机制,

加强准入制度和教师队伍建设。

（五）健全学前教育监督引导制度，促进学前教育健康发展

《广西当前促进学前教育发展的若干建议》提出要建立督促检查、考核奖惩和问责机制，确保大力发展学前教育的各项举措落到实处，取得实效。各级教育督导部门要把学前教育作为督导重点，纳入县级党政领导干部考核的主要内容，加强对政府责任落实、教师队伍建设、经费投入、安全管理等方面的督导检查，并将结果向社会公布。教育督导作为教育行政监督和教育执法检查机构，对促进学前教育的改革和发展有着不可替代的作用。主要体现在，首先要将“督政”和“督学”结合起来，建立与教育有关部门相关的工作目标责任制，明确责任人和责任目标；其次要明确监督引导的内容，定期开展督导评估工作，对学前教育的热点难点问题进行深层次的专项督导，同时接受来自社会和家庭的监督，更好地促进学前教育事业的发展。

第三章　义务教育：均衡发展达到新水平

一、前言

2011年6月，广西首次出台了《关于进一步提高我区义务教育巩固率的工作方案》，要求建立保障九年义务教育巩固率提高长效机制，全面提高义务教育普及水平，确保九年义务教育巩固率在2011年达到86%，2012年达到88%，2015年达到93%。在自治区党委、政府的领导下，在教育部的具体指导下，广西围绕贯彻落实国家、广西中长期教育规划纲要，努力推进自治区义务教育均衡发展的工作，并于2011年3月与教育部签署了均衡发展备忘录，明确了广西推进义务教育均衡发展的时间表和路线图，到2015年年底，全区95个县（市、区）实现县域义务教育初步均衡发展；到2020年年底，全区所有县（市、区）全部实现县域义务教育基本均衡发展，这极大地推动了自治区的基础教育迈上科学发展之路。

上述政策的实施取得了良好的效果，2009年至2013年的五年间，广西普通小学生均预算内教育事业费支出增加了2 799.59元/（生·年），增长了104.74%，年均增长20.93%。2009年至2013年的五年间，广西普通初中生均预算内教育事业费支出增加了3 386.65元/（生·年），增长了100.67%，年均增长率为20.13%。2014年广西壮族自治区人民政府在《关于深入推进义务教育均衡发展的实施意见》（桂政发〔2014〕7号）中提出了要努力使每所义务教育学校达到自治区办学基本标准，着力破解“农村弱”“城市挤”“择校热”等突出问题；办学经费得到保障，办学资源满足学校教育教学需要，开齐开足国家规定课程；教师资源配置更加合理，努力提高教师整体素质。率先在县域内实现义务教育基本均衡发展，县域内校际差距明显缩小；到2017年，全区九年义务教育巩固率达到94%，力争50个县（市、区）实现县域义务教育基本均衡发展，到2020年，全区九年义务教育巩固率达到95%，努力实现全区县域义务教育基本均衡发展。[①] 在一系列义务教育政策及加大

① 广西壮族自治区人民政府：《关于深入推进义务教育均衡发展的实施意见》，（桂政发〔2014〕7号）。

教育经费投入的保障下,广西义务教育取得了长足的发展,并随着适龄人口规模的下降,逐步由外延式发展转变为内涵式发展。如果说“普九”是实现义务教育外延式发展的标志,“撤点并校”则是实现义务教育内涵式发展的标志。随着撤点并校政策的实施,广西义务教育的发展开始朝着注重办学效益与质量的方向迈进。表现为在适龄人口不断下降的情况下,义务教育校均规模、生师比等指标总体稳定,农村进城务工人员随迁子女入学人数不断增加,教师学历、职称结构整体水平不断提高,办学条件不断改善等。但发展中城乡义务教育不均衡的问题尚未得到根本解决,同时也出现了一些新的不均衡问题。比如城乡义务教育班均规模、生均办学条件、教师年龄结构等仍存在差异,表现为农村办学经济效益低于城市、办学条件差于城市、教师平均年龄高于城市等。这些问题主要是城市化进程导致的,需要通过不断进行教育及教育财政体制改革进行解决。因此,只有对义务教育发展的现状有基本的了解,对存在的问题有清晰的认识,深入分析问题存在的根源与路径,才能从根本上解决城乡义务教育发展不均衡问题。

二、广西义务教育发展现状

(一)普通中小学教育规模总体呈减少趋势,但校均规模总体稳定

随着广西适龄入学人口的下降,中小学教育规模的缩小是必然趋势。为了提高义务教育的办学经济效益和实现优质教育资源共享的社会效益,国家提出了农村中小学“撤点并校”政策。这一政策的实施客观上保证了校均规模的总体稳定,实现了办学的规模效益。近年来,广西普通中小学在校生数不断减少,而学校数量也在不断减少,从而保证了校均规模的总体稳定。

1.普通小学教育规模与校均规模状况

受学龄人口变化影响,2014 年与 2013 年相比,广西普通小学学校减少了 553 所,降低了 4.10%,招生数减少了 3 214 人,降低了 0.43%,毕业生数减少了 25 275 人,降低了 3.61%,但在校生人数增加了 55 439 人,增长了 1.30%,校均规模增加了 17.77 人/所,增长了 5.63%。2014 年与 2009 年相比,学校数减少了 1 344 所,降低了 9.41%,在校生数减少了 49 704 人,降低了 1.14%,招生人数减少了 2 815 人,降低了 0.37%,毕业生数减少了 55 282 人,降低了 7.57%;但受学校数量减少较多,校均规模增加了 27.89 人/所,增长了 9.13%。如表 3.1 所示。

表 3.1　2014 年广西普通小学教育规模与 2013 年和 2009 年比较

	2014 年	2013 年	2014 年与 2013 年相比增加数量	2009 年	2014 年与 2009 年相比增加数量
学校数（单位：所）	12 946	13 499	-553	14 290	-1 344
在校生数（单位：人）	4 318 063	4 262 624	55 439	4 367 767	-49 704
招生数（单位：人）	749 653	752 867	-3 214	752 468	-2 815
毕业生数（单位：人）	675 366	700 641	-25 275	730 648	-55 282
校均规模（单位：人/所）	333.54	315.77	17.77	305.65	27.89

数据来源：2014 年、2013 年、2009 年广西教育事业统计报表。

2.普通初中教育规模与校均规模

受人口下降因素的影响，2014 年与 2013 年相比，广西普通初中学校增加了 7 所，在校生数仅增加了 83 人，招生人数减少了 24 212 人，毕业生数增加了 21 594 人，校均规模略有降低；2014 年与 2009 年相比，学校数量、在校生数、招生人数、毕业生数均有下降，但校均规模变化不大。如表 3.2 所示。

表 3.2　2014 年普通初中教育规模与 2013 年和 2009 年比较

	2014 年	2013 年	2014 与 2013 年相比增加数	2009 年	2014 与 2009 年相比的变动数
学校数（单位：所）	1 843	1 836	7	2 019	-176
在校生数（单位：人）	1 950 844	1 950 761	83	2 065 476	-114 632
招生数（单位：人）	664 386	688 598	24 212	726 270	-61 884
毕业生数（单位：人）	618 574	640 168	-21 594	644 905	-26 331
校均规模（单位：人/所）	1 058.52	1 062.51	-3.99	1 023.02	35.5

数据来源：2014 年、2013 年、2009 年广西教育事业统计报表。

（二）农村留守儿童呈现向城镇迁移的趋势

随着进城务工人员数量的增长及城市化进程的加快，为了解决农村留守儿童入学问题，实现义务教育机会公平，广西坚持“以流入地政府管理为主，以全日制公办中小学就读为主”的原则，允许农村进城务工人员随迁子女和城市孩子一样可以就读于城市公立学校。2012 年，《关于做好流动人口随迁子女义务教育工作的指导意见（试行）》出台并提出推进义务教育均衡发展，切实保障我区流动人口随迁子女平等接受义务教育的权利的目标，[①]这一政策出台后随迁子女进城入学的门槛降低，进城务工人员随迁子女在城市中小学入学人数开始增加，而农村留守儿童中小学生数量开始减少。与全国及其他省市相比，广西除了进城务工人员随迁子女初中就读规模稍有差异外，随迁子女小学就读规模及农村留守儿童中小学就读规模均与全国发展变化情况基本一致。

1.农村留守儿童中小学生规模增长速度总体呈下降趋势

2013 年与 2012 年相比，全国农村留守儿童小学招生总数在减少，广西农村留守儿童小学招生总数增长了 1.87%，但从 2012 年的数据来看，2012 年与 2011 年相比，全国农村留守儿童小学招生数增长率为 14.25%，广西农村留守儿童小学招生数增长率为 18.69%。因此，2013 年农村留守儿童小学生规模增长速度下降明显。全国普通小学农村留守儿童招生数减少了 80 793 人，降低了 3.06%，广西普通小学农村留守儿童招生数增加了 3 056 人，增长了 1.87%。2013 年，在全国各省、直辖市中，普通小学农村留守儿童招生数最多的是河南省，为 407 255 人，招生增长率最高的是天津市，为 265.10%。如表 3.3 所示。

表 3.3　2013 年广西和全国及其他省、直辖市农村留守儿童小学入学情况

	招生数			招生数	
	2013 年（单位：人）	增长率（单位：%）		2013 年（单位：人）	增长率（单位：%）
全国	2 558 053	-3.06	山东	118 287	-1.23
广西	166 350	1.87	河南	407 255	1.68
北京	77	-2.53	湖北	142 497	-5.89
天津	1 632	265.10	湖南	294 812	-5.39
河北	44 963	-15.62	广东	91 896	-17.82
山西	15 675	-19.30	海南	3 741	15.39
内蒙古	7 931	-14.89	重庆	106 070	3.41
辽宁	8 595	-7.18	四川	248 446	-12.77

① 广西壮族自治区教育厅:《关于做好流动人口随迁子女义务教育工作的指导意见（试行）》，2012.6.27。

续表

	招生数			招生数	
	2013 年 (单位：人)	增长率 (单位：%)		2013 年 (单位：人)	增长率 (单位：%)
吉林	6 155	-16.35	贵州	99 664	-19.10
黑龙江	10 189	-9.02	云南	89 931	21.41
上海	25	-75.25	西藏	1 029	-43.40
江苏	85 151	-6.64	陕西	42 881	-3.76
浙江	30 573	2.25	甘肃	44 307	2.32
安徽	201 585	6.50	青海	5 858	3.17
福建	36 079	6.84	宁夏	3 471	-5.77
江西	234 877	1.44	新疆	7 881	12.36

数据来源：《2013 全国教育事业发展简明统计分析》。

2013 年，全国初中阶段农村留守儿童招生数下降了 7.37%，广西相应的指标增长了 3.90%；然而，2012 年全国初中阶段农村留守儿童招生数增长了 4.58%，广西初中阶段农村留守儿童招生数增长了 2.59%。在 2013 年全国各省、直辖市中，初中阶段农村留守儿童招生数最多的是河南省，为 302 042 人，招生数增长率最高的是天津市，为 1 211.38%。如表 3.4 所示。

表 3.4　2013 年广西和全国及其他省市农村留守儿童初中入学情况

	招生数			招生数	
	2013 年 (单位：人)	增长率 (单位：%)		2013 年 (单位：人)	增长率 (单位：%)
全国	2 317 864	-7.37	山东	115 086	-8.45
广西	176 105	3.90	河南	302 042	-14.50
北京	95	-7.77	湖北	109 861	-10.78
天津	1 613	1 211.38	湖南	262 120	4.72
河北	36 461	-10.11	广东	92 634	-18.04
山西	20 238	-11.20	海南	2 540	-2.04
内蒙古	6 478	-28.48	重庆	99 960	-6.07
辽宁	9 189	-3.00	四川	247 774	-14.27
吉林	6 680	-3.44	贵州	134 925	-4.79
黑龙江	9 345	-7.33	云南	94 528	25.07
上海	20	-78.72	西藏	499	-62.93
江苏	75 385	-15.41	陕西	47 142	-13.81
浙江	29 859	-3.44	甘肃	43 693	-12.85
安徽	182 814	-2.95	青海	3 659	-15.52
福建	33 258	-10.05	宁夏	3 905	23.97

续表

	招生数			招生数	
	2013 年（单位：人）	增长率（单位：%）		2013 年（单位：人）	增长率（单位：%）
江西	164 779	-12.11	新疆	5 177	-19.31

数据来源：《2013 全国教育事业发展简明统计分析》。

2.进城务工人员随迁子女中小学生规模总体在增加

2013 年与 2012 年相比，全国普通小学进城务工人员随迁子女招生数减少了 236 635 人，降低了 11.78%，广西普通小学进城务工人员随迁子女招生数增加了 802 人，增长了 1.45%；而在 2013 年全国各个省市中，普通小学进城务工人员随迁子女招生数最多的是广东省，为 352 369 人，招生增长率最高的是重庆市，为 25.07%。如表 3.5 所示。

表 3.5　2013 年广西和全国及其他省市进城务工人员随迁子女小学入学情况

	招生数			招生数	
	2013 年（单位：人）	增长率（单位：%）		2013 年（单位：人）	增长率（单位：%）
全国	1 771 957	-11.78	山东	99 140	3.61
广西	56 046	1.45	河南	72 056	-0.39
北京	51 031	0.27	湖北	39 425	-16.09
天津	22 559	-4.24	湖南	55 679	1.27
河北	44 287	0.26	广东	352 369	-25.64
山西	37 657	-3.03	海南	12 258	7.25
内蒙古	37 535	0.21	重庆	28 219	25.07
辽宁	30 056	-7.99	四川	68 850	- 2.31
吉林	15 397	-6.99	贵州	42 818	-20.15
黑龙江	19 870	-3.93	云南	52 262	-14.65
上海	69 000	-15.03	西藏	3 280	-16.35
江苏	125 930	-0.36	陕西	41 636	-0.95
浙江	151 531	-26.19	甘肃	19 362	3.76
安徽	28 159	15.32	青海	7 200	0.97
福建	95 751	-18.37	宁夏	9 096	-4.95
江西	43 046	5.66	新疆	42 352	-13.03

数据来源：《2013 全国教育事业发展简明统计分析》。

2013年与2012年相比，全国初中阶段进城务工人员随迁子女招生数下降了4.13%，广西相应的指标增长率为9.86%。在2013年全国各个省市中，初中阶段进城务工人员随迁子女招生数最多的是广东省，为196 722人，招生增长率最高的是重庆市，为43.02%。如表3.6所示。

表3.6　2013年广西和全国及其他省市进城务工人员随迁子女初中入学情况

	招生数			招生数	
	2013年 (单位：人)	增长率 (单位：%)		2013年 (单位：人)	增长率 (单位：%)
全国	1 238 665	-4.13	山东	71 785	-9.07
广西	33 048	9.86	河南	62 832	0.67
北京	27 295	24.29	湖北	34 812	-11.31
天津	11 962	4.13	湖南	47 320	11.37
河北	44 692	10.49	广东	196 722	-25.89
山西	27 018	2.16	海南	9 476	10.30
内蒙古	25 158	-2.93	重庆	25 588	43.02
辽宁	23 263	8.96	四川	60 641	-6.52
吉林	13 691	13.80	贵州	42 963	-9.49
黑龙江	17 411	5.22	云南	33 084	-8.06
上海	37 262	6.97	西藏	2 301	0.13
江苏	79 421	2.40	陕西	29 930	6.89
浙江	94 404	-4.93	甘肃	13 666	4.49
安徽	21 822	25.32	青海	4 487	-1.23
福建	64 458	5.67	宁夏	8 584	9.55
江西	38 274	8.55	新疆	35 295	-14.66

数据来源：《2013全国教育事业发展简明统计分析》。

（三）普通中小学教职工数量在减少，但整体素质不断提高，生师比总体稳定

在广西普通中小学学校数量和在校生数量不断减少的情况下，撤点并校政策在一定程度上减少了新增教师的数量，使得生师比保持总体稳定，保证了办学的经济效益。普通高等教育及成人高等教育的迅速发展，使新增教师的学历层次较高，而原有教师又不断通过成人教育等继续教育方式获取较高学历，使得教师学历结

构水平不断提高。同时,在教师需求高峰期进来的教师已经取得较高职称,使得中小学教师形成以中级职称为主体的职称结构。义务教育教师学历及职称结构的提高为提高教育教学质量提供了保障,实现了普通中小学办学的社会效益。

1.普通中小学教职工数量不断减少

2014 年与 2013 年相比,广西普通小学教职工总数减少了 438 人,降低了 0.19%;其中专任教师数增加了 1 741 人,增长了 0.81%。2014 年与 2009 年相比,教职工总数减少了 16 649 人,降低了 6.77%;其中专任教师数减少了 3 521 人,降低了 1.59%。如图 3.1 所示。

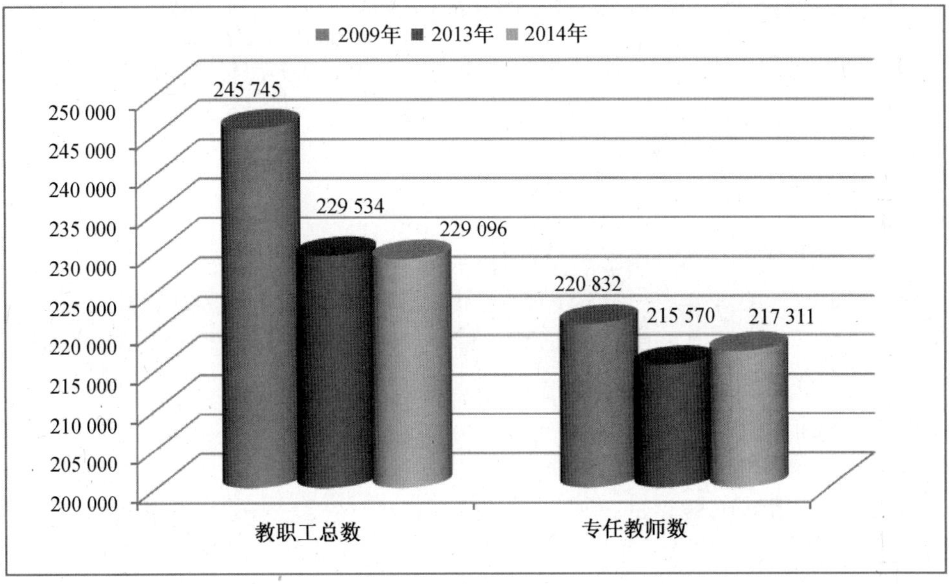

图 3.1　2014 年广西普通小学教职工与 2013 年、2009 年比较示意图

数据来源:2014 年、2013 年、2009 年广西教育事业统计报表。

2014 年与 2013 年相比,广西普通初中专任教师数增加了 848 人,增长了 0.73%。2014 年与 2009 年相比,减少了 436 人,下降了 0.37%;2009 年至 2011 年普通中学专任教师数呈缓慢上升的趋势,从 2011 年至 2013 年,普通中学专任教师逐年下降,但 2014 年又有所增加。2009 年至 2011 年广西普通中学专任教师数同比增长了 0.41%、0.44%,2011 年至 2013 年广西普通中学专任教师数同比下降了 1.48%、0.44%。如图 3.2 所示。

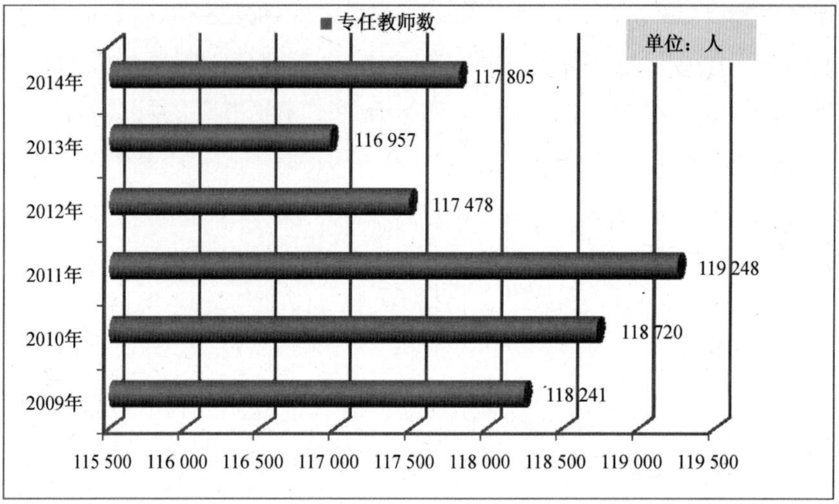

图 3.2 2009—2014 年广西普通初中专任教师数比较示意图

数据来源：2009—2014 年广西教育事业统计报表。

2.普通中小学专任教师学历、职称结构不断改善

学历结构上，2014 年与 2013 年相比，广西普通小学专任教师专科及以下学历教师数在减少，本科及以上学历教师数在增加；研究生学历教师数增长了 7.40%，本科学历教师数增长了 15.01%，专科学历教师数降低了 1.58%，高中（含中专）及以下学历教师数降低了 13.79%。2014 年与 2009 年相比，研究生学历教师数增长了 514.10%，本科学历教师数增长了 163.30%，专科学历教师数降低了 5.12%，高中（含中专）及以下学历教师数降低了 55.71%。形成了以专科学历为峰值的接近正态分布的学历结构。如图 3.3 所示。

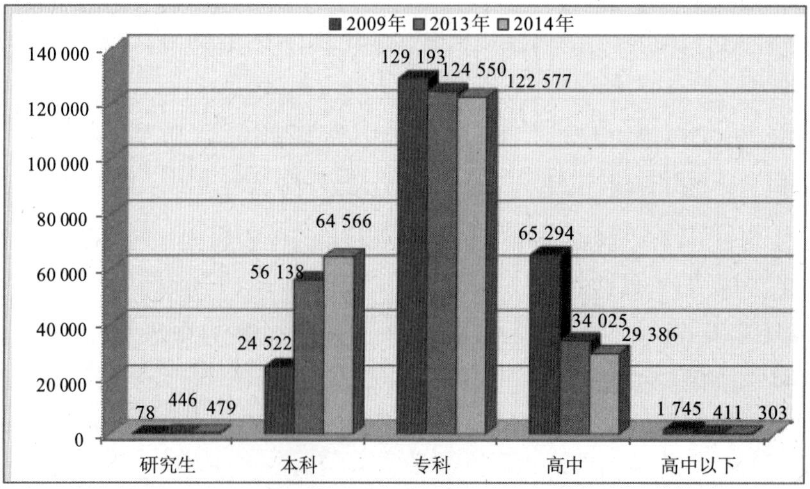

图 3.3 2014 年广西普通小学专任教师学历结构与 2013 年、2009 年比较示意图

数据来源：2014 年、2013 年、2009 年广西教育事业统计报表。

在职称结构上，2014 年与 2013 年相比，广西普通小学专任教师中，中学高级和小学高级教师人数进一步增加，小学一级、二级进一步减少，未定职称的教师人数有所增加。2014 年与 2013 年相比，中学高级教师增长了 21.94%，小学高级教师增长了 1.97%，小学一级教师降低了 4.72%，小学二级教师降低了 12.91%，小学三级教师增长了8.48%，未定职称的教师增长了 21.38%。2014 年与 2009 年相比，中学高级教师增长了 399.74%，小学高级教师增长了 19.66%，小学一级教师降低了 30.58%，小学二级教师降低了 52.85%，小学三级教师降低了 16.25%，未定职称的教师增长了87.47%。如图 3.4 所示。

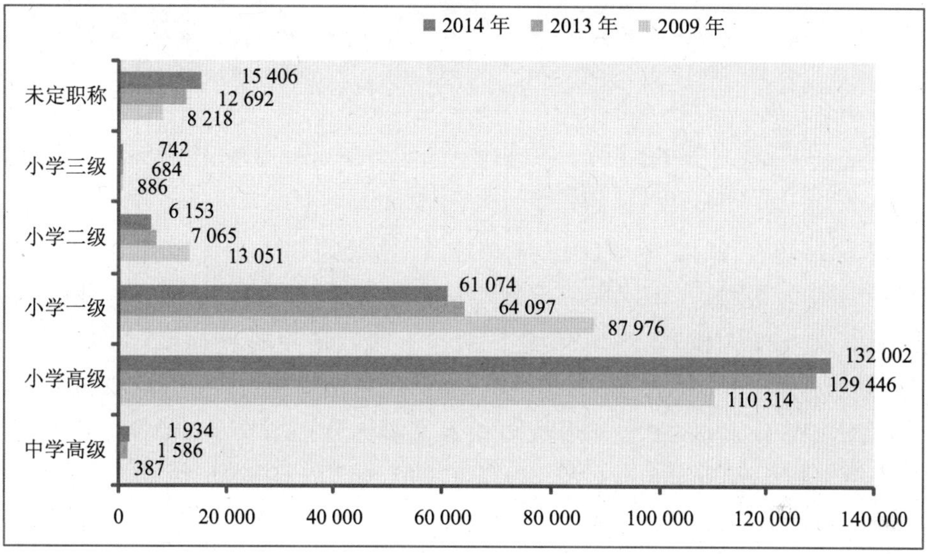

图 3.4 2014 年广西普通小学专任教师职称结构与 2013 年、2009 年比较示意图

数据来源：2014 年、2013 年、2009 年广西教育事业统计报表。

从学历结构看，2014 年与 2013 年相比，广西普通初中专任教师学历结构中专科及高中、高中以下学历教师数量分别下降了 8.39%和 22.15%、64.91%，分别减少了 2 576 人、225 人和 37 人；研究生学历增长了 16.34%，增加了 132 人；本科学历增长了 4.21%，增加了 3 554 人。2014 年与 2009 年相比，研究生和本科学历分别增长了 169.34%和 33.35%，分别增加了 591 人和 21 992 人；专科学历下降了 43.19%，减少了 21 370 人；高中及高中以下(含中专)学历下降了 67.03%。如图 3.5 所示。

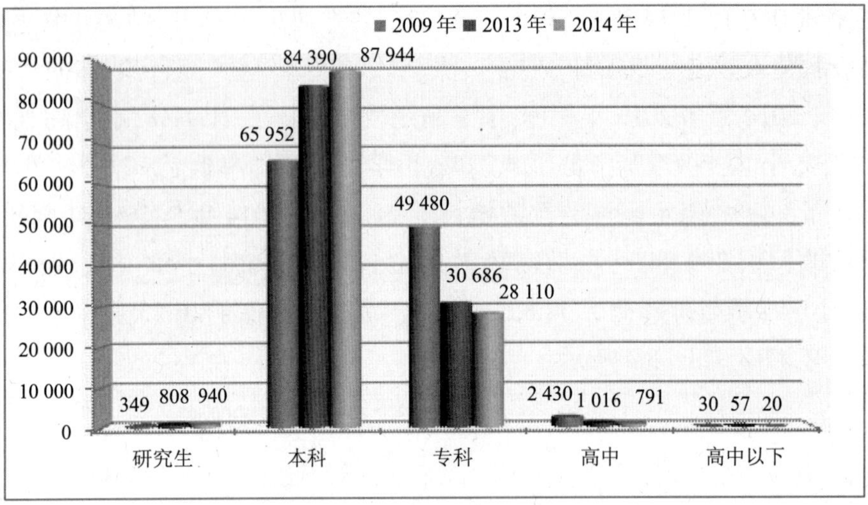

图 3.5 2014 年广西普通初中专任教师学历结构与 2013 年、2009 年比较示意图

数据来源：2009 年、2013 年、2014 年广西教育事业统计报表。

从职称结构看，2014 年与 2013 年相比，广西普通初中专任教师职称结构中中学高级和中学一级教师、未定职称分别增长了 9.92%、0.84%和 19.80%，增加数量分别为 1 125 人、527 人和 1 155 人；中学二级及三级教师分别下降了 5.11%和 8.53%，减少数量分别为 1 782 人和 177 人。2014 年与 2009 年相比，广西普通初中专任教师职称结构中中学高级、中学一级教师和未定职称分别增长了 102.95%、16.50%和 37.54%，增加数量分别为 6 321 人、8 972 人和 1 907 人；中学二级及三级教师分别下降了 30.44%和 62.34%，减少数量分别为 14 492 人和 3 144 人。如图 3.6 所示。

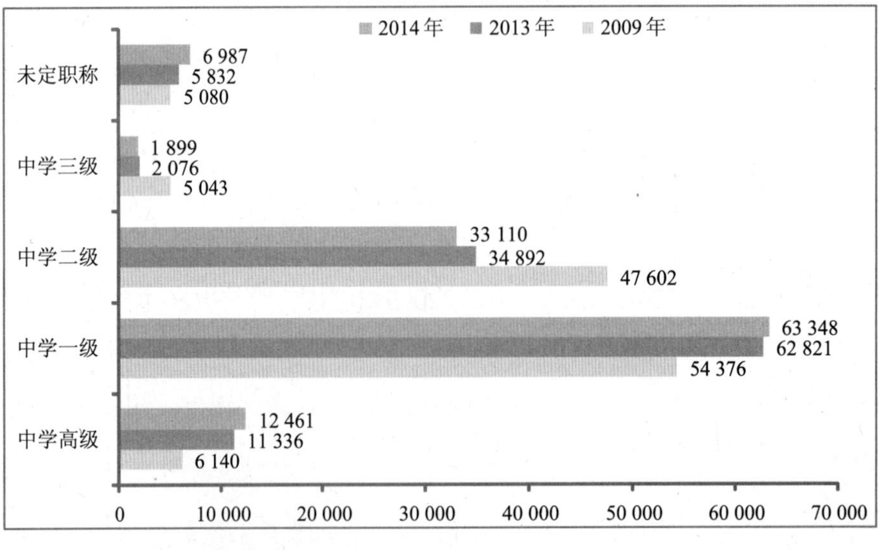

图 3.6 2014 年广西普通初中专任教师职称结构与 2013 年、2009 年比较示意图

数据来源：2014 年、2013 年、2009 年广西教育事业统计报表。

3.普通中小学生师比总体稳定

同时,受在校生数量减少的影响,生师比总体呈下降趋势。2014 年与 2013 年相比,广西普通小学教育生师比上升了 0.46%。2014 年与 2009 年相比,广西普通小学教育生师比也上升了 0.46%。2011 年则出现了一个拐点,其原因在于 2011 年较 2010 年,专任教师数下降了 0.55%,而在校生数几乎不变,导致了生师比上升。2012 年专任教师人数变化相较 2011 年而言变化不大,在校生数增长趋势平稳,所以生师比出现了小幅回升。2009 年到 2014 年,总体看呈先下降后上升的趋势,各年份之间差别不大。如图 3.7 所示。

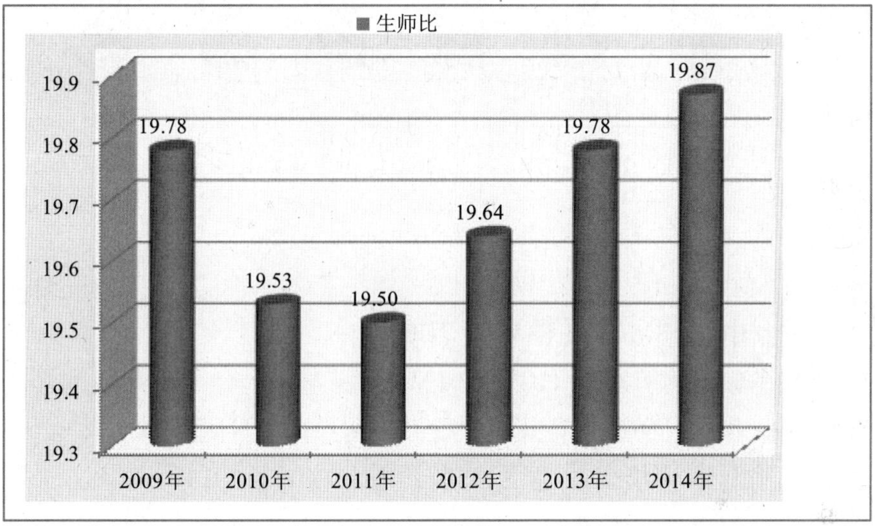

图 3.7　2009—2014 年广西普通小学生师比示意图

数据来源:根据 2009—2014 年广西教育事业统计报表整理。

2014 年与 2013 年相比,广西普通初中生师比下降了 0.72%;2014 年与 2009 年相比,广西普通初中生师比下降了 5.21%。2009 年至 2010 年下降幅度较大,其原因在于 2010 年较 2009 年,专任教师数上升了 0.41%,而在校生数几乎不变,导致了生师比下降。2009 年到 2014 年,总体看普通初中生师比呈下降的趋势。如图 3.8 所示。

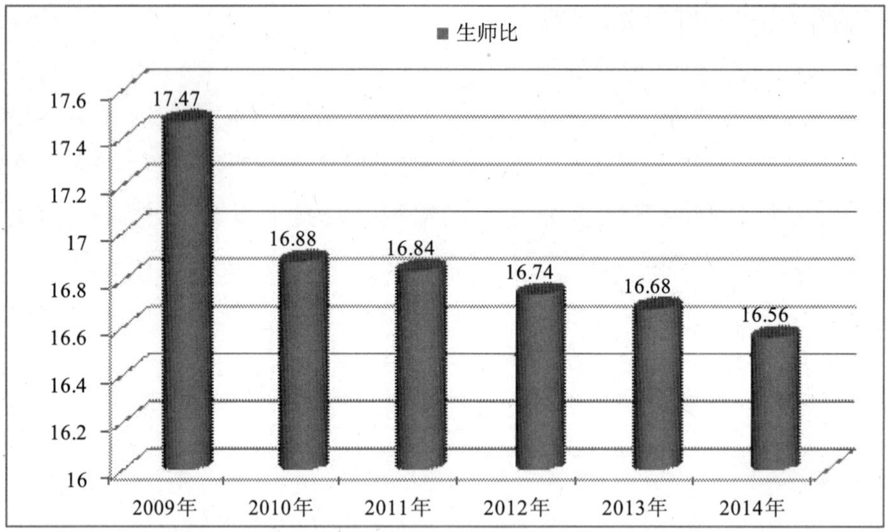

图 3.8　2009—2014 年广西普通初中生师比示意图

数据来源：根据 2009—2014 年广西教育事业统计报表整理。

（四）城乡中小学办学条件差距不明显

为促进义务教育均衡发展，2011 年以来，广西先后出台了一系列配套政策，如《关于做好 2011 年农村义务教育阶段学校教师特设岗位计划工作的通知》《关于编制中西部地区农村闲置校舍改建项目建设规划（2011—2013 年）等规划的通知》等。实施重大基础教育工程建设，大力改善办学条件，有效缩小了城乡义务教育学校办学条件的差距。实施农村义务教育学校课桌椅更新工程，为农村义务教育阶段乡镇中小学校统一配备全新钢木课桌椅，基本实现全区农村义务教育阶段学生"人人都有新课桌椅"。不断加强农村骨干教师、教学点教师、农村紧缺薄弱学科教师、民族聚居地区教师培训，农村教师的教育教学能力得到了整体提升。① 近年来，随着中央与省级政府加大了对农村义务教育经费的转移支付力度，城乡义务教育资源存量差距不断缩小，两者的办学条件的差异已不明显。

1.城乡小学生均建筑面积和生均固定资产差距不大

因"普九"及转移支付政策的推动，农村小学基础设施等都得到了较大改善。表现为农村小学生均建筑面积已达到或超过城市小学。如 2013 年，在三个样本市中，除河池市城乡小学生均建筑面积基本持平外，其他两个市的农村小学均超过了城市小学。但生均固定资产中，三个市的城市与农村差异逐渐缩小，南宁市城市小

① 广西壮族自治区统计局：《"十二五"以来广西九年义务教育发展情况分析》，2014.9.26.

学生均固定资产是农村小学的1.03倍，桂林市与河池市的农村小学生均固定资产均略高于城市小学。说明农村小学办学条件得到了较大改善。如表3.7所示。

表3.7 2013年广西三个样本市城乡小学办学条件比较

	类别	生均建筑面积(平方米)	生均固定资产(元)
南宁市	城市	8.13	5 704.54
	农村	9.00	5 542.73
桂林市	城市	9.46	4 762.71
	农村	11.68	5 183.76
河池市	城市	8.72	4 914.73
	农村	9.36	5 154.14

注：生均建筑面积和固定资产不含九年一贯制学校和十二年一贯制学校。

数据来源：根据2013年广西教育事业统计报表整理。

2.城乡初中办学条件差异相对较小，但总体上生均固定资产城市大于农村小学

2013年，在三个样本城市中，城乡初中生均建筑面积差异较小，城市初中略低于农村初中；城市初中生均固定资产城市初中都低于农村初中。说明农村初中办学条件有了一定的改善。详见表3.8。

表3.8 2013年广西三个样本市城乡初中办学条件比较

	类别	生均建筑面积(平方米)	生均固定资产(元)
南宁市	城市	11.10	7 786.68
	农村	12.92	7 937.14
桂林市	城市	13.95	9 354.78
	农村	14.39	10 213.24
河池市	城市	10.79	6 605.8
	农村	12.34	7 325.92

注：生均建筑面积和固定资产不含九年一贯制学校、职业初中及完全中学。

数据来源：根据2013年广西教育事业统计报表整理。

三、广西义务教育发展存在的问题

广西义务教育发展虽然取得了较为显著的成效，实现了一定的经济与社会效益，但是在发展中仍然没能从根本上解决城乡义务教育发展不均衡的问题，抑或出现了新的不均衡问题。以 2014 年为例，从南宁、桂林及河池三个样本市城乡义务教育单位规模、办学条件及教师素质结构等情况看，城乡差异仍在不同程度上存在。

（一）城乡义务教育校均及班均规模存在不同程度的差异

1.城乡小学校均规模差异显著，班均规模城市略大于农村小学

随着进城务工人员随迁子女入城市学校就读数量的增加，农村留守儿童数量的减少，2014 年广西农村小学校均规模及班均规模都大幅度小于城市小学。如南宁市城市小学和农村小学校均规模差异最大，其中城市小学校均规模为 1 188 人/所，而农村小学为 279 人/所，前者是后者的 4.26 倍；其次是河池市，城市学校校均规模是农村学校的 4.01 倍；差别最小的是桂林市，城市小学校均规模是农村小学的 3.69 倍。三个样本市城乡小学班均规模差异基本一致，城市小学班均规模基本是农村小学的 3.5 倍以上。如表 3.9 所示。

表 3.9　2014 年广西三个样本市城乡小学规模比较

	类别	学校数(所)	班级数(班)	在校生数(人)	校均规模(人/所)	班均规模(人/班)
南宁市	城市	179	4 488	212 688	1 188	47
	农村	1 272	10 657	354 313	279	33
桂林市	城市	79	1 565	72 785	921	47
	农村	1 059	8 066	264 704	250	33
河池市	城市	29	579	27 711	956	48
	农村	1 341	10 575	319 488	238	30

数据来源：根据 2014 年广西教育事业统计报表整理。

农村学校班均规模小于城市学校主要是由于农村人口分布较为分散。为了实现教育机会公平，实现义务教育的社会效益，农村小学办学的规模经济效益略小于城市是合理的。由于本研究统计时是按行政区划进行分类的，即城市学校中包含

了位于乡村的学校，乡村学校中也包含了位于县(县级市)城区的学校，因此现实按地域划分的城乡学校的差异要大于本统计的差异。以此来看，农村小学城乡单位规模差异的可能性会更大。

2.城乡初中校均规模差异不大，班均规模农村略大于城市

在初中阶段，除了南宁市初中校均规模城市小于农村外，桂林市和河池市初中校均规模城市大于农村。尤其是桂林市，城市初中校均规模为 1 689 人/所，农村初中为 723 人/所，城乡差异较大。这主要是由于桂林市城区较多(6 个城区)，而河池市城区较少(1 个城区)的缘故。从总体上看，南宁市、桂林市的校均规模大于河池市。班均规模总体上差异不大，有两个样本市农村略大于城市。详见表 3.10。

表 3.10　2014 年广西三个样本市城乡初中校均规模比较

	类别	学校数(所)	班级数(班)	在校生数(人)	校均规模(人/所)	班均规模(人/班)
南宁市	城市	97	1 800	91 245	941	51
	农村	161	3 086	170 294	1 058	55
桂林市	城市	18	625	30 399	1 689	49
	农村	144	2 041	104 124	723	51
河池市	城市	14	253	14 350	1 025	57
	农村	159	2 154	121 599	765	56

数据来源：根据 2014 年广西教育事业统计报表整理。

(二)城乡中小学专任教师素质及年龄结构存在较大的差异

广西城乡义务教育生师比虽然总体上差异不是太大，但要真正实现城乡义务教育均衡发展，必须考虑城乡中小学教师的学历结构和职称结构的素质差异和教师年龄结构的差异，这些因素直接决定着优质教育资源均衡配置和教师队伍可持续发展的问题。

1.城市小学专任教师呈现高学历、年轻化态势，而农村小学专任教师却呈现高职称、老年化的态势

在学历结构方面，城市小学专任教师学历结构水平显著高于农村。南宁市、桂林市及河池市城市小学专任教师本科以上学历所占比重显著高于农村小学，而农

村小学专任教师高中及以下学历所占比重显著高于城市小学。在小学专任教师结构中,城市以本科、专科为主体,而农村以专科为主体,而且经济越发达的地区,城市小学专任教师学历结构水平越显著高于农村。如河池市城市小学专任教师具有本科学历的占教师总数的20.86%,农村小学专任教师具有本科学历的占教师总数的14.55%;南宁市城市小学专任教师具有本科学历的占教师总数的47.83%,农村小学专任教师具有本科学历的仅占教师总数的16.32%。详见表3.11。说明教育人力资源市场不仅存在城乡二元结构,而且教育人力资源流动存在极化效应问题,即教育人力资源配置不仅存在城乡差异也存在区域差异问题。

表3.11　2012年广西三个样本市城乡小学专任教师学历结构比较

	类别	研究生(%)	本科(%)	专科(%)	高中及以下(%)
南宁市	城市	1.08	47.83	43.87	7.22
	农村	0.04	16.32	60.29	23.35
桂林市	城市	0.96	40.79	50.22	8.03
	农村	0.10	29.01	48.23	22.66
河池市	城市	0.07	20.86	65.79	13.28
	农村	0.06	14.55	67.02	18.37

数据来源:根据2012年广西教育事业统计报表整理。

在职称结构方面,城乡小学专任教师呈现新的差异。主要表现在城乡小学专任教师职称结构以小学高级及以上职称为主体,且农村小学专任教师职称结构水平总体上略高于城市。农村小学专任教师小学一级以上职称略高于城市,而小学二级以下职称明显低于城市。详见表3.12。

表3.12　2014年广西三个样本市城乡小学专任教师职称结构比较

	类别	小学高级及以上(%)	小学一级(%)	小学二级(%)	小学三级及以下(%)
南宁市	城市	49.24	25.10	4.24	21.42
	农村	68.20	26.27	1.90	3.64

续表

	类别	小学高级及以上(%)	小学一级(%)	小学二级(%)	小学三级及以下(%)
桂林市	城市	56.61	19.71	3.48	20.19
	农村	67.79	21.62	1.71	8.88
河池市	城市	88.38	6.92	1.57	3.14
	农村	74.52	17.36	2.80	5.33

数据来源：根据2014年广西教育事业统计报表整理。

这一现象是我国在职称指标分配政策上向农村倾斜的结果。但小学二级以下职称结构的城乡差异反映了农村小学专任教师队伍存在高职称峰值过后职称结构水平下降即职称结构的可持续发展问题。

在年龄结构方面，城乡小学专任教师呈现出显著差异，从总体上看，城市小学专任教师年龄结构优于农村。以三个样本市为例，除河池市外，南宁市和桂林市城市小学30岁以下的专任教师所占比例显著高于农村，51岁以上的专任教师所占比例显著低于农村。详见表3.13。

表3.13　2014年广西三个样本市城乡小学专任教师年龄结构比较

	类别	30岁以下(%)	31—40岁(%)	41—50岁(%)	51岁以上(%)
南宁市	城市	28.24	38.94	25.33	7.49
	农村	7.10	42.88	34.56	15.46
桂林市	城市	24.37	39.61	27.13	8.89
	农村	14.44	38.09	31.91	15.56
河池市	城市	5.54	38.10	42.80	13.56
	农村	9.71	37.00	37.85	15.44

数据来源：根据2014年广西教育事业统计报表整理。

2.城市初中专任教师学历、职称水平总体高于农村，年龄结构优于农村

在学历结构方面，总体上城市初中专任教师高学历所占比重总体高于农村。在三个样本市中，南宁市和桂林市城市初中的研究生、本科学历专任教师所占比重显著高于农村。农村初中专任教师专科及以下学历所占比重高于城市。河池市城乡差异并不显著。详见表3.14。

表 3.14 2014 年广西三个样本市城乡初中专任教师学历结构比较

	类别	研究生(%)	本科(%)	专科(%)	高中及以下(%)
南宁市	城市	5.23	81.49	13.07	0.21
	农村	0.27	74.00	24.89	0.85
桂林市	城市	9.07	78.83	11.77	0.33
	农村	0.55	76.05	22.82	0.58
河池市	城市	0.24	75.95	23.57	0.24
	农村	0.23	74.94	23.93	0.91

数据来源：根据 2014 年广西教育事业统计报表整理。

这个结果说明城乡初中专任教师学历水平仍存在显著差异,城市优于农村,且经济发达地区高于经济欠发达地区。

在职称结构方面,城市初中专任教师中学高级和中学三级及以下职称比重显著高于农村;而中学一级和中学二级职称比重,农村显著高于城市。如南宁市城市初中中学高级和中学三级及以下教师在城市教师总数的比例分别为 14.73%和 14.45%,而农村相应的比重分别只有 5.10%和 5.79%,城市分别是农村的 2.88 倍和 2.50 倍;桂林市,城市分别是农村的 1.79 倍和 1.91 倍;河池市,城市分别是农村的 2.47 倍和 0.57 倍。详见表 3.15。

表 3.15 2014 年广西三个样本市城乡初中专任教师职称结构比较

	类别	中学高级(%)	中学一级(%)	中学二级(%)	中学三级及以下(%)
南宁市	城市	14.73	48.23	22.59	14.45
	农村	5.10	63.48	25.64	5.79
桂林市	城市	21.21	46.23	25.72	6.83
	农村	11.82	65.40	19.20	3.58
河池市	城市	30.53	59.10	6.11	4.27
	农村	12.38	64.00	16.08	7.54

数据来源：根据 2014 年广西教育事业统计报表整理。

由表 3.15 可知,城市初中专任教师职称结构各层级分布较为合理,形成可持续性阶梯状。而农村初中的职称结构过于集中在“中学一级”。同时,越是经济发达的地区城乡这种差异越显著。说明农村初中专任教师在教学科研方面与城市学校还存在一定的差距。

在年龄结构方面，城乡初中专任教师仍然存在较大差异，城市总体呈现老中青比例结构较为合理的局面，而农村则出现30岁以下青年教师比重偏低的现象。如南宁市城市初中30岁以下专任教师所占比重为21.82%，而农村相应的只有7.27%；桂林市城市初中30岁以下专任教师所占比重为19.60%，而农村相应的只有7.74%。河池市由于农村学校占绝对多数，城市学校特征不够显著。城乡初中51岁以上专任教师比重略有差异，总体上城市稍高于农村。详见表3.16。

表3.16　2014年广西三个样本市城乡初中专任教师年龄结构比较

	类别	30岁以下(%)	31—40岁(%)	41—50岁(%)	51岁以上(%)
南宁市	城市	21.82	36.16	30.83	11.19
	农村	7.27	47.74	35.62	9.37
桂林市	城市	19.60	38.35	30.80	11.25
	农村	7.74	41.41	40.26	10.59
河池市	城市	2.81	29.30	52.99	14.90
	农村	10.53	43.61	36.50	9.36

数据来源：根据2014年广西教育事业统计报表整理。

当前广西城乡义务教育发展还存在明显差异，且有出现新差异的趋势。主要是城市化问题导致的城市小学单位规模较大，撤点并校问题引起的农村初中单位规模较大；同时由于存在劳动力市场城乡二元结构及人才流动的极化效应，导致农村中小学年轻的高学历人才严重不足，影响着农村义务教育的可持续发展等。

四、广西义务教育发展的政策建议

要进一步实现教育公平，实现城乡义务教育均衡发展，必须进一步解决城乡义务教育发展中仍然存在和新产生的问题。对于城市化进程导致城市小学拥挤的现象，需进一步改造扩容或增加城市小学；对于因撤点并校形成的农村初中单位规模较大的问题，需进一步改造扩容农村新合并的初中学校。对于历史欠账形成的城乡义务教育办学条件的差异问题，需进一步通过积极差别化投入政策予以解决。

对于由教育人力资源配置城乡二元结构及极化问题产生的农村中小学年轻高学历人才严重不足的问题，需要进一步提高农村教师待遇，吸引和留住人才，以确保农村义务教育的可持续发展。

（一）促进城市义务教育与城市化进程同步发展，致力于解决农村撤点并校带来的新问题

随着城市化进程的推进，进城务工人员及农转非人员不断增加。前些年，进城务工人员子女受户籍限制而难以入学，留守儿童引发的社会问题等引起了政府的高度重视，政府放宽城市公立中小学校的入学门槛后，进城务工人员子女及新增城市人口子女入学人数增加，形成了城市中小学单位规模的扩大。同时，随着农村人口的减少及留守儿童入学数量的减少，农村学校尤其是小学单位规模不断缩小。而自 2001 年撤点并校政策实施以来，虽然一定程度上提高了农村中小学的办学效益，但由此带来的农村学生就学成本的提高、就远求学带来的安全问题及寄宿在学校所带来的费用和学生家庭教育缺失等问题也不容忽视。① 2012 年《国务院办公厅关于规范农村义务教育学校布局调整的意见》提出："坚决制止盲目撤并农村义务教育学校，已经撤并的学校或教学点，确有必要的由当地人民政府进行规划、按程序予以恢复。"以此为转折点，实施了十年的撤点并校政策被叫停。早在 2011 年，广西壮族自治区教育厅在《广西壮族自治区义务教育学校办学基本标准（试行）》中就提出，学校设置应立足本地实际，根据城市、城镇和乡村建设规划的要求，结合城镇化推进程度和人口发展规划，尤其是学龄人口数量及其增减的发展趋势，综合考虑交通、环境等因素，实事求是、科学合理地设置或调整学校布点②。要实现以上目标，一方面要进一步扩建或新建城市中小学，以便适应城市化进程中新增城市人员及进城务工人员子女入学的需求；另一方面要深入探索解决撤点并校遗留问题及后撤点并校时代新出现的问题。在扩建或新建城市中小学过程中，要确保城市义务教育发展的规模与城市化进程同步；要对新增城市人口进行科学的预测，合理制订城市中小学扩建或新建规划，确保城市中小学办学的经济与社会效益。在解决撤点并校后遗症问题时，要进一步根据不同地区的实际情况，适当改造或扩建新合并的农村初中，使班均规模保持在一个合理的水平，以保证办学的社会效益。对于后撤点并校时代出现的农村小学或教学点单位规模过小的情况，可以根据实际情况因地制宜地进行撤点并校，统筹兼顾办学的经济效益和社会效益。

---

① 徐国英，农村中小学撤点并校政策价值分析[J]教育理论与实践，2012，32（30）：21—24.

② 广西壮族自治区义务教育学校办学基本标准（试行）。

（二）打破教育人力资源市场城乡二元结构，增强农村中小学对人才的吸引力

对于农村中小学教师队伍年轻的高学历教师比例偏低的问题，要从打破教育人力资源城乡二元结构入手。当前，由于我国还存在劳动力市场分割问题，①高层次人才集中于城市一级劳动力市场且存在极化效应的现象是一个现实问题。教育人力资源市场受这一问题的影响，出现年轻的高学历人才更多的集中于城市学校的现象。要解决这一问题，必须打破教育人力资源市场城乡二元结构。可以通过"教师流动制"政策，打破城乡二元结构，实现义务阶段教师城乡互动交流。合理实施这一政策，关键要做到教师身份的统一性，教师没有城乡差异和校别属性，同属于市级教育主管部门。在教师资源的配置使用上，可实行城乡学校轮流服务制和用人学校考核评定制。另外，通过进一步改善农村中小学办学条件和生活条件，尤其要为教师提供与城市同样待遇的居住等生活条件，为流动教师提供临时居所和必需的生活设施，确保他们能安居乐业。

鼓励年轻高学历教师到农村学校安家落户，就要在福利待遇方面给在农村服务的教师予以政策倾斜，增强农村中小学对人才的吸引力，尽量吸引以后将要在"置换培训"项目中实习的高年级优秀师范生。

五、结语

总之，在国家及自治区政府的高度重视下，广西义务教育这些年得到了长足发展。面对入学适龄人口数量下降、城市化进程加快带来的一系列新情况和新问题，自治区政府通过不断深化教育体制及教育财政体制改革，总体上实现了义务教育办学的经济效益与社会效益。但由于某些原因，广西义务教育在办学效益、办学条件及教育人力资源等方面还存在着城乡差异。要从根本上解决上述城乡差异问题，需要进一步增加农村义务教育财政投入，继续因地制宜地开展撤点并校，打破教育人力资源市场城乡二元结构。只有从根本上解决了义务教育发展的城乡差异问题，才能真正实现义务教育机会公平。

---

① 韩秀华，陈雪松.论我国劳动力市场分割[J].当代经济科学，2008，30(04)：118-123.

第四章　高中教育：办学条件不断优化

一、问题的提出

高中教育是承接义务教育、开启高等教育的重要教学阶段，随着免费义务教育的实施和义务教育的均衡发展，义务教育公平问题逐步得以缓解，但高中阶段教育的均衡程度还有相当大的差距[1]。党的十七大做出了“加快普及高中阶段教育”的战略部署，党的十八大报告中又提出了“基本普及高中阶段教育”的战略部署。《国家中长期教育改革和发展规划纲要（2010—2020年）》中明确提出到2020年全国高中阶段毛入学率要达到90%。同时《广西壮族自治区中长期教育改革和发展规划纲要》中明确提出2015年要基本普及高中阶段教育，毛入学率达到87%；到2020年，普及高中阶段教育，高中阶段教育毛入学率达到90%。为了完成这一目标，厘清目前普通高中教育财政结构以及整合现有教育资源从而达到优化资源配置就显得尤为重要。

2013年广西普通高中事业正处于黄金发展期，在各级政府的高度重视下，广西普通高中事业发展稳步推进，教育规模不断扩大，师资力量逐步增强。同时积极推进高中办学体制改革，更加注重内涵发展，并积极寻求和探究现代高中学校建设之路。

当前我国普通高中教育实行的是“地方负责、分级管理”体制，由于经济发展水平以及区位条件的差异，造成了广西普通高中教育资源水平与东部地区有较大差距，而资源的优劣又直接决定着教育的结果，因而解决教育总投入的不足问题就是解决区域性教育资源配置的公平问题。此外，广西普通高中教育是否存在地域间、城乡间的不均衡现象，以及如何应对以县政府为单位的不同责任主体在当地高中教育发展中所面临的困境是广西区内教育资源配置优化的重中之重。本文将从广西高中教育资源配置的均衡问题出发，探讨导致高中教育不公平的财政原因，并提出解决问题的对策建议，为最终解决高中阶段教育的普及问题提供参考。

---

① 程红艳.高中教育应适度均衡发展[J].教育理论与实践，2011(29)：9-11.

二、广西普通高中教育发展取得的成就

从总体上看，广西普通高中教育发展水平持续提高，且成果颇丰。主要表现在教育规模不断扩大，办学效益逐步提高；师资力量逐步增强；办学条件日益改善等。这些为全面提高广西普通高中教育质量奠定了良好的基础，也为下一阶段的政策实施提供了一个良好的条件。

（一）教育规模不断扩大，办学效益逐步提高

近五年来，广西高中教育规模不断扩大，招生规模稳步增长，学校办学效益逐步提高。

1.招生规模稳步增长

2009—2014 年，广西普通高中无论在校生数、招生数还是校均规模都稳步增长。此外，毛入学率增长速度明显，甚至超出了预期。这与自治区政府高度重视密不可分，广西 2012 年教育工作会议中提出了 2012 年全区教育工作的重点之一在于“扩量”，即继续扩大高中阶段教育规模，高中阶段毛入学率从 2011 年的 74%提高到 76%。① 经过持续的努力，广西普通高中发展规模取得了喜人的成果。

与 2009 年相比，2014 年广西普通高中在校生数增加了 89 010 人，增长率为 11.88%；招生数增加了 42 735 人，增长率为 16.32%；毕业生数增加了 19 313 人，增长率为 8.25%；校均规模增加了 316.25 人/所，增长率为 20.18%。与 2013 年相比，2014 年广西普通高中在校生数增加了 19 353 人，增长率为 2.36%；招生数增加了 6 984 人，增长率为 2.35%；校均规模增加了 22.57 人/所，增长率为 1.21%。详见表 4.1。

表 4.1　2014 年广西普通高中发展规模与 2013 年、2009 年比较

	2014 年	2013 年	2009 年	2014 年与 2009 年相比增加数
在校生数（单位：人）	838 231	818 878	749 221	89 010
招生数（单位：人）	304 639	297 655	261 904	42 735
毕业生数（单位：人）	253 288	241 922	233 975	19 313

数据来源：2009—2014 年广西教育事业统计报表。

① http://news.gxnews.com.cn/staticpages/20120215/newgx4f3ae2ab-4686680.shtml

2010年至2014年广西普通高中招生人数增长率分别为3.09%、4.64%、3.37%、1.65%、2.35%，招生规模总体平稳增长；相较而言，五年的毛入学率分别为70%、74%、76%、78%、82%，其增长速度明显。同一时期，全国普通高中毛入学率分别为82.5%、84%、85%、86%、86.5%，广西与全国分别相差12.5个百分点、10个百分点、9个百分点、8个百分点、4.5个百分点，可见，五年间广西与全国的差距正在逐步缩小。广西普通高中的普及率正朝着《国家中长期教育改革和发展规划纲要（2010—2020年）》的目标稳步前进，且成果颇丰。详见表4.2。

表4.2　2009—2014年广西高中入学情况

	高中阶段教育毛入学率(%)	普通高中在校生数(人)	广西中长期教育改革和发展规划纲要(2010—2020年)预设的高中阶段教育毛入学率(%)
2009年	61	749 221	61
2010年	70	753 981	
2011年	74	773 562	
2012年	76	795 828	73
2013年	78	818 878	
2014年	82	838 231	

数据来源：2014年度广西教育经费统计分析报告。

2.学校数总体减少，大部分地区校均规模开始扩大

广西普通高中的学校数总体在减少。与2009年相比，2014年广西学校数减少了33所，减少最多的市是来宾市，减少数为6所，其次是桂林市、玉林市、百色市和河池市，减少数均为4所；校均规模方面，广西增加了308.78人/所，增加较多的市是防城港市、河池市和百色市，分别为1 218.22人/所、787.29人/所、740.71人/所。

与2013年相比，2014年广西学校数减少了8所，减少最多的市是玉林市，减少了3所，其次是桂林市和来宾市，分别减少了2所；校均规模方面，广西增加了75.99人/所，增加较多的是防城港市、崇左市和百色市，增加了418.57人/所、302.61人/所、168.36人/所。详见表4.3。

通过2014年分别与2013年和2009年比较后发现，2009年至2014年五年间普通高中学校数减少了33所，2013年至2014年两年间减少了8所，这与广西近年来

一直实施改造薄弱学校和撤并偏远农村高中的措施有关①。详见表4.3。

表4.3　2014年广西各市普通高中学校数、校均规模与2013年、2009年比较

地区	2014年		2013年		2009年	
	学校数（单位：所）	校均规模（单位：人/所）	学校数（单位：所）	校均规模（单位：人/所）	学校数（单位：所）	校均规模（单位：人/所）
广西	445	1 883.67	453	1 807.68	478	1 574.89
南宁市	84	1 444.73	84	1 411.79	85	1 391.72
柳州市	24	2 376.38	25	2 222.08	26	1 945.88
桂林市	57	1 211.96	59	1 172.27	61	1 288.05
梧州市	22	2 429.41	22	2 372.77	25	1 789.56
北海市	22	1 445.05	20	1 625.95	21	1 488.86
防城港市	6	2 390.00	7	1 971.43	9	1 171.78
钦州市	29	1 739.21	29	1 675.86	27	1 699.26
贵港市	55	1 907.38	54	1 863.28	58	1 418.07
玉林市	55	2 046.53	58	1 879.03	59	1 530.69
百色市	22	2 665.36	23	2 497.00	26	1 924.65
贺州市	14	2 217.14	14	2 152.21	16	1 776.25
河池市	24	2 819.33	24	2 747.33	28	2 032.04
来宾市	20	1 989.85	22	1 839.45	26	1 652.19
崇左市	11	2 376.36	12	2 073.75	11	2 002.91

数据来源：2009—2014年广西教育事业统计报表。

（二）师资力量逐步得到增强

普通高中教师队伍水平与高中教育教学质量密切相关。近年来，广西高中教师的学历结构、年龄结构和职称结构得到了很大改善，教师队伍正朝着高学历化、中老年化、高职称化方向发展，广西高中师资力量明显得到了加强。

1.专任教师数有所增加，生师比略有下降

在专任教师数量方面，2014年，广西普通高中专任教师总数为48 357人，比上年增加了1 605人，增长了3.43%。与2013年相比，广西各市普通高中专任教师数都出现增长的趋势。增幅在5%及以上的城市有：防城港市、河池市、贺州市、南宁

① 《广西壮族自治区教育事业改革和发展"十二五"规划》中指出："扩大普通高中办学规模。加强普通高中发展的科学规划，采取改扩建、新建、撤并等方法，大力推进普通高中布局调整。对生源不足、办学条件差、办学效益低的农村高中，采取撤并、迁移的方式进行调整。"

市，分别为8.74%、7.76%、5.73%和5%；增幅最小的是来宾市，为0.12%。与全国平均水平相比，广西普通高中专任教师数的增长率也高于全国平均水平。2014年，全国普通高中专任教师数的平均水平为53 635人，比上年增加1 087人，增长率为2.07%，广西高于全国平均水平1.36个百分点。

在生师比方面，广西普通高中生师比从2013年的17.52：1下降到2014年的17.33：1。从全区各市来看，2014年全区普通高中生师比最高的是河池市，为19.96：1；最低的是桂林市，为13.75：1。与2013年相比，生师比改善程度较合理的城市有柳州市、崇左市、贵港市和玉林市，分别为0.09、0.06、0.01和-0.02。14个市中，仅有桂林市、钦州市、柳州市、崇左市和贵港市生师比呈上升趋势，上升幅度分别为1.48%、1.08%、0.54%、0.37%、0.05%，其余各市均呈下降趋势。详见表4.4。

表4.4 2013—2014年广西及各市普通高中教师配置情况（单位：人）

地区	专任教师数(人)			生师比		
	2014年	2013年	增长率	2014年	2013年	增减
广西	48 357	46 752	3.43%	17.33	17.52	-0.19
南宁市	7 554	7 194	5%	16.07	16.48	-0.41
柳州市	3 383	3 313	2.11%	16.86	16.77	0.09
桂林市	5 025	5 105	1.57%	13.75	13.55	0.2
梧州市	2 960	2 858	3.57%	18.06	18.26	-0.2
北海市	1 986	1 948	1.95%	16.01	16.69	-0.68
防城港市	759	698	8.74%	18.89	19.77	-0.88
钦州市	2 998	2 920	2.67%	16.82	16.64	0.18
贵港市	5 660	5 432	4.2%	18.53	18.52	0.01
玉林市	5 728	5 540	3.39%	19.65	19.67	-0.02
百色市	3 061	2 919	4.86%	19.16	19.67	-0.51
贺州市	1 827	1 728	5.73%	16.99	17.44	-0.45
河池市	3 390	3 146	7.76%	19.96	20.96	-1
来宾市	2 419	2 416	0.12%	16.45	16.75	-0.3
崇左市	1 607	1 535	4.69%	16.27	16.21	0.06

数据来源：2014、2013年广西教育事业统计报表。

2.教师培训次数高于全国平均水平

2013年与2012年相比，广西普通高中专任教师接受培训总次数增加了11 701次，增长了4.7%；人均次数上，2013年、2012年分别为5.58次、5.59次，两年的人均次数基本相当,详见表 4.5。相应地,2013 年、2012 年全国普通高中专任教师接受培训的人均次数分别为 3.8 次、3.4 次,这两年广西这一指标均高于全国平均水平。广西在这一指标上取得的成就与"特级教师工作坊"和"中小学教师国家级培训计划"(广西作为中西部欠发达地区,2010 年获得中央财政专项支持 2 600 万元,主要用于开展"中西部农村骨干教师培训")两项政策紧密相关。

表 4.5　2012—2013 年广西普通高中专任教师接受培训情况(单位:人)

	总人次数(次)	人均次数(次)
2012 年	249 212	5.59
2013 年	260 913	5.58

数据来源:广西教育厅提供。

3.教师队伍结构得到优化

(1)学历结构。

从纵向看,2009—2014 年五年间广西普通高中专任教师质量有显著提升。从横向看,广西专任教师研究生和本科学历的增长率均高于全国平均水平,高学历的教师规模增长迅速。

与 2009 年相比,2014 年广西普通高中专任教师学历有大幅改善,其中研究生学历增长了 103.17%;本科学历增长了 19.73%;专科学历降低了 55.03%;高中及以下学历降低了 75%。可见,五年间广西普通高中专任教师质量有显著提升。与 2013 年相比,2014 年广西普通高中专任教师学历结构中,研究生学历增长了 13.92%;本科学历增长了 3.29%;专科学历降低了 8.91%;高中及以下学历降低了 21.05%。详见图 4.1。

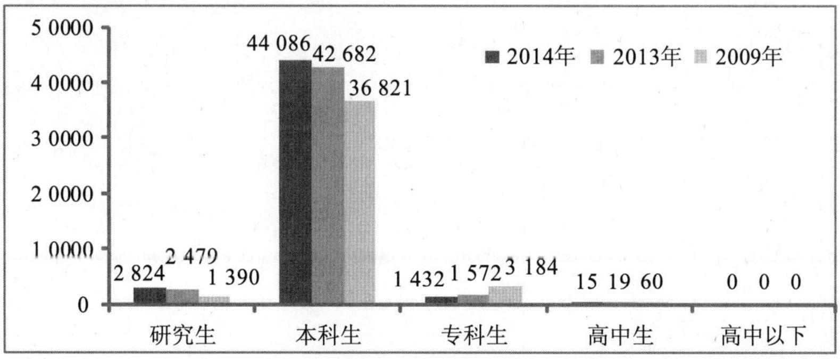

图 4.1　2014 年广西普通高中专任教师学历结构与 2013 年、2009 年比较示意图

数据来源:2014 年广西教育事业数据分析。

全国普通高中专任教师学历结构中，与 2013 年相比，2014 年研究生学历增长了 13.92%；本科学历增长了 3.29%；专科学历降低了 8.91%；高中及以下学历降低了 26.67%，详见图 4.2。可见，近两年广西专任教师中研究生和本科学历的增长率均高于全国平均水平，说明广西专任教师质量有很大提升，成果显著。

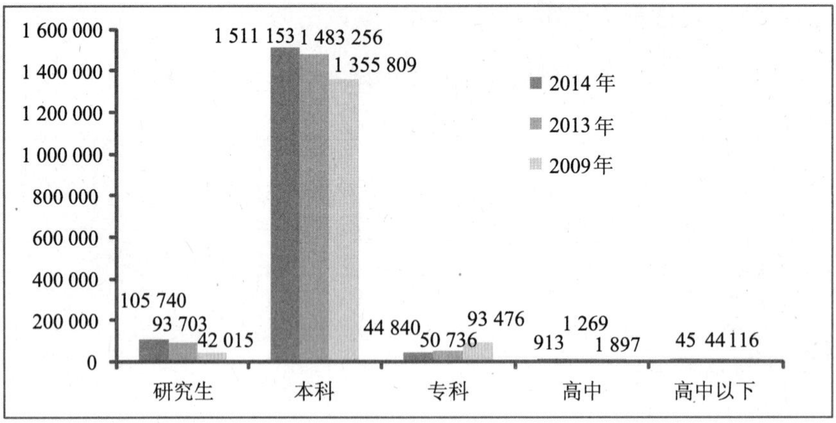

图 4.2　2014 年全国普通高中专任教师学历结构与 2013 年、2009 年比较示意图

数据来源：教育部官网的统计数据。

(2)年龄结构。

从纵向看，五年间广西普通高中专任教师队伍中各年龄段结构有所优化。从横向看，广西发展趋势与全国正好相同，30 岁以下人数呈降低趋势，而 51 岁以上人数呈增加趋势。广西专任教师队伍的中老年化速度低于全国平均水平，专任教师年龄结构的优化程度高。如图 4.3 所示，与 2013 年相比，2014 年广西普通高中专任教师中，30 岁以下人数减少了 342 人，降低了 3.34%；31—35 岁的人数增加了 14 人，增长了 0.14%；36—55 岁人数增加了 1 932 人，增长了 7.66%；56 岁以上人数增加了 1 人，增长了 0.09%。2014 年与 2009 年相比，30 岁以下人数减少了 2 919 人，降低了 22.78%；31—35 岁的人数增加了 540 人，增长了 5.63%；36—55 岁的人数增加了 9 160 人，增长了 50.86%；56 岁以上人数增加了 121 人，增长了 11.63%。

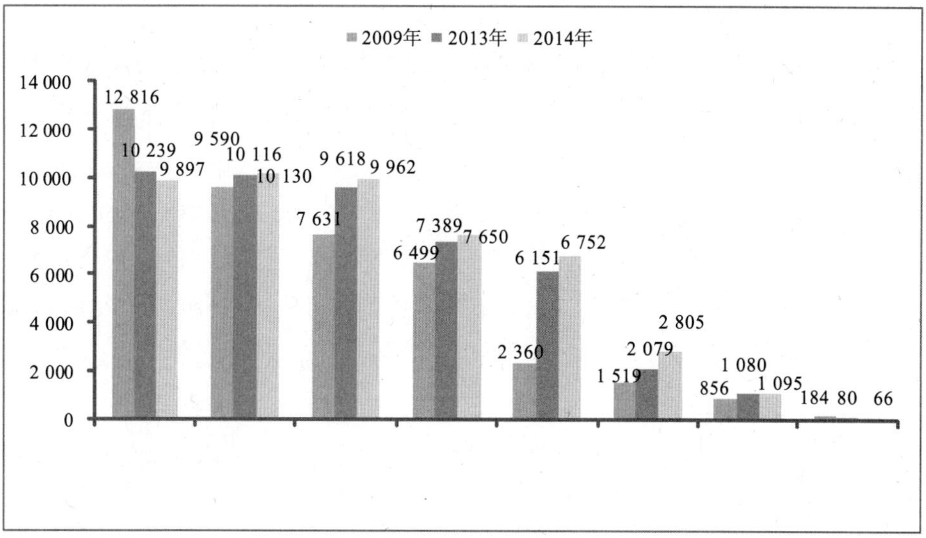

图 4.3　2014 年广西普通高中专任教师年龄结构与 2013 年、2009 年比较示意图

数据来源：2014 年广西教育事业数据分析。

全国普通高中专任教师中，与 2013 年相比，2014 年 30 岁以下人数下降了 6.36%；56 岁以上人数增长了 3.12%。与 2009 年相比，2014 年 51 岁以上人数增长了 104.39%。详见图 4.4。可见，30 岁以下人数和 51 岁以上人数的比例广西减少的趋势与全国相同，但是广西专任教师队伍的中老年化速度低于全国水平，这说明广西专任教师年龄结构得到优化，教师队伍更加成熟。

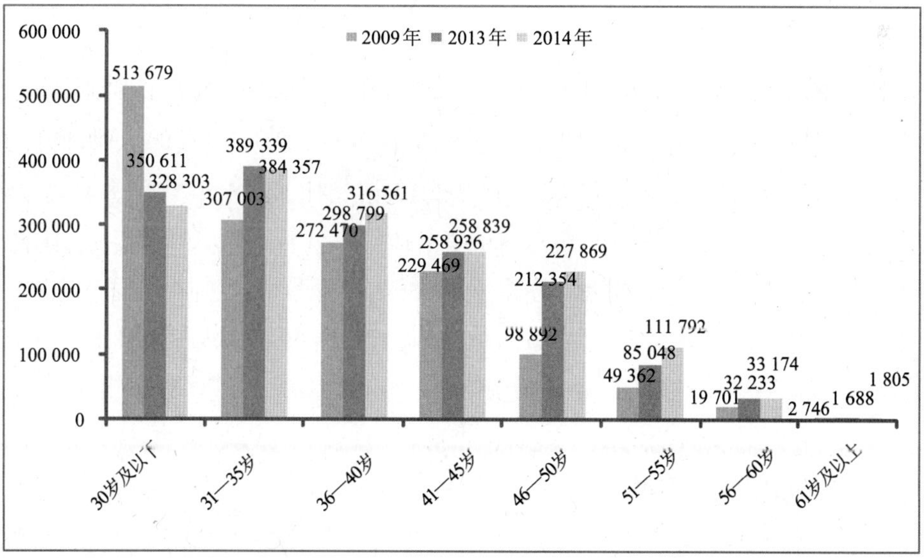

图 4.4　2014 年全国普通高中专任教师年龄结构与 2013 年、2009 年比较示意图

数据来源：教育部官网的统计数据。

(3)职称结构。

2009—2014年,广西普通高中专任教师队伍中高级职称比例有所增长,职称结构得到优化。从横向看,广西专任教师队伍高职称教师的增长率高于全国平均水平。

与2009年相比,2014年中学高级教师增长了44.41%;中学一级教师增长了19.58%;中学二级教师降低了3.21%;中学三级教师降低了12.28%;未定职级教师增长了39.14%。与2013年相比,2014年广西普通高中专任教师职称结构,中学高级教师增长了6.73%;中学一级教师增长了1.16%;中学二级教师降低了3.73%;中学三级教师增长了46.78%;未定职级教师增长了1.13%。详见图4.5。

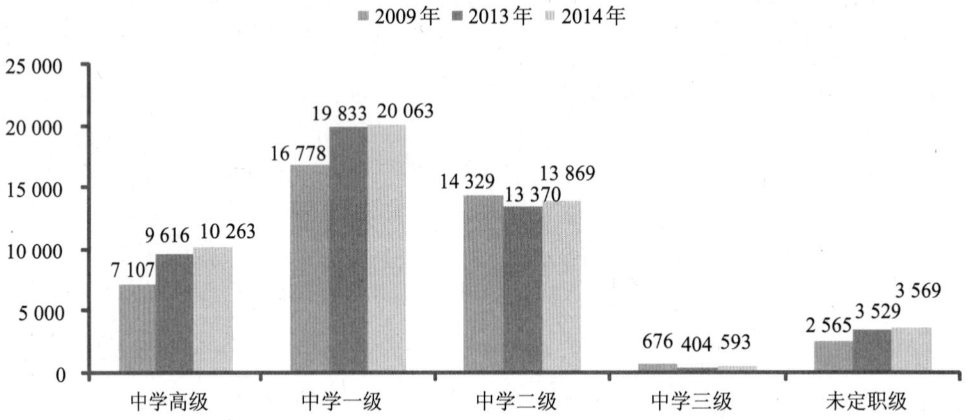

图4.5 2014年广西普通高中专任教师职称结构与2013年、2009年比较示意图

数据来源:2014年广西教育事业数据分析。

就全国的情况看,与2009年相比,2014年全国的中学高级教师增长了27.94%;中学一级教师增长了17.41%;中学二级教师降低了5.16%;中学三级教师降低了38.74%;未定职级教师增长了15.46%。与2013年相比,2014年全国普通高中专任教师职称结构,中学高级教师增长了3.95%;中学一级教师增长了3.0%;中学二级教师降低了0.74%,中学三级教师增长了1.81%,未定职级教师增长了2.13%。详见图4.6。由此可知,2014年与2009年相比以及2014年与2013年相比,广西中学高级职称教师的增长率均高于全国平均水平,其中2014年与2009年相比广西中学高级职称教师的增长率高于全国平均水平16.47个百分点,2014年与2013年相比广西中学高级职称教师的增长率高于全国平均水平2.78个百分点。

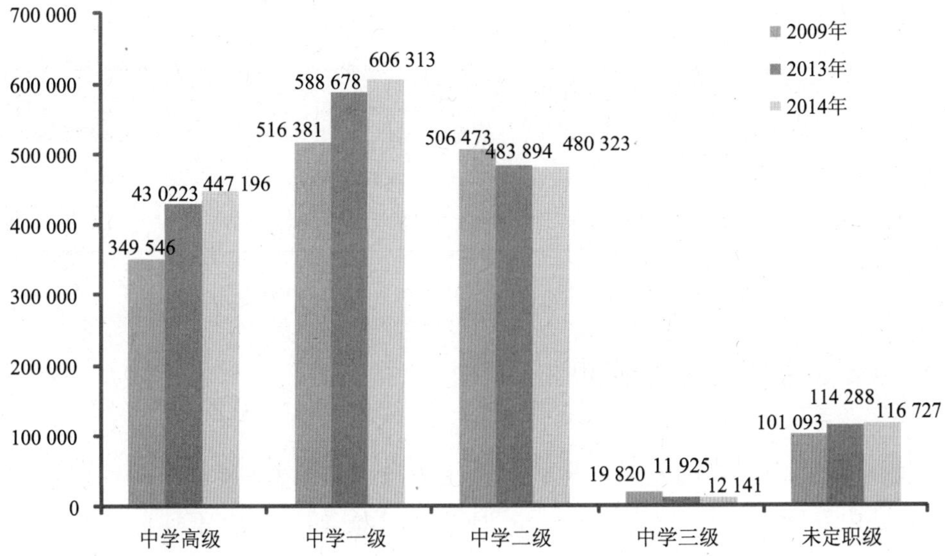

图 4.6　2014 年全国普通高中专任教师职称结构与 2013 年、2009 年比较示意图

数据来源：教育部官网的数据统计。

(4)办学条件日益改善。

从生均校舍面积、生均图书册数、生均仪器设备值、建网校比例和每百名学生拥有教学用计算机比例这五个指标看,广西普通高中办学条件得到了很大改善,这与 2011 年广西高中基础能力建设所投入的 6 000 万专项经费有很大关系。此外,在 2012 年召开的全区教育工作会议中,李康副主席明确指出:“要努力突破普通高中教育发展瓶颈,要增加普通高中教育经费投入,加大对普通高中新建、改扩建以及其他重大建设的投入,逐步提高各级地方政府对普通高中的经费投入保障水平。”①

如表 4.6 所示,与 2013 年相比,2014 年广西普通高中生均校舍面积、生均图书册数以及每百名学生拥有教学用计算机数基本持平,2013 年广西普通高中生均校舍面积、生均图书册数以及每百名学生拥有教学用计算机数分别为 16.17 平方米、26.38 册、8.65 台,2014 年分别为 16.18 平方米、26.76 册、8.89 台。

2014 年,普通高中仪器设备配置水平有所提高,与 2013 年相比,生均仪器设备值增加了 102 元,增长率为 7.63%,教学仪器设备水平的提高对保证普通高中学生高质量完成各门课程学习有很大的促进作用。

普通高中信息化水平有所提高,建网校比例也有大幅增长,其比例从 2013 年的 68.21%提高到了 2014 年的 73.26%。

① http://www.gxedu.gov.cn/Item/1568.aspx

表 4.6 2013—2014 年广西普通高中办学条件

	生均校舍建筑面积(平方米)	生均图书册数(册)	生均仪器设备值(元)	建网校比例(%)	每百名学生拥有教学用计算机(台)
2014 年	16.18	26.76	1 439	73.26	8.89
2013 年	16.17	26.38	1 337	68.21	8.65

数据来源：2014 全国教育事业发展简明统计分析。

三、广西普通高中教育发展面临的问题

广西普通高中教育的发展已取得了较大成就，但仍存在着诸如教育资源总体不足、区域内发展不均衡、民办教育发展迟缓等问题，如何化解上述问题需要我们深思。

（一）教育资源总体不足

广西普通高中教育资源配置总体不足，离全国平均水平还有很大差距，这直接制约了广西高中教育发展水平，只有清楚地认识这个关键问题，才有可能为后续的解决事宜铺平道路。

在教育资源配置存量方面，广西普通高中和全国平均水平有一定的差距。具体表现为：广西普通高中生师比比全国平均水平高出 17.19%；生均校舍面积与全国平均水平相差 1.71 平方米；生均仪器设备是全国的 55.75%，差距比较明显；每百名学生拥有教学用计算机数是全国的 66.95%，说明广西的信息化水平较全国平均水平还有一段距离，详见表 4.7。

教育资源配置流量方面，广西普通高中和全国平均水平距离相差较大。具体表现为：广西生均教育经费支出较全国平均水平低 3 087.54 元，在全国排第 30 位，与最高的北京市相差 49 476.27 元，也低于贵州 2.13 元，说明广西生均教育经费不仅低于全国平均水平，与东部发达地区差距很大，而且还低于同是位于西部地区的重庆、四川、贵州、云南、西藏、陕西、甘肃、青海、宁夏、新疆、内蒙古 11 省（市、自治区），其中低于最高的西藏自治区 52.11%。在生均基本建设费支出方面，广西普通高中仅为全国平均水平的 89.50%，在全国排 17 位，是最高的西藏自治区的 6.21%，说明广西普通高中基础设施建设情况不容乐观，亟待提高。

广西普通高中生均预算内教育事业费支出和生均公用经费支出分别低于全国平均水平 1 709.95 元、1 462.61 元，差距也比较明显，详见表 4.8。

表 4.7　2013 年广西普通高中与全国教育资源配置情况比较

	生师比	生均校舍面积(平方米)	生均仪器设备(元)	每百名学生拥有的教学用计算机台数(台)
广西	17.52	16.17	1 337	8.65
全国	14.95	17.88	2 398	12.92

表 4.8　2013 年广西普通高中与全国教育资源配置情况比较

	生均教育经费支出(元)	生均基本建设支出(元)	生均预算内教育事业费支出(元)	生均公用经费支出(元)
广西	9 774.87	276.11	6 712.68	4 192.00
全国	12 862.41	308.51	8 422.63	5 654.61

数据来源：2014 年中国教育经费统计年鉴。

(二)区域间教育发展不均衡

广西普通高中教育还存在区域间发展不均问题,主要表现在:广西相较东部地区的教育水平还有较大距离;区域内各地级市之间的教育资源配置差异较大;城乡间教育资源配置结构差异明显。

1.广西教育资源与东部发达地区相较差异很大,与中西部地区相较差异不大

(1)规模部分。

为更准确地对广西普通高中教育规模做出评价,本部分依据中国地域上的东部、中部、西部三大地带划分,分别选取位于东部的北京市、中部的河南省、西部的云南省 3 个省市进行省际比较分析,透过广西与其他地方的比较,可以清晰地看到广西与其他省级单位的差异。

2014 年,广西普通高中的生师比是全国平均水平的 2.89 倍,广西普通高中生师比是北京的 2.06 倍。同时,本科以上学历教师的比例低于北京 2.5 个百分点,这说明相对于发达地区而言,广西专任教师不仅数量不足,质量还有待提高;而这两个指标与河南及云南相比,差异并不明显。

广西的生均图书册数、生均校舍面积和每百名学生拥有的教学用计算机台数与北京相比,分别是后者的 25.46%、32.39%、10.16%,广西的仪器达标率与北京相差 17.69 个百分点,说明广西的办学条件与发达地区相较有较大差距,总体水平还有待提高。而与河南和云南相较差距并不明显,见表 4.9。

表 4.9　2014 年广西与部分省市普通高中教育资源存量状况比较

	招生数增长率(%)	生师比	本科及以上学历教师比例(%)	生均图书册数(册)	生均校舍面积(平方米)	仪器达标率(%)	每百名学生拥有的教学用计算机台数(台)
广西	2.34	17.33	97.01	26.76	16.18	77.08	8.89
北京	-8.00	8.41	99.51	105.09	49.95	94.77	87.48
河南	-2.44	17.11	96.34	17.19	14.52	77.78	6.95
云南	0.25	15.53	97.73	27.15	17.00	86.55	12.41

数据来源：2014 年教育事业发展简明统计分析。

(2)经费部分。

广西普通高中生均预算内教育事业费支出落后于东部地区和中部地区。与 2012 年相比,2013 年广西普通高中生均预算内教育事业费支出增加了 681.70 元/生・年,增长率为 11.30%;北京普通高中生均预算内教育事业费支出增加了 4 879.24 元/生・年,增长率为 15.30%;安徽普通高中生均预算内教育事业费支出增加了 354.49 元/生・年,增长率为 5.30%;云南普通高中生均预算内教育事业费支出增加了 328.22 元/生・年,增长率为 5.07%;广西普通高中生均预算内教育事业费支出的增加额大幅落后于北京、增长率略低于北京;与安徽、云南的水平相当,详见图 4.7。

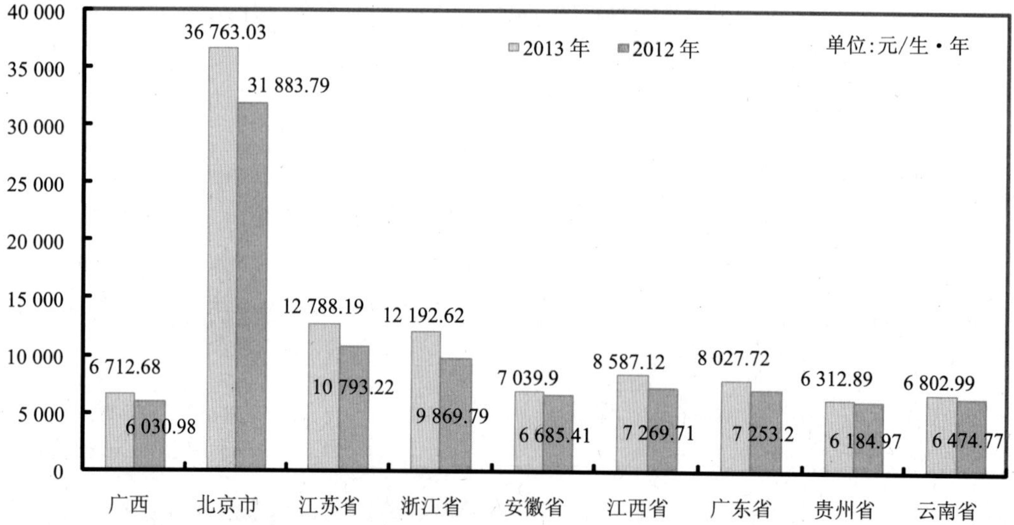

图 4.7　2013 年广西与全国及部分省市普通高中生均预算内教育事业费支出与 2012 年的比较示意图

2.区域内普通高中教育资源配置差异较大

总体来说,区域内教育资源配置存量差异显著,地级市之间教育资源配置不均的问题突出。例如在学校的负荷度、教师队伍的素质和基础建设上存在地域性的差异。

同样的，广西各地级市间普通高中教育资源流量配置不均衡，例如在生均教育经费支出、生均公用经费支出、生均预算内教育事业费支出、生均预算内公用经费支出上各市对于教育的投入情况也存在着显著差异。

下面通过 2014 年广西 14 个地级市各学校校均规模、师资、办学条件和教育经费等各个指标来对广西区域内普通高中教育资源配置状况予以说明，见表 4.10。

表 4.10　2014 年广西区域内普通高中教育资源存量状况比较

	校均规模（人/所）	班数(个)	生均校舍面积（平方米/人）	生均固定资产总值（元/人）
南宁市	1 444.73	2 156	13.7	12 348.76
柳州市	2 376.38	928	9.89	9 879.40
桂林市	1 211.96	1 301	17.31	13 914.45
梧州市	2 429.41	829	11.91	12 274.83
北海市	1 445.05	545	13.19	13 215.39
防城港市	2 390.00	244	11.01	13 426.15
钦州市	1 739.21	820	12.67	14 555.00
贵港市	1 907.38	1 693	11.57	7 997.64
玉林市	2 046.53	1 676	11.19	9 686.31
百色市	2 665.36	957	12.45	9 810.23
贺州市	2 217.14	480	12.95	11 279.75
河池市	2 819.33	1 033	10.83	12 594.53
来宾市	1 989.85	668	13.34	11 217.28
崇左市	2 376.36	456	12.56	12 781.09

数据来源：广西教育厅提供。

校均规模方面，2014 年广西普通高中校均规模最大的是河池市，最低的是桂林市，两者相差 1 607.37 人/所，标准差为 481.75 人/所；班数最高的是南宁市，最低的是防城港市，极差值为 1 912 个，标准差为 546.72 个；这两个指标都反映了地域之间学校学生承载的负荷不同，说明不同地级市学生人均享受到的教育资源有所差异。

基础设施方面，国家规定的高中生均校舍面积每生不低于 6.40 平方米，由上表可知广西各地级市的生均校舍面积均已达标。但生均校舍面积地域间存在较大差异，最高的防城港市与最低的钦州市相差有 7.42 平方米，标准差为 1.77 平方米；生均固定资产总值也存在较大差距，最高的钦州市与最低的贵港市相差 6 557.36 元，标准差为1 812.84元。这说明了各地级市之间普通高中的办学条件存在较大差异。

广西14个地级市中,地域间教育资源配置流量差异显著,地级市之间教育资源配置不均的问题同样存在。

从生均教育经费支出、生均公用经费支出上看,最高的贺州市与最低的贵港市分别相差7 648.22元、7 076.86元,标准差分别为2 191.32元、1 828.35元;从生均预算内教育事业费支出以及生均预算内公用经费支出上看,最高的梧州市与最低的贵港市相差3 422.25元、4 343.54元,标准差分别为1 122.66元、1 124.21元,说明广西各地级市间普通高中教育资源配置不均衡,各地级市对于普通高中教育的投入情况存在显著差异,详见表4.11。

表4.11　2013年广西省域内普通高中教育资源流量状况比较

	生均教育经费支出(元)	生均公用经费支出(元)	生均预算内教育事业费支出(元)	生均预算内公用经费支出(元)
南宁市	12 954.29	6 151.72	8 087.27	2 619.21
柳州市	10 343.15	3 819.54	7 682.20	1 938.41
桂林市	11 224.66	4 355.09	7 643.64	2 072.27
梧州市	10 641.43	6 125.59	8 614.50	4 789.54
北海市	10 819.35	5 132.19	5 653.67	775.14
防城港市	8 409.71	3 080.20	6 788.72	1 715.02
钦州市	8 378.75	4 091.29	6 602.50	2 802.30
贵港市	7 098.29	1 795.95	5 192.25	446.00
玉林市	7 257.88	3 094.36	5 336.94	1 486.02
百色市	9 306.80	2 592.74	5 897.03	1 732.93
贺州市	14 746.51	8 872.81	8 108.80	3 808.32
河池市	9 075.11	4 015.20	5 984.64	1 783.58
来宾市	7 903.68	2 948.45	5 992.53	1 702.79
崇左市	8 427.75	3 395.18	6 459.54	1 817.09

数据来源:广西教育厅提供。

3.城乡间教育资源配置结构性差异明显

(1)农村高中办学条件低于普通高中平均水平。

城乡间教育办学条件无论是在存量上还是在流量上都存在差异。与以往农村教育低于平均水平的情况相同,2013年农村高中办学条件的各项指标(主要包括年末校舍面积，年末固定资产总值，年末图书、专任教师数，本年新建、改扩建校舍面积，本年购置专用设备，本年购置图书）均低于普通高中平均水平，城乡间教育资源配置存在较大差异。

在办学条件的存量方面，普通高中生均校舍面积为 12.32 平方米，农村高中生均校舍面积为 11.52 平方米；普通高中生均固定资产总值为 10 640.20 元，农村高中生均固定资产总值为 6 626.77 元；普通高中生均图书（一般图书）册数为 24.09 册，农村高中生均图书（一般图书）册数为 19.22 册；从存量数据上看，农村高中办学条件低于普通高中平均水平，详见表 4.12。

办学条件的流量方面，如果不算折旧的话，普通高中生均校舍面积、生均专用设备、生均图书（一般图书）册数的增长率分别为 1.73%、9.21%、1.18%；农村高中这三个指标的增长率分别为 -6.80%、13.28%、-3.22%。在生均校舍面积和生均图书（一般图书）册数上，与存量情况相同，农村高中比平均水平低许多，详见表 4.13。

表 4.12　2013 年广西城区高中和农村高中办学条件存量的比较

	年末校舍面积（千平方米）	年末固定资产总值（千元）	年末图书册数（千册）	专任教师数（人）
城区高中	8 797	7 971 784	16 833	18 886
农村高中	1 056	619 984	1 746	388

表 4.13　2013 年广西城区高中与农村高中办学条件流量的比较

	本年新建、改扩建校舍面积（千平方米）	本年购置专用设备（千元）	本年购置图书册数（千册）
城区高中	196	106 578	276
农村高中	27	8 405	8

数据来源：广西教育厅提供。

以桂林市、北海市和贵港市为例，除北海市外，其他两市的农村高中班均规模均大于城区高中；在生师比方面，除北海市外，其他两市农村高中的生师比均大于城区高中，说明了农村高中的“大班额”现象严重，农村受教育者拥挤，生均所占教育资源少于城区高中。

如表 4.14 所示，桂林市、贵港市农村高中班均规模分别比城区高中校大 4.74 人/班、1.62 人/班；桂林市、贵港市农村高中生师比分别比城区高中高 5.91、1.58。

表 4.14　2014 年广西部分地级市农村高中与城区高中教育资源配置比较

	每班平均人数(人/班)		生师比	
	农村高中	城区高中	农村高中	城区高中
桂林市	55.08	50.34	19.20	13.29
北海市	52.44	59.99	14.33	15.40
贵港市	60.22	58.60	18.75	17.17

数据来源：广西教育厅提供。

(2)城乡资源配置流量方面存在差异,广西农村高中的投入依旧不足。

广西城乡间高中教育经费也存在着很大差异。以 2013 年为例,广西农村高中生均公用经费为 2 542.91 元,其中普通高中生均公用经费支出为 4 912 元。说明广西农村高中教育经费投入低于平均水平,教育资源配置流量方面不公平的问题依然存在。此外,农村高中基本建设支出与教育事业费支出之比为 0.03,普通高中的这一比值为 2.8,两者的巨大差距说明农村高中所获得的基础建设拨款专项很少,也有价格、生源流动等因素在起作用。如果与北京相比的话,北京农村高中生均公用经费支出是广西的 21.51 倍,更加证明广西农村高中教育资源的不足。

综上所述,城乡间教育资源配置存在结构性差异,体现在农村高中在教育资源配置方面低于普通高中的平均水平。

(三)民办教育发展迟缓

总体来说,广西民办高中和公办高中教育资源配置无论是存量还是流量方面都差异显著,民办高中发展明显滞后,需要加大政府政策的支持和社会力量的投入力度。

广西民办高中与公办高中之间教育资源配置的状况,通过表 4.15 和表 4.16 中办学条件的存量和流量指标以及部分经费数据予以说明。

从办学条件的存量上来看,公办高中校舍面积、固定资产总值、图书册数分别是民办高中的 14.56 倍、15.36 倍、41.26 倍,说明公办高中办学整体规模与民办高中差距极大。

从办学条件的流量上来看,如果不算折旧的话,公办高中校舍面积、校固定资产、图书册数的增长率分别为 3.65%、10.56%、1.97%;民办高中这三个指标分别为 5.15%、6.33%、-28.88%;校舍面积两者的差异并不大,民办高中的增长速度略高于公办高中,但是在校固定资产以及图书册数的增量上,民办高中低于公办高中,结合学校规模以及这两项指标高价格特征后,按照边际分析法就会发现如果两类高中都是按照相似的增长态势发展,基数小的民办教育的两项指标的增长率略高于公办高中是不符合常理的,这说明民办高中的发展速度比公办高中慢很多。

教育资源配置流量方面，公办高中事业性经费支出是民办高中的26.36倍，甚至民办高中基本建设支出为零，说明民办高中的资源极其匮乏，也佐证了民办高中与公办高中办学条件的极大差异性。总之，广西民办高中教育资源配置无论是在办学条件的存量上还是在办学条件的流量上与公办教育都存在很大差异，广西民办高中教育的发展目前还比较缓慢。

表4.15　2013年广西教育部门所属高中与民办高中教育资源存量比较

	年末校舍面积(千平方米)	年末固定资产总值(千元)	年末图书册数(千册)
公办高中	9 201	7 941 597	27 440
民办高中	632	516 784	665

数据来源：广西教育厅提供。

表4.16　2013年广西教育部门所属高中与民办高中教育资源流量比较

	本年新建、改扩建校舍面积(千平方米)	本年购置专用设备(千元)	本年购置图书册数(千册)	事业性经费支出(千元)	基本建设支出(千元)
公办高中	212	109 479	808	6 976 055	198 996
民办高中	11	5 479	94	264 613	0

数据来源：广西教育厅提供。

四、政策建议

（一）加大地方政府教育投入的力度，确保普通高中教育经费逐年增加

从加大对基础教育投资倾斜力度来看，普通高中作为基础教育的高级阶段，是衔接义务教育和高等教育的主要环节，是提高我国高等教育整体质量的根基，在“普及九年义务教育”成为各级政府首要政治任务和重点投资对象之际，应该惠及普通高中，应合理调整财政投资结构，加大对高中教育的投入，确保普通高中教育经费逐年增加。

为了使区域内高中教育资源配置的相对均衡，应在自治区层面完善教育资源的转移支付制度，通过一般性的和专项性的转移支付，确保区域内教育资源配置的均衡。

（二）加强普通高中建设发展规划，科学规划普通高中学校布局

保持普通高中和中等职业学校招生规模大体相当。加强普通高中建设发展规划，以设区市为主科学规划普通高中学校布局，加快建设边境地区、少数民族聚居区、基础薄弱地区普通高中，集中力量新建一批农村高中，改造一批薄弱学校，逐步消除“大班额”现象，整体提高普通高中办学效益。同时要贯彻执行已提出的“集团办学”模式，促进优质教育资源共享。

（三）建立健全适应教育市场的规则和秩序

在民办教育如何改善的问题上，要鼓励社会力量举办普通高中，并允许投资者按国家规定取得合理回报；各级地方政府及教育主管部门要加强宏观指导，协调配备师资，推动学校内部管理体制改革和运行机制改革。同时，大力发挥《广西壮族自治区人民政府办公厅关于促进民办教育发展的意见》的作用，加大教师在公办与民办学校之间的合理流动。更重要的是从外部建立起一个有利于市场运作的教育环境。良好的市场经济秩序，是建立社会主义市场经济体制的客观要求，教育市场要融入这个大氛围，就必须按其规则行事。教育市场的正常运行，有赖于规范的市场秩序来维护，而要建立规范的市场秩序，必须通过建立规范的市场规则和相应的制度来实现。

（四）建立广西高中阶段教育的“千百人才”计划

目前我区普通高中专任教师质量离发达地区还有很大差距，而高中教师自身的能力素质又与区内高等教育质量息息相关，这在一定程度上影响着教学效果和高中教育质量。针对这一突出矛盾，除了要大力提高区内高等教育质量以外，还应从外省或是“海龟”中引进优秀人才。具体的做法有，以各学科为单位，重点引进以高层次人才为重点的专业技术人才，如实施“海外赤子为国服务行动计划”以及“兄弟省市互帮互助计划”，设立区外高层次人才“千百人才计划”服务窗口，争取为每个引进的人才提供优厚的待遇以及良好的发展平台。

（五）办好示范性普通高中，发挥其辐射作用，扎实推进普通高中均衡发展

针对广西农村高中的“大班额”现象严重、农村高中在校生拥挤的问题，2011年广西安排示范性高中奖补经费 6 000 万元，用于推进我区没有示范性高中、经济薄弱的县建设区级示范性高中，通过奖补结合的方式帮助这些县建设示范性高中，同时带动地方政府对高中学校建设的投入。目标是要做到每个县都有一个区级示

范性高中，已经有的县争取建设第二个或第三个区级示范性高中。在此基础上还需要做好以下的工作：

首先，确保制定的示范性普通高中验收评估标准的信度和效度。

其次，在开展教育教学科研方面发挥示范作用。条件成熟后要积极开展本县各高中的优质师资流动计划。

再次，要在加强学校管理方面发挥示范作用。这可以向发达地区学习，适当地从已发展很好的区级示范性高中里抽调一批管理经验丰富、专业素质过硬的校长去各县的农村高中，争取凭借"一县一所"区示范性高中的力量让每个学校都不掉队。

（六）大力发展农村教师队伍建设，留住农村教师

目前，阻碍广西农村普通高中教育快速发展的因素很多，但是，最重要的还是师资队伍稳定问题。唯有解决了农村高中的师资问题，才有可能把农村教师留在农村，改善农村高中的"大班额化"问题。自治区政府应该向垂直管理农村高中教师的方向发展，逐步缩小省域内各地区间、城市与农村间农村教师的待遇差别。虽然在培训方面已有显著的成绩，"中西部农村骨干教师培训"通过脱产研修、集中培训、远程培训等三种方式，共培训了广西农村中小学教师 6.1 万人次，每个"特级教师工作坊"中至少有了一名农村学校教师；"中英西南基础教育项目"广西中英项目于 2006 年 11 月启动，都安、西林、融水等 6 个边远穷困县的 1.66 万名教师、932 名校长获得了培训机会。但在农村教师的教师编制、工资待遇、福利保障、在职学历深造等方面还应建立专项经费，并保持每年持续的投入。对于在农村中的骨干教师应给予经济上的补偿。此外，还可以像发达地区那样，定期从中心城市的高中抽调一批优质师资到农村去，带动当地师资队伍的发展。只有农村高中最终形成了一个稳定的优秀教学团队，学校的教育教学质量才能得以保证，城乡间教育资源的差距才能在真正意义上缩小。

第五章　中职教育:在保规模中提质量

一、问题的提出

经过三十余年的改革开放,中国已经成为一个世界性生产大国。曾经丰富的劳动力资源对中国经济发展起到了重要作用。而随着社会经济和科学技术的发展,高素质的劳动力资源已成为社会发展不可或缺的重要因素。

如何提高劳动力素质以适应就业市场的需要呢?自从2002年全国职业教育工作会议召开以来,各地在贯彻《国务院关于大力推进职业教育改革与发展的决定》的同时,加强了对职业教育工作的支持力度,对职业教育投入了大量的资金与人力物力,使我国职业教育工作有了长足的发展。特别是各地区中职教育的学校数量和学生数量都有了很大的增长。广西壮族自治的职业教育在"十一五"期间,特别是从2008年到2010年,通过三年的中职教育攻坚战,投入资金75亿,使得广西的中职教育无论是在规模上还是在质量上都取得了较大的进步。"十一五"时期,中等职业教育投入159亿元,广西中等职业教育的招生规模大幅度增长。从"十一五"初的2006年招生24.52万人逐年上升,"十一五"末2010年招生43.23万人,增幅达76.3%。"十一五"初,2006年中职教育的在校生数占阶段在校生总数的42.60%;到了"十一五"末,2010年中职教育的在校生数占高中阶段在校生总数的54.90%,超过了高中阶段学生规模。普通高中教育与中等职业教育之比已经从2006年的1∶0.74,变成2010年1∶1.2;各项办学条件也有不同程度的改善。为了推动教育事业科学发展,更好地服务国家战略和广西发展,根据《国家中长期教育改革和发展规划纲要(2010—2020年)》,2011年3月,《广西壮族自治区中长期教育改革和发展规划纲要(2010—2020年)》(以下简称《广西教育规划纲要》)正式颁布实施。《广西教育规划纲要》提出要大力发展中职教育,统筹发展职业教育,强化基础能力建设,提升技能型人才培养的质量。在这一政策的引导下,广西中职教育有了进一步发展，“十二五”规划中规定中职教育的在校生人数达到87万，2014年已达到规划标准的89.96%。

但是近两年，广西中等职业教育的教育质量并没有达到理想的效果，对社会发展所发挥的作用与投入不相适应。“中职无用论”在社会上蔓延，形成政府重视老百姓忽视的一头重一头轻现象。不少的中职学校招生数急剧下降，特别是在近年来“突破高中阶段教育”政策的影响下，普通高中实施扩招，部分中等职业教育已面临“生源枯竭”的尴尬境地。由于资源配置不足与不同地区间的资源配置不均衡，导致中职教育普遍存在着生师比过高、部分地区学校办学条件不足以及各个地区的办学条件差异较大等问题。广西中等职业教育专业布局不合理，专业结构与产业结构吻合度不高，不能够有效地为广西支柱产业和优势产业、新兴产业提供人才支撑。因此，需要进一步深化对广西中等职业教育的调整和改革，以促进其可持续发展和为广西的经济发展提供高素质的劳动力支持。

二、广西中等职业教育取得的成就

（一）中职学校校均规模不断扩大，中职在校生人数与普高的在校生人数大体相当

由于政府对中等职业教育加大布局调整，整合资源，中职学校数持续减少，但是，校均规模却持续扩大。2009年至2014年，中等职业学校数由2009年的392所减少为262所，减少数额为130所，减少比例为33.16%。而校均规模持续增加，由2009年的1 604.31人/所增加为2 987.31人/所，增加了1 383人/所，增长了86.21%，详见表5.1。

表5.1　2009、2013、2014年广西中职学校数和校均规模的比较

	2014年	2013年	2009年	2014年与2009年相比增加数
学校数（单位：所）	262	273	392	-130
校均规模（单位：人/所）	2 987.31	3 011.87	1 604.31	1 383

数据来源：2009、2013、2014年广西教育事业统计报表。

2013 年,中职的在校生数 822 241 人,占高中阶段的 50.10%。2014 年,中职的在校生数为 782 675 人,占高中阶段的 48.29%。普通高中的在校生的增长比例有降低的趋势,由 2013 年的增长比例 2.90%下降为 2014 年的 2.36%,而中职的在校生数由 2013 年的 4.66%上升为 2014 年的 4.81%。"十二五"规划中规定中职教育的在校生人数达到 87 万,2014 年已达到规划标准的 89.96%。详见表 5.2。

表 5.2　2013 年、2014 年广西中职在校生与普高在校生规模比较

	在校生数			比上年增长(%)		
	合计	普通高中	中职	合计	普通高中	中职
2013 年	1 641 119	818 878	822 241	-1.03	2.90	-4.66
2014 年	1 620 906	838 231	782 675	-1.23	2.36	-4.81

数据来源：2014 年广西教育事业数据分析。

(二)办学条件整体状况得到改善

近五年来,广西加大了对中等职业教育的投资力度,中等职业院校办学条件得到明显改善。2013 年,广西的生均校舍面积、生均固定资产总值、生均专用设备、生均图书数各项指标分别为 12.43 平方米、13 736.87 元、3 548.21 元、20.82 册。各项指标与 2012 年相比,增加数额分别为 0.4 平方米、1 405.39 元、156.11 元、1.34 册,增长比例分别为 3.33%、11.40%、4.60%、6.88%。2013 年与 2011 年相比,增加数额分别为 0.48 平方米、3 377.31 元、584.56 元、1.24 册,增长比例分别为 4.02%、32.60%、19.72%、63.33%。办学条件是决定中职学校质量高低的关键因素之一。办学条件的改善可以为学生提供更好的学习环境、更丰富的图书资源、更好的教学设备及教学质量,提高中职学生的满意度,为教学质量的提高和技术人才的培养打下基础。详见表 5.3。

表 5.3　2011 年、2012 年、2013 年广西中职学校办学条件的比较

	生均校舍面积(平方米)	生均固定资产总值(元)	生均专用设备(元)	生均图书册数(册)
2011 年	11.95	10 359.56	2 963.65	19.58
2012 年	12.03	12 331.48	3 392.10	19.48
2013 年	12.43	13 736.87	3 548.21	20.82

数据来源：2011、2012、2013 年广西教育事业统计报表。

(三)教师队伍壮大且学历层次提升

1.专任教师占比有所上升

2014年,广西中等职业学校有专任教师20 417人,占教职工总数的72.47%。中等职业学校专任教师的数量和比例均呈现平稳上升的趋势。2009至2014年,虽然专任教师数量由20 789人减少到20 417人,减少了13.57%,但是专任教师占教职工比例由63.81%上升到72.47%。详见图5.1。

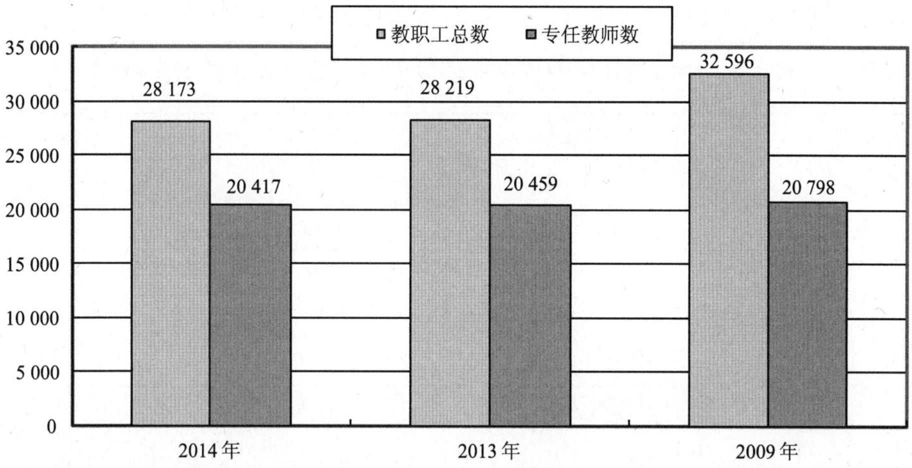

图5.1　2009、2013、2014年广西中职专任教师数量及教职工数量变化示意图

2009—2014年,全国的中职生师比总体上呈下降趋势,但广西的中职生师比波动较大,尤其是2009—2012年期间由于中职学校的招生人数的增加,专任教师的增长幅度跟不上教育规模的扩大,导致生师比由2009年的30.24增长为2012年的41.6;虽然2009—2014年广西的生师比比全国的平均生师比高出很多,但由于近两年的招生数下降而使生师比略有下降。详见图5.2。

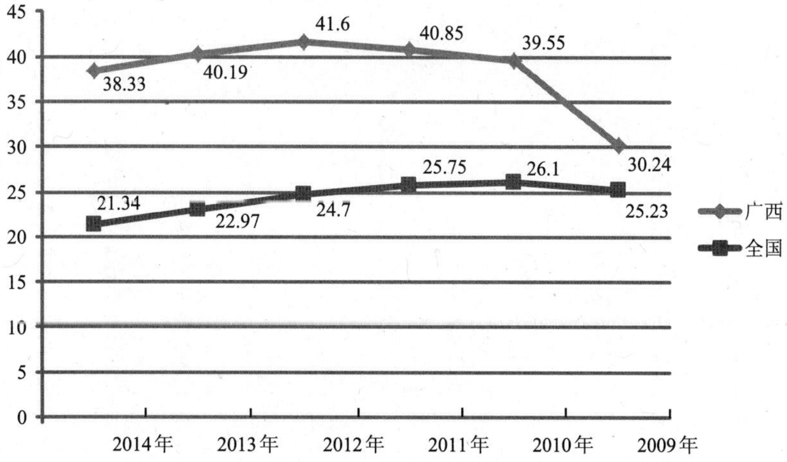

图5.2　2009—2014年广西与全国的生师比示意图

2.广西中职专任教师的学历结构进一步优化

2009 年、2013 年、2014 年，中职专任教师的总数分别为 20 798 人、20 459 人、20 417 人，其中硕士及以上学历的专任教师人数分别为 662 人、1 503 人、1 582 人，所占比例分别为 3.18%、7.35%、7.75%。本科学历专任教师人数分别为 14 727 人、15 678 人、16 073 人，所占比例分别为 70.81%、76.63%、78.72%。专科及以下学历的专任教师所占比例有下降的趋势，由 2009 年的所占比例 26%下降为 2014 年的 13.53%。详见表 5.4。

表 5.4　2014、2013、2009 年广西中职教育教师学历结构比较

	2014 年	2013 年	2009 年
博士	23	69	10
硕士	1 559	1 434	652
本科	16 073	15 678	14 727
专科	2 605	3 095	5 054
高中阶段及以下	157	183	355

数据来源：2014、2013、2009 年广西教育事业统计报表。

2013 年，广西中职学校本科及以上学历教师所占比例为 83.98%，比全国的平均水平低 3.96 个百分点，在全国居第 24 位；2014 年，广西中职学校本科及以上学历教师所占比例为 86.47%，与 2013 年相比增长 2.49%，与全国平均水平相比，差距也有所减小，差距由 2013 年的 3.96%降低为 2014 年的 2.82%。可见，广西的中职教师结构有所优化，但与全国其他省份相比却还存在一定的差距，详见图 5.3。

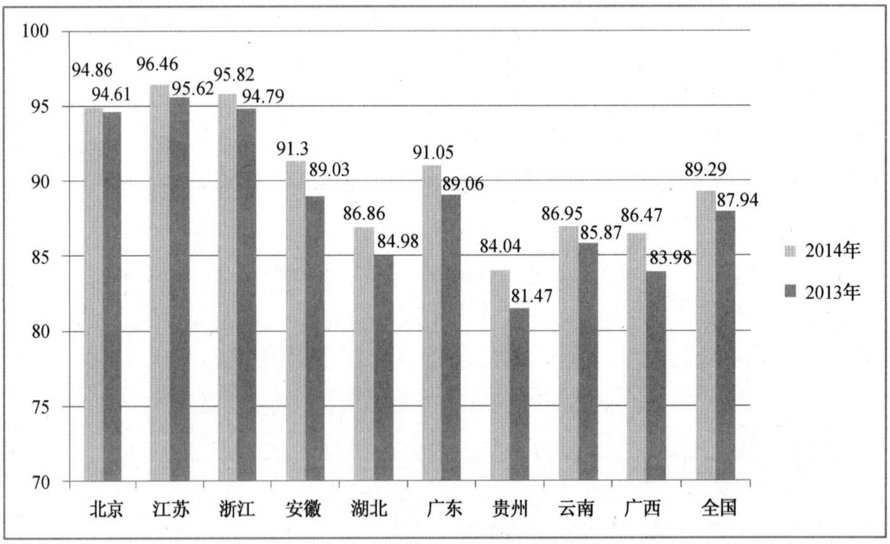

图 5.3　分地区中等职业学校本科及以上学历教师比例示意图

3.广西中职专任教师职称结构以中级和初级为主，中级及以上职称的专任教师数量都有所增加，初级职称教师数量人数有所减少

2014年与2009年相比，正高职称教师数下降了17.57%；副高职称教师数增长了39.40%；中级职称教师数下降了2.08%；初级职称教师数下降了11.26%；未定职称教师数增长了13.36%。2009年、2013年、2014年三个年份，副高级及以上职称的专任教师所占比例分别为12.45%、16.85%、17.06%；初级及未定级职称的专任教师所占比例分别为44.10%、40.17%、39.60%。副高级及以上职称的专任教师所占比例有增长的趋势，到2014年中职专任教师中副高级及以上教师所占比例为17.06%。而初级及未定级职称的专任教师有下降的趋势，2014年所占比例为39.6%，比2009年下降了4.5个百分点，但所占的比重仍然很大。详见图5.4。

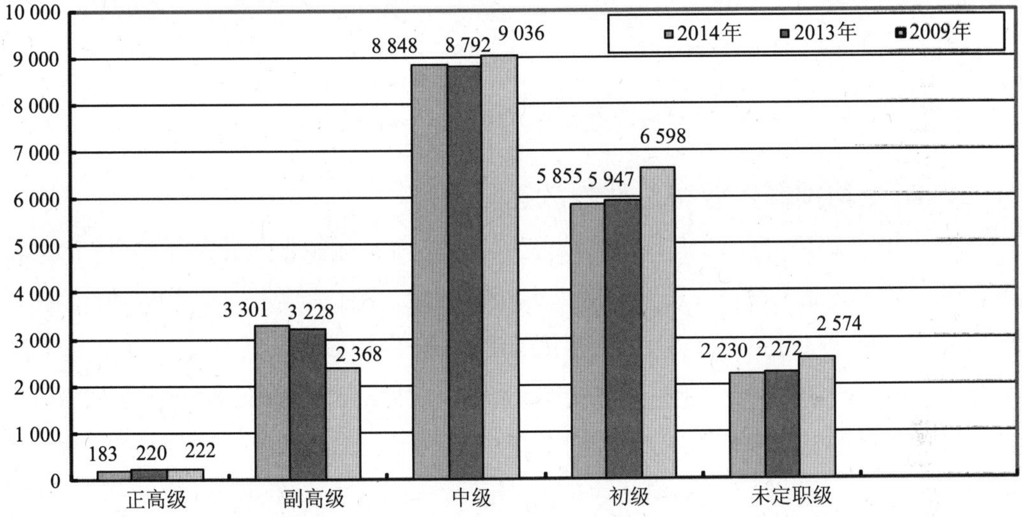

图5.4 广西中职教育教师的职称结构比较示意图

4.中职专任教师的年龄结构不断优化

2014年与2009年相比，广西中等职业教育专任教师40岁及以下的下降了15.14%，41—50岁的教师人数增长了26.15%，51—55岁及以上的教师人数增长了25.49%，56—60岁的教师人数增长了33.64%，61岁以上的教师人数下降了10.53%。这是与在中职教师中副职及以上教师比例上升是相符合的。2014年，广西中等职业教育专任教师40岁及以下的教师所占比例为58.50%，41—50岁教师所占比例为30.20%，51—55岁教师所占比例为7.28%，56—60岁教师所占比例为3.52%，61岁及以上教师所占比例为0.50%。可知广西中职教育专任教师年龄结构不断趋向成熟和优化。详见图5.5。

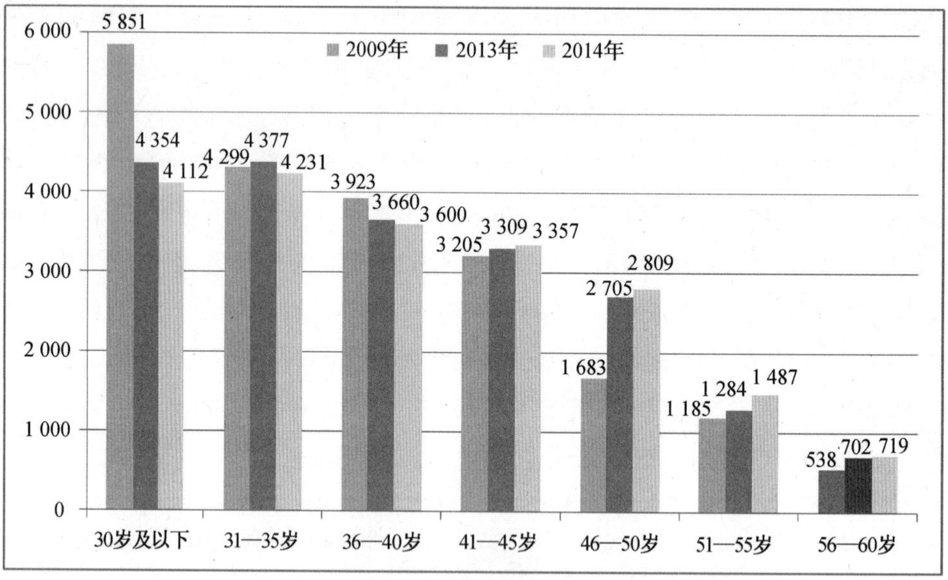

图 5.5 广西中职教育教师年龄结构比较示意图

(四)生均预算内教育经费拨款逐年增加

2009 年至 2013 年广西中等职业教育生均预算内教育事业费支出分别为 3 989.69 元/(生·年)、5 278.65 元/(生·年)、5 903.56 元/(生·年)、5 722.84 元/(生·年)、6 528.29 元/(生·年),比上一年度分别增加了 1 288.96 元/(生·年)、624.91 元/(生·年)、-180.71 元/(生·年)、805.45 元/(生·年),增长率分别为 32.31%、11.84%、-3.06%、14.07%,生均预算内教育事业费年均增长率为 13.10%;2009 年至 2013 年广西中等职业教育生均预算内公用经费支出由 1 319.76 元/(生·年)增长到了 2 001.29 元/(生·年),生均预算内公用经费支出年均增长率为 10.97%。详见表 5.5。

表 5.5 广西中职教育生均预算内教育经费比较

	2013 年	2012 年	2011 年	2010 年	2009 年
教育事业费支出	6 528.29	5 722.84	5 903.56	5 278.65	3 989.69
公用经费支出	2 001.29	2 279.14	2 918.25	2 214.77	1 319.76

(五)中职专业招生规模与结构得到及时调整和优化，能源与新能源类、土木水利类、师范类等专业的招生比例有较大提高

2014 年,广西中等职业学校招生 271 153 人。其中,能源与新能源类、土木水利

类、师范类、其他类招生增幅较大，分别比上年增长120.76%、5.75%、25.43%、135.68%。交通运输类、加工制造类、农林牧渔类、信息技术类由于前几年规模增加较快，2014年的幅度有所回调，分别比上年下降6.96%、19.92%、15.76%、20.41%。其中，在2013年，招生人数最多的三类专业是加工制造类、信息技术类和财经商贸与旅游类；招生人数分别为59 765人、55 493人、49 876人，占总招生比例的19.69%、18.27%、16.43%，适当减少招生人数，可节约该类专业的办学资源，将节约出的资源用于开办其他一些新兴产业或是办学相对较差的专业。2014年，这三类专业的招生人数相对2013年都有不同比例下降，加工制造类下降19.92%，信息技术类下降20.41%、财经商贸与旅游类下降31.09%。2013年，新兴产业能源与新能源类招生人数521人，招生人数过少，不能满足市场的需求，2014年，该类专业招生人数大幅增加，增长了120.76个百分点。详见表5.6。

表5.6　2014、2013年广西中职教育不同专业类别招生人数的比较

	2014年	2013年	比上年增长(%)
农林牧渔类	26 229	31 136	-15.76
资源环境类	87	217	-59.91
能源与新能源类	521	236	120.76
土木水利类	6 984	6 604	5.75
加工制造类	47 858	59 765	-19.92
交通运输类	40 459	43 485	-6.96
信息技术类	44 169	55 493	-20.41
医药卫生类	21 824	21 867	-0.2
财经商贸与旅游类	34 371	49 876	-31.09
文化艺术与体育类	11 754	14 310	-17.86
社会公共事业类	1 880	4 116	-54.32
师范类	15 015	11 971	25.43
其他	1 070	454	135.68

数据来源：2014、2013年广西教育事业统计报表。

与2013相比，2014年中等职业学校招生中，各专业类招生占总招生人数的比例提高较多的为能源与新能源类、其他类、交通运输类、医药卫生类、师范类和土木水利类专业。其中，能源与新能源类比例提高最快，2014年占比达到0.19%，比2013年提高了147.18%。各专业招生占总招生人数的比例下降较多的为资源环境

类、财经商贸旅游类、社会公共事业类专业。其中，资源环境类下降幅度较大，2014年占比为0.03%，比2013年下降55.11%。详见表5.7。

表5.7 2013年中等职业教育招生专业增长率

招生占比提高较多的专业		招生占比降低较多的专业	
专业大类	比上年增长(%)	专业大类	比上年下降(%)
能源与新能源类	147.18	资源环境类	55.11
交通运输类	4.18	加工制造类	10.34
医药卫生类	11.75	信息技术类	10.88
师范类	40.44	财经商贸旅游类	22.84
土木水利类	18.41	社会公共事业类	48.86
其他类	163.89	文化艺术与体育类	8.03

三、广西中等职业教育发展中面临的问题

（一）中职学校招生人数下滑，面临招生困境

《国家中长期教育改革和发展规划纲要（2010—2020）》中指出，今后一个时期总体保持普通高中和中等职业学校招生规模大体相当。2014年，中职的招生占高中阶段的比例为47.09%，低于普通高中的招生比例。2014年，中职的招生比例相对于2013年、2012年、2011年、2010年出现了滑坡现象，从2010年的58.45%下降为47.09%。而普通高中从2010年开始出现大幅度的扩招现象，由2010年的招生比例41.55%增长为2014年的52.91%。详见图5.6。

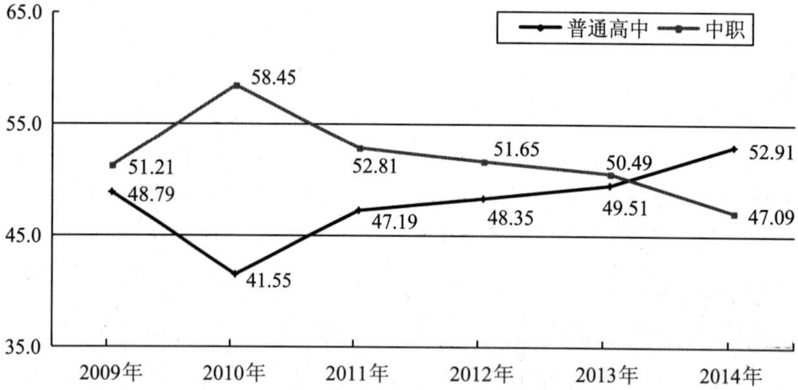

图5.6 2009—2014年普通高中、中职招生比例变化趋势图

从图 5.7 可知,从 2011 年以后,广西中职学生占高中阶段在校学生的比例逐年下降,由 2011 年的 52.12%下降到 48.29%。详见图 5.7。

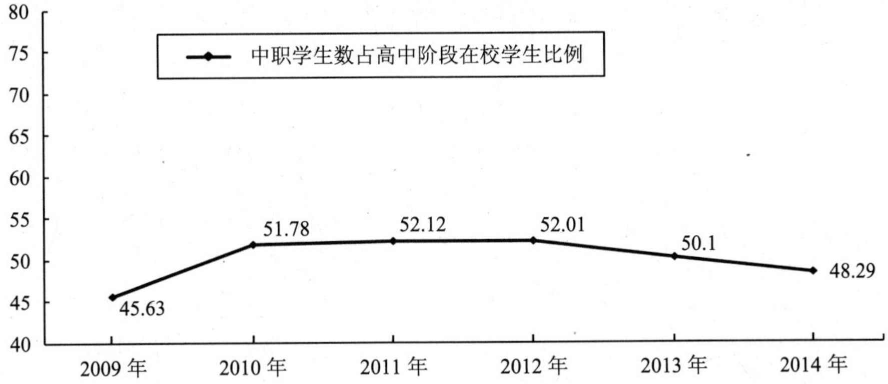

图 5.7 2009—2014 年广西中职学生占高中阶段在校学生的比例示意图

(二)中职的师资力量薄弱

1.中职教师资源短缺,生师比居高不下

2009 年以前,广西中职教育的生师比低于全国的平均水平。2009 年以后开始高于全国平均水平,且居高不下。2009 年广西中等职业学校生师比由 30.0∶1 大幅度上升到 38.33∶1,与教育部《中等职业学校设置标准》规定的 20∶1 差距甚大。教师资源短缺使教师的工作量过大,加重了教师的教学负担,影响了教育教学质量的提高。详见图 5.8。

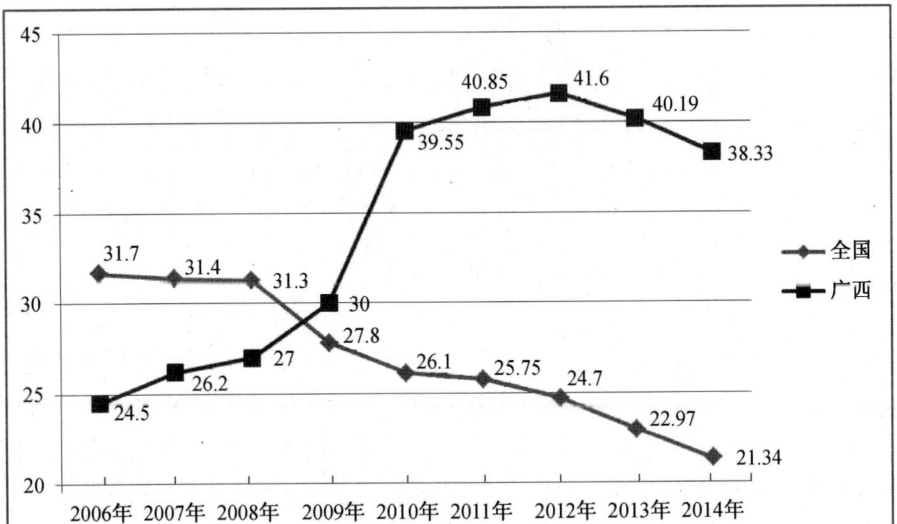

图 5.8 2006—2014 年广西与全国生师比比较示意图

2.中职专任教师的学历层次偏低,“双师型”教师所占比例较低

师资队伍建设问题历来是教育改革与发展的核心,其建设更是学校最基本的建设。中等职业教育要完成在这一重要时期所肩负的培养数以亿计的高素质劳动者和中初级专门人才的历史重任,首先要建设一支高素质的中等职业教育师资队伍,这是提高人才培养质量的关键,也是职业教育办出特色的关键。2014 年,广西中职教师本科及以上学历所占比例在全国排第 22 位,比全国平均水平低 3.16%,与其他省份相比,广西中职教师的学历层次偏低,如图 5.3。

近年来虽然中等职业学校的教师结构有所改善,2014 年与 2009 年相比,研究生学历、本科生学历教师在专任教师中所占比例均有所增长,专科及以下的学历教师由 2009 年的 26.01%下降到了 2014 年的 13.53%,但与普通高中教师的学历结构相比,还存在着较大的差距,中职教师的本科及以上学历教师所占比例低于普通高中约 10 个百分点。详见表 5.8。

表 5.8　2014、2013 年、2009 年广西中职与普高的教师学历结构比较

		中等职业教育		普通高中	
		专任教师数	所占比例	专任教师数	所占比例
学历结构	2014 年	20 417	100	48 357	100
	研究生	1 582	7.75	2 824	5.84
	本科	16 073	78.72	44 086	91.16
	专科及以下	2 762	13.53	1 447	3
	2013 年	20 459	100	46 752	100
	研究生	1 503	7.35	2 479	5.3
	本科	15 678	76.63	42 682	91.3
	专科及以下	3 278	16.02	1 591	3.4
	2009 年	20 798	100	41 455	100
	研究生	662	3.18	1 390	3.35
	本科	14 727	70.81	36 821	88.82
	专科及以下	5 409	26.01	3 244	7.83

数据来源:2014、2013 年、2009 年广西教育事业统计报表。

“双师型”教师作为中等职业教育的中坚力量,既具有很好的职业道德、较强的教育教学能力,又有丰富的实践经验和较强的专业示范技能和较强的科研能力。“双师型”教师是专任教师中的中坚力量,是师资水平有所提高的一个明确指标。2014 年,区内授课“双师型”教师人数为 7 284 人,占中职教育授课专任教师的

35.86%。这一比例对于应用型的中职教育来说仍有很大提升空间。详见表 5.9。

表 5.9　2014 年广西中等职业教育双师型教师

	本学年授课专任教师		本学年授课聘请校外教师	
	合计	其中：双师型	合计	其中：双师型
2014	20 241	7 285	4 060	1 067

数据来源：2014 年广西教育事业统计报表。

（三）办学条件有待改善

虽然我区加大了对中等职业教育的投资力度，近几年，无论是在人力还是在物力上，中职教育都有不同程度的改善，但由于中职的教育规模的不断扩大，使得中职教育的办学条件仍比较紧张，有待进一步改善。2014 年广西区的生均校舍面积为 11.58 平方米，比 2013 年多出 0.6 平方米，但与 2012 年和 2011 年相比，分别减少了 0.45 平方米、0.37 平方米，与《中等职业学校设置标准》（以下简称《标准》）中要求的生均校舍面积最低标准 20 平方米相比，还存在较大的差距；2014 年中职教育的生师比相比 2011 年出现下降，下降额为 2.52，与标准中规定的最低生师比 20：1 的标准存在很大的差距；生均图书数在近几年波动幅度不大，2014 年的生均图书数为 20.97 册，而标准中规定的生均图书数最低标准为 30 册。详见表 5.10。

表 5.10　2014、2013、2009 年广西中职教育的办学条件比较

	生均校舍面积(平方米)	生师比	生均专用设备(元)	生均图书数(册)
2014 年	11.58	38.33	3 443	20.97
2013 年	10.98	40.19	2 919	19.79
2012 年	12.03	41.60	3 392.10	19.48
2011 年	11.95	40.85	2 963.65	19.58

数据来源：2014、2031、2009 年广西教育事业统计报表。

（四）区域配置不均衡

1.中职教育经费投入的差距明显

中职教育的事业经费基本由地方政府支付，地区经济发展水平的差异必然导致政府对中职教育投入总量的不同，中职教育经费投入地区差距明显。2012 年，广西中等职业教育生均预算内教育事业费支出为 5 722.84 元/（生·年），低于全国 7 563.95 元/（生·年）的平均水平；2013 年广西中等职业教育生均预算内教育事业费支出为 6 528.29 元/（生·年），比 2012 年增长了 14.07%，但低于全国 8 784.64

元/(生·年)的平均水平,为全国平均水平的 74.31%,也低于相邻的云南、贵州两省,居全国第 29 位;支出最高的北京市是广西的 3.62 倍。详见图 5.9。

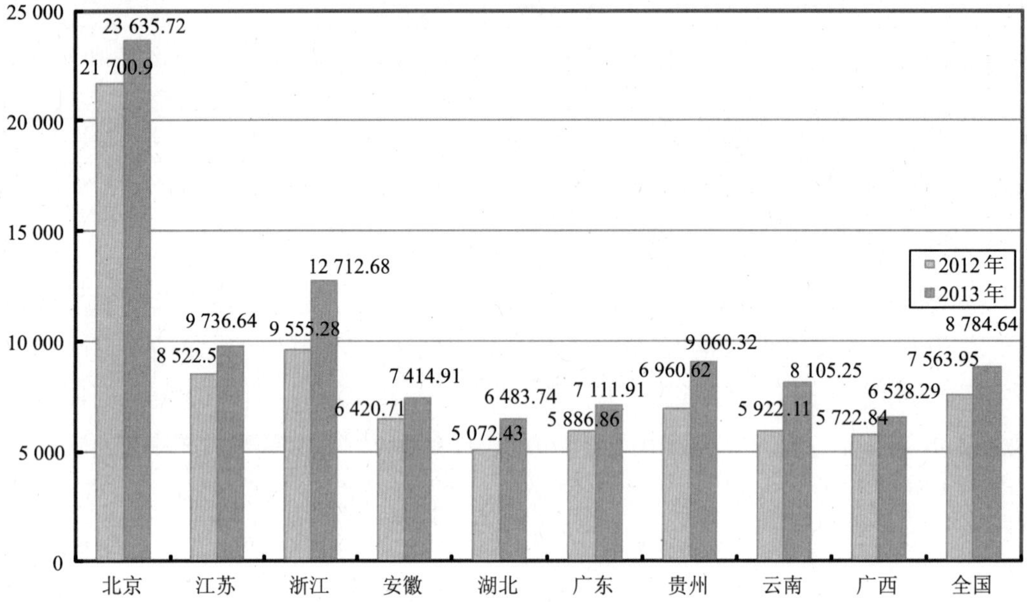

图 5.9 2012、2013 年广西与部分省份生均预算内教育事业费支出比较示意图

数据来源:2013、2012 年广西教育事业统计报表。

广西区内各个市之间的中职学校数量与人均预算内教育事业费支出也存在着差异。2013 年,广西的生均预算内教育事业费支出为 6 528.29 元/(生·年),支出最高的为防城港市 23 038.17 元/(生·年),支出最低的为贵港市 3 827.14 元/(生·年),两个市的差距为 19 211.03 元/(生·年);广西的生均预算内公用经费支出为 2 001.29 元/(生·年),支出最高的为防城港市 15 127.42 元/(生·年),支出最低的是贵港市,为 678.59 元/(生·年),两者的差距为 14 448.83 元/(生·年)。详见表 5.11。

表 5.11 2013 年广西各市生均预算内教育费用情况 单位:元/(生·年)

地区	生均预算内教育事业费支出情况	生均预算内公用经费支出情况
广西	6 528.29	2 001.29
南宁市	8 588.76	3 152.54
柳州市	9 218.34	2 576.63
桂林市	7 436.01	1 954.96
梧州市	4 315.03	1 741.16

续表

地区	生均预算内教育事业费支出情况	生均预算内公用经费支出情况
北海市	6 085.42	1 472.15
防城港市	23 038.17	15 127.42
钦州市	5 336.55	1 940.47
贵港市	3 827.14	678.59
玉林市	5 907.28	2 049.12
百色市	5 512.15	1 696.56
贺州市	5 602.97	1 256.09
河池市	8 750.24	2 234.21
来宾市	4 595.44	1 211.17
崇左市	11 113.27	3 415.31

数据来源：2014 年广西教育事业数据分析。

2.中职学校基础设备存在着较大差距

广西区内各个市的经济发展状况不一致，对中职教育的投资力度也存在着差异，所以各个市的中职学校的办学条件也存在较大的差距。2014 年，生均校舍面积最多的为崇左市 21.36 平方米，比全区的平均值（12.43 平方米）高 8.93 平方米，将近是生均校舍面积最低的梧州市（7.14 平方米）的 3 倍；生均固定资产总值最高的为钦州市（34 754.34 元/人），比全区的平均水平（13 736.87 元/人）高 21 017.47 元/人，是生均固定资产总值最低的贵港市（4 943.83 元/人）的 7 倍；生均专用设备最高的为柳州市（8 483.75 元/人），比全区的平均水平（3 548.21 元/人）高 4 935.54 元/人，是生均专用设备最低的贵港市（1 416.91 元/人）的将近 6 倍；生均图书中的一般图书数最多的为防城港市（76.54 册/人），比全区的平均水平（20.82 册/人）多 55.72 册，为生均图书数最低的梧州市（11.86 册/人）的 6 倍多。详见表 5.12。

表 5.12　2014 年广西各市中等职业学校基础设备

地区	生均校舍面积（平方米）	生均固定资产总值（元）	生均专用设备（元）	生均图书册数	
				一般图书(册)	电子图书(册)
广西	12.43	13 736.87	3 548.21	20.82	8.62
南宁市	10.95	17 018.51	4 458.66	34.65	3.47
柳州市	17.83	21 045.51	8 483.75	22.66	1.00
桂林市	16.00	15 383.47	4 604.23	25.14	21.23

续表

地区	生均校舍面积(平方米)	生均固定资产总值(元)	生均专用设备(元)	生均图书册数	
				一般图书(册)	电子图书(册)
梧州市	7.14	10 351.27	2 319.55	11.86	2.87
北海市	11.50	8 106.68	3 998.97	12.85	4.43
防城港市	18.59	24 597.59	8 309.46	76.54	72.17
钦州市	18.56	34 754.34	2 937.56	22.56	0.38
贵港市	8.03	4 943.83	1 416.91	21.52	23.91
玉林市	10.64	11 284.12	4 870.85	18.16	10.97
百色市	16.37	15 486.33	3 200.62	19.23	1.57
贺州市	14.11	15 926.70	3 711.39	21.28	23.87
河池市	21.35	17 621.97	4 015.74	38.74	3.32
来宾市	12.87	10 629.47	2 274.65	12.28	1.42
崇左市	21.36	25 120.10	5 591.08	44.87	4.16

数据来源：2014 年广西教育事业统计报表。

（五）广西中等职业教育在专业设置上面临困境

截至 2015 年底，全区具有招生资格的中等职业学校 253 所（不含技工学校），共有 210 种专业、1 892 个专业点，其中专业布点在 50 个以上的有 7 种专业。

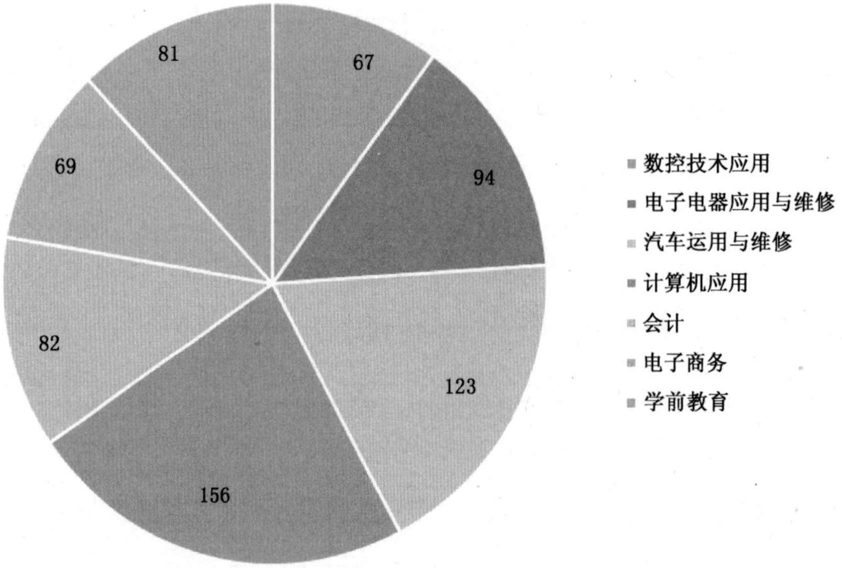

图 5.10 广西中等职业学校专业布点的专业情况表（50 个以上）

从图5.10中可知，计算机应用专业的布点达到156个，61.66%的中职学校开设了该专业。根据广西中等职业教育现状，计算机应用专业培养定位为“计算机基础知识与操作应用和普及”。事实上，随着数字化经济的发展，职业教育的受教育者大部分已经具备了计算机基本知识与操作能力。在这种情况下，156个专业布点在“量”上应当调减和控制专业规模，加强专业内涵建设，在“质”上则应当“调整专业结构，寻求新的发展”。而汽车运用与维修、电子电器运用与维修、会计等专业，分别有48.62%、37.15%、32.41%的中职学校开设。因此，如何调整专业结构，重整教学资源，寻求新的发展机遇是中职学校面临的非常紧迫的任务。

归属于“二产”的53个不同专业的布点中，广西比较有特色的优势产业，如以铝为主的有色金属产业和制糖业，对应于这两个产业的专业点分别只有6个和1个，暂且不考虑相关专业培养的人才质量，仅在数量上就远不能满足实现广西工业发展对人才的需求。

从广西中等职业学校专业布点在50个以上的7个专业看，有5个专业布点属于第三产业，广西中职专业的发展仍未能符合产业结构的发展需求，远不能满足广西经济发展对技能人才的需求。

四、对策与建议

（一）学校要加强对招生工作的管理，以就业为导向带动招生工作

1.科学合理地设置专业，以配合招生工作顺利进行

中等职业学校要根据当地经济建设和社会发展的需要，根据科技进步和产业结构调整需要，依据教育部颁发的《中等职业学校专业目录》，积极创造条件开发、增设新专业，拓宽、改造老专业，形成各自的专业特色和专业集群优势。《广西教育规划纲要》提出要创新职业教育发展模式，深入推进国家民族地区职业教育综合改革试验区建设，推进职业教育主动服务区域发展，重点面向“两区一带”建设加快产业急需的技能型人才培养。制定行业、企业参与职业教育的鼓励政策，明确行业、企业在办学中的职责和权益，调动行业企业积极性，促进校企合作制度化，使专业设置真正与科技、农业、工业以及第三产业相适应，提高专业的针对性、实用性，从而提高人才培养的质量与针对性。

2.加大“订单式”培养数量

所谓订单培养，是按市场需求来培养人才，用人单位需要什么人才，学校就培养什么人才，以市场定专业，以用人单位的需求来定课程。招生与就业是职业学校在市场经济条件下办学所面临的关乎生死存亡的两项大事。为促进行业指导和企

业参与制度化,2011 年教育部印发了《教育部关于充分发挥行业指导作用推进职业教育改革发展的意见》,强调了职业教育行业指导的重要性,提出了行业指导工作的重点,明确了下一步工作的目标和任务,强调要完善机制,探索和构建职业教育行业指导工作体系,充分发挥行业企业的作用,促进行业、企业参与到学校教育教学的各个环节,使之在专业设置、课程教材建设和教学实习中发挥更大作用。

(二)拓宽教师来源渠道,加强师资队伍建设

1.拓宽师资来源渠道,改善队伍结构

要采取有效措施,制定优惠政策,鼓励和吸引普通高等学校毕业生到中等职业学校工作。为了完善职业学校兼职教师管理制度,强化实践教学环节、优化教师队伍结构,支持、鼓励和规范职业学校聘请具有实践经验的专业技术人员、高技能人才担任兼职教师,2012 年教育部、财政部、人力资源和社会保障部、国务院国有资产监督管理委员会出台了《职业学校兼职教师管理办法》。这为从企业和事业单位中聘任一批实践经验丰富的专业技术人员作为学校的兼职教师,从而改善师资的来源和结构,促进学校与企业的横向交流与合作提供了政策支持。

2.提高教师队伍的学历水平

针对中等职业学校教师学历不够、层次不高的问题,职业教育领域应加大引进高质量师资的力度,进一步扩大高水平专任教师的比例。首先,要加大对高学历、高职称、高技能人才的引进力度。其中最直接的办法是吸引高水平的教师进入到中等职业教育领域。其次,兼职教师是中等职业学校师资的重要组成部分,有计划地聘请本地区、本行业的能工巧匠来担任职业学校实践教学的兼职教师可以有效地缓解专职教师的压力,从而提高学校的教育、教学水平。

3.培养“双师型”教师是师资队伍建设的重要任务

根据《教育部 财政部关于实施职业院校教师素质提高计划的意见》(教职成〔2011〕14 号),2013 年教育部办公厅与财政部办公厅印发了《职业院校教师素质提高计划中等职业学校专业骨干教师培训项目管理办法》《职业院校教师素质提高计划中等职业学校青年教师企业实践项目管理办法》《职业院校教师素质提高计划高等职业学校骨干教师培训项目管理办法》。这三个文件以推进“双师型”教师队伍建设为目标,以提高教师实践教学和课程开发能力为培训重点,以校企合作为主要培训模式,着力培养一批专业理论扎实、职业技能娴熟、实践经验丰富、教学水平较高,掌握现代职业教育教学方法,能够在教育教学中发挥引领示范作用的骨干教师和专业带头人。具体说来,可以从以下三个方面着手:首先鼓励教师自我完善,自我学习,把长期的自我学习与短期的外出学习培训结合起来;其次,要为教师进修

学习建立一套激励机制，鼓励教师将教学与实践、教学与科研结合起来；第三，可以采取“走出去、请进来”的方法，加强校际交流与合作，促进教师综合素质的提高，培养高水平的专业带头人和专业骨干教师队伍。在此要特别强调，要建立职业院校教师到企业实践的工作机制。这是培养“双师型”教师最便捷、成本最低的渠道，也是校企合作的重要内容之一。

（三）缩小地区间的差异

1.缩小广西与东部、中部发达地区职业教育经费投入地区差异

首先，加强宏观调控，提高职业教育经费投入。从人才培养的成本来看，职业教育要求锻炼动手能力和操作能力，其培养成本要远高于普通教育的培养成本，但其投入水平在整个教育领域中仍旧偏低。这种现象的存在，无疑是与大力发展职业教育的政策不相符的。因此，从保证职业教育可持续发展的角度出发，必须进一步加强宏观调控，不断提高职业教育经费的投入，促进教育公平和社会公平。

其次，采用适当的经费拨款模式，缩小地区职业教育经费差距。要真正缩小地区职业教育经费投入差距，实现职业教育拨款的公平与效率，就要秉承“公平、效率、公开”的原则，采用绩效拨款的模式。首先，改革拨款标准，政府应从东部、中部和西部地区的发展水平出发，制定三类地区各级各类职业学校的最低生均拨款标准，作为地方拨款的指导性标准，每个地区要在国家标准的基础上，结合本地财政状况和职业教育发展状况，制定本地区各级各类职业学校的最低生均拨款标准，并从生均培养成本出发，制定不同专业的拨款标准，确保拨款的公平。

2.整合资源，提高资源利用率

不同地区的经济发展水平存在较大的差异，且各地的中职学校数量上也不一致。不同的中职学校受到的关注度和政府投资力度存在差距，中职学校间的办学条件和发展水平存在很大的差距。相关部门应该加强宏观调控与指导，根据本地区经济发展趋势进行就业需求预测，规划好本地的职业院校布局，对办学条件差、办学规模小的中等职业学校撤并分流。加强骨干示范学校建设，进一步调整和优化中等职业院校专业结构，在巩固传统专业的基础上，突出学校特色，努力构建一校一特色、一校一品牌的办学新格局。根据当地的优势产业开展相关特色专业，采取措施鼓励当地企业参与中职学校的办学。具体措施上，建设职业教育园区是整合职业教育资源、提高资源利用率的有效途径。职业教育园区建成后，可实现校际之间的资源互补、共享与优化配置以缩小不同地区间中职学校的差距。可以充分发挥有限资源的最大效能，形成整体综合实力，提高职业教育教学质量。

（四）调整合理的专业结构，推进广西经济发展

1.调整专业结构

广西中等职业教育专业结构调整，应以形成适应广西经济社会发展和产业结构调整优化的教育专业结构为主要目标。其调整的思路是：从实际出发，以调整为主线，加大改革力度，发展与建设并重，培养广西工业化、城镇化所需的专门人才。按照适应产业、适应就业的原则，大力发展与我区经济社会紧密结合的专业；努力探索人才培养模式，加大传统产业的改革和改造力度，提高教育教学质量，提高服务经济社会的能力；同时，要逐步完善适应社会主义市场经济体制的专业调整机制。适应企业和劳动力市场持续需求，提高专业设置、专业规模、专业结构与区域经济结构的匹配程度，以就业市场需求的适应度、以用人单位对人才要求的符合程度，以及学生择业志向的满足程度为目标，转变政府职能，完善宏观调控机制，进一步扩大中等职业学校专业设置自主权，努力探索，形成中等职业学校专业结构调整的良好运行机制。

2.发挥政府职能，综合运用各种宏观调控手段

职业教育的就业导向属性决定了其应作为区域经济、社会政策的载体，决定了政府、企业与学校之间密不可分的联系。2011 年，教育部关于推进中等和高等职业教育协调发展的指导意见中指出，要强化政府责任，加强统筹规划管理。省级政府相关部门应加大对区域内职业教育的统筹，支持和督促市（地）、县级政府履行职责，促进职业教育区域协作和优质资源共享。地方各级政府相关部门要遵循职业教育发展规律，把握中等职业教育办学定位，推进职业教育综合改革，完善政策措施，合理规划职业教育规模、结构和布局，改善办学条件，提高行业企业和社会参与职业教育的积极性，支持行业、企业发展职业教育，促进现代职业教育体系建设。在社会主义市场经济条件下，中等职业教育的专业结构要实现适应区域经济发展的调整，还需要政府这只有形的手发挥宏观调控作用。政府在区域专业合理布局方面，在扶持、引导专业调整方面的作用至关重要。政府在制定经济发展规划时，应对支撑产业发展的人才需求及人才培养提出目标，为学校的专业结构调整提供依据。在填空补缺专业结构调整方面，政府应加强宏观调控，通过政策措施、评估贷款等，帮助学校从专业结构调整优化的角度开发新专业。在具体层面上，政府应通过专业评估形成中等职业学校专业设置进退机制；通过制定专业设置指南，提出每年控制设置的专业，避免专业的重复设置，指导学校做好专业设置和专业调整改造工作，引导、规范、约束、监督学校的专业办学。

第六章　高等教育:内涵发展达到新水平

百年大计,教育为本。富民强桂,教育先行。优先发展教育事业,对推动广西科学发展、和谐发展、跨越发展具有全局性、基础性、先导性、民生性意义。为全面推进高等教育的改革和发展,《广西壮族自治区中长期教育改革和发展规划纲要(2010—2020 年)》明确提出振兴高等教育的目标、任务和策略,要求加强高等学校分类指导,提高人才培养质量,扩大规模优化结构,增强科学研究和社会服务能力。振兴高等教育政策的推出将对未来十年广西高等教育发展产生深远影响。近年来,广西教育事业取得了巨大成就。这表现在高等教育规模不断扩大,跨入大众化发展新阶段,办学条件也得到了持续改善;教师队伍素质持续提高,高校辅导员专业化、职业化建设工作不断推进;高校心理咨询工作人员的资质、职务和学历逐步提高,这为全面提高广西高等教育质量奠定了良好的基础。与此同时,我国的高等教育还存在一些问题,如高等教育资源总体不足,区域间配置不均衡,高等教育整体质量不高,高等教育对社会服务能力不足等。

一、目前广西高等教育发展取得的成就

(一)教育规模不断扩大

1.普通高校数量平稳增长,内部结构逐渐合理

高等教育是培养人才的载体。高等教育的数量关系着高等教育的总体规模,而高等教育的结构关系到人才培养的定位与结构。因此,高等教育数量适当,高等教育结构合理是高等教育良性发展的前提条件。

2014 年,广西共有普通专科院校 37 所,占高校总数的 44.6%;无研究生教育的普通本科院校有 33 所,占高校总数的 39.8%;有研究生教育的普通高校学校数有 13 所,占高校总数的 15.7%。

2009—2014 年,广西高等教育机构的数量既延续了原有的趋势,又出现了新的变化。2014 年,广西普通高校共有 83 所,比 2009 年增加 4 所,增长了 5.1%。其中,

2010—2011 年广西高校数量保持稳定，为 81 所。2012—2013 年高校数量也保持稳定，为 82 所。总体而言，广西近六年高校数量发展平稳。详见图 6.1。

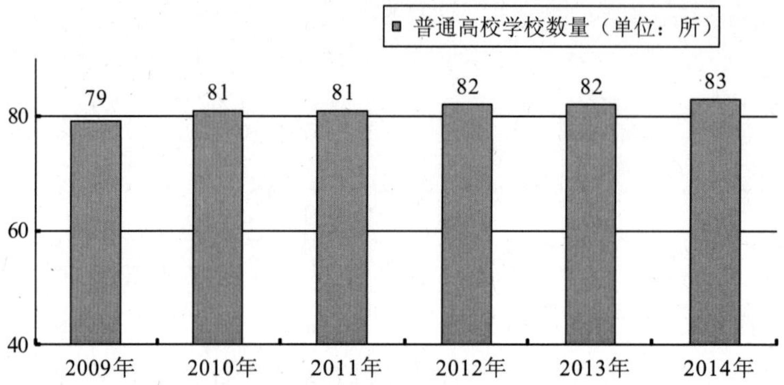

图 6.1　2009—2014 年广西高校数量变化示意图

数据来源：2009—2014 年广西教育事业统计报表。

近几年来，普通高校数量平稳增长。2009—2014 年，广西普通高校从 79 所增加到 83 所，增长了 5.1%。在普通高校中，普通专科院校从 39 所减少至 37 所，减少了 5.1%。其中 2010 年出现了最高值 41 所，此后缓慢减少，到 2014 年为 37 所。无研究生教育的普通本科院校从 29 所增加到 33 所，增长了 13.8%，2010—2012 年增长较快，增长了 10.3%，其他年份增幅较稳定；有研究生教育的普通高校数从 11 所增加到 13 所，增长了 18.2%。

2010—2014 年，普通高校的内部结构有所变化，且变化主要发生在 2014 年。普通专科院校所占比例出现下降状态，由 2010 年的 50.6%下降到 2012 年的 46.3%，2013 年所占比例保持稳定，2014 年又有所下降；无研究生教育的普通本科院校所占比例呈现增长的趋势，2010—2012 年变化较显著，从 35.8%增长到 39.0%，变化源于专科院校升至本科院校，2013 年所占比例保持稳定，2014 年增长到 39.8%；有研究生教育的学校所占比例由 2010 年的 13.6%增长到 2014 年的 15.7%，2011 年、2013 年所占比例保持稳定，2012 年、2014 年所占比例有所上升，分别增长了 1.1%、1.0%。

2.各层次人才培养规模稳步增长，层次结构相对稳定

人才培养是高校最为重要的职能。《国家中长期人才发展规划纲要（2010—2020 年）》提出，到 2020 年，我国要进入世界人才强国行列，明确要求高校“提高人才培养质量”。作为培养高层次人才的重要基地，高校既需要控制好人才培养的规模，也要处理好人才培养的层次结构和学科结构。2010—2014 年，广西各高校人才培养的规模稳步增长，层次结构基本稳定，学生结构有一些变化。主要表现在：

（1）本科生和硕士生招生规模增长最快，专科生招生比例下降。

2014年广西普通高校（不包括成人教育）共招生236 961人，其中招收普通专科生129 423人，占普通高校招生总数的54.6%；招收普通本科生98 300人，占普通高校招生总数的41.5%；招生研究生9 238人，占普通高校招生总数的3.9%。

从增长速度看，广西普通高校本科生招生规模增长最快。2009—2014年普通高校招生从177 459人增加到236 961人，增长了33.5%。其中本科生招生从66 792人增加到98 300人，增长了47.2%；研究生招生从7 326人增加到9 238人，增长了26.1%；专科生招生从103 341人增加到129 423人，增长了25.2%。详见图6.2。

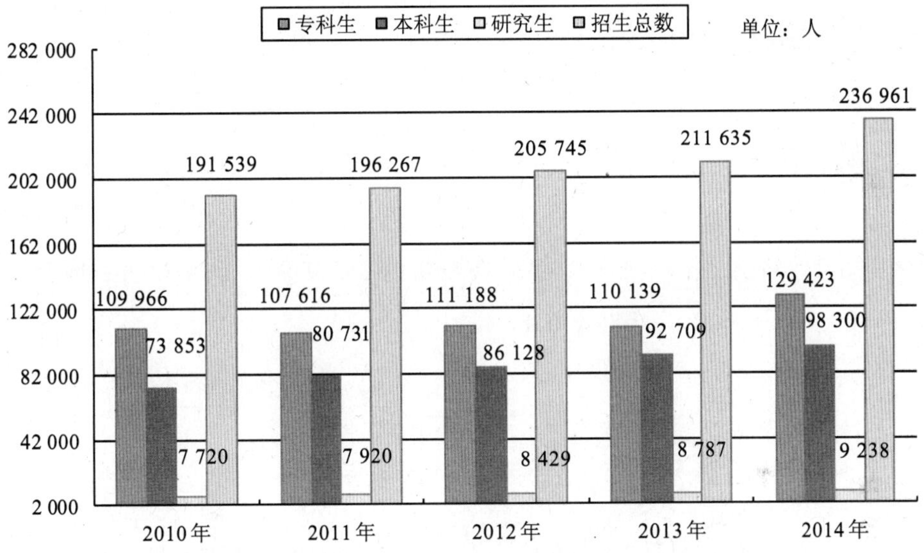

图6.2 2010—2014年广西普通高校各层次招生规模变化示意图

数据来源：2010—2014年广西教育事业统计报表。

从横向结构看，广西普通高校招生层次结构有所变化：专科招生比例下降，本科招生比例上升，研究生招生比例有所提高但仍保持稳定。2010—2014年，普通专科招生从57.4%下降到54.6%，普通本科招生比例由38.6%上升到41.5%，研究生招生比例保持在3.9%—4.2%。详见图6.3。

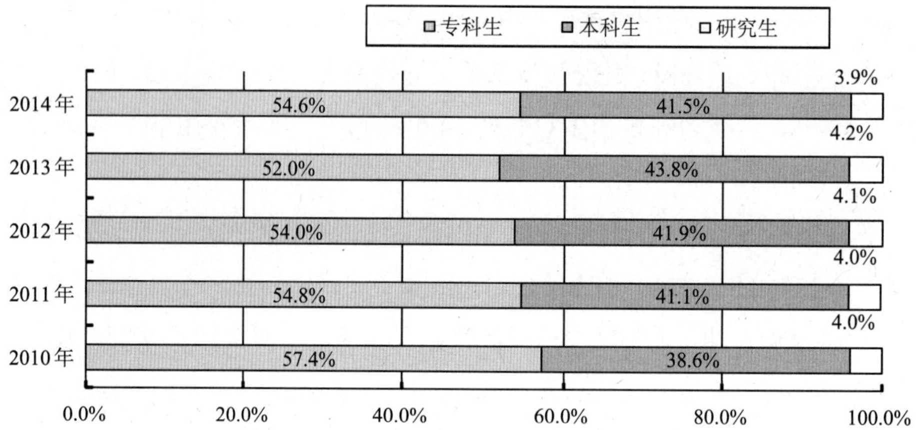

图 6.3 2010—2014 年广西普通高校招生层次结构变化示意图

数据来源：2010—2014 年广西教育事业统计报表。

(2)硕士生在校生规模增长最快,各层次在校生比例基本保持稳定。

2014 年,普通高校在校生规模为 727 801 人,比上年增长了 7.8%,其中专科生在校生为 345 934 人,占 47.5%;本科生在校生为 355 979 人,占 48.9%;研究生在校生为 25 888 人,占 3.6%。详见图 6.4。

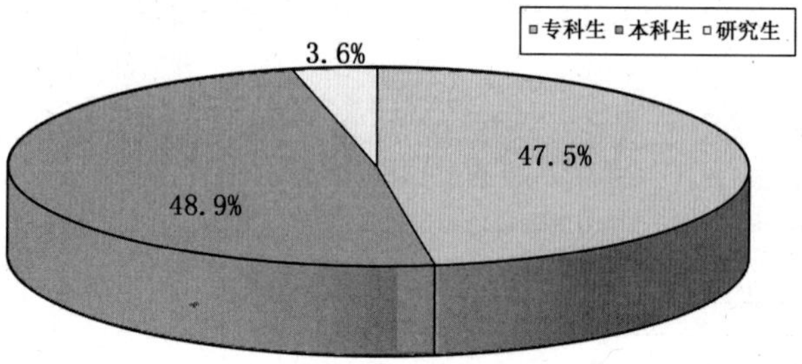

图 6.4 2014 年广西普通高校在校生层次结构示意图

数据来源：2014 年广西教育事业统计报表。

广西全区普通高校在校生数量稳步增长,其中研究生在校生规模增长最快,本科生次之,专科生增长最慢。2010—2014 年,普通高校在校生从 588 339 人增加到 727 801 人,增长了 23.7%。其中专科生在校生从 306 147 人增加到 345 934 人,增长了 13%;本科生在校生从 261 369 人增加到 355 979 人,增长了 36.2%;研究生在校生从 20 823 人增加到 25 888 人,增长了 24.3%。详见图 6.5。

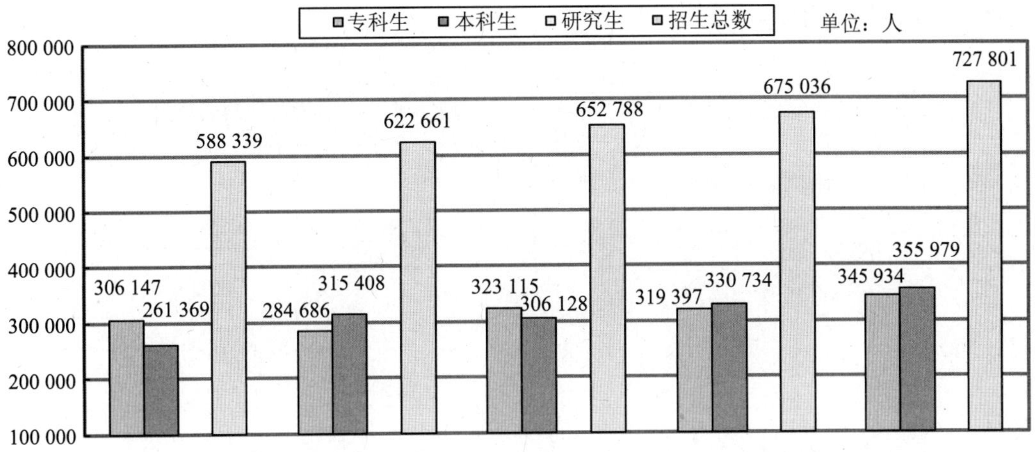

图 6.5　2010—2014 年广西普通高校各层次招生在校生规模变化示意图

数据来源：2010、2011、2012、2013、2014 年广西教育事业统计报表。

从层次上看，各层次学生在校生所占比例相对稳定。2007—2012 年，研究生在校生所占比例比较稳定，保持在 3.5%—3.7%；本科生在校生所占比例有所上升，从 44.4%上升到 48.9%，2011 年所占比例最大，达到 50.7%，其他年份间有所起伏；专科生在校生所占比例明显下降，从 52.0%下降到 47.5%，2011 年所占比例最低，达 45.7%。详见图 6.6。

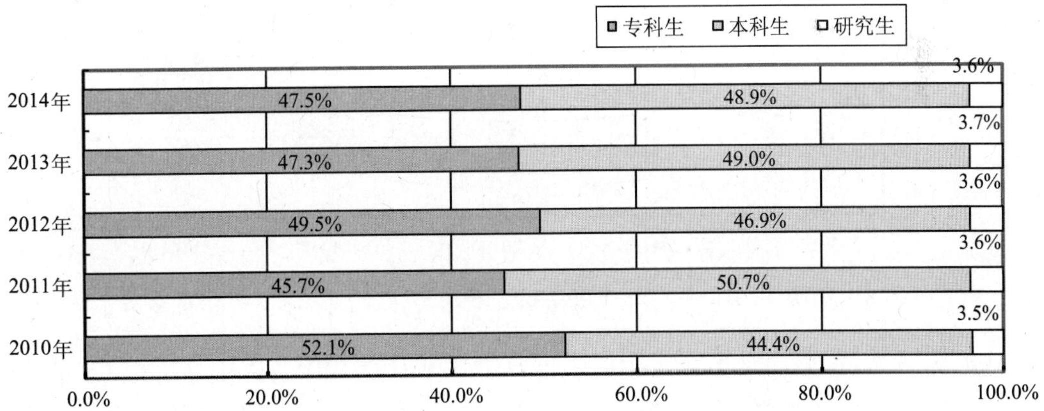

图 6.6　2010—2014 年广西普通高校在校生层次结构变化示意图

数据来源：2010—2014 年广西教育事业统计报表。

（3）各层次毕业生规模均稳步增长，毕业生比例基本保持稳定。

2014 年，广西全区普通高校共有毕业生 182 057 人，比上一年增加 7 699 人，增长 4.4%。其中专科毕业生 103 067 人，占 56.6%；本科毕业生 70 983 人，占 39%；研究生 8 007 人,占 4.4%。详见图 6.7。

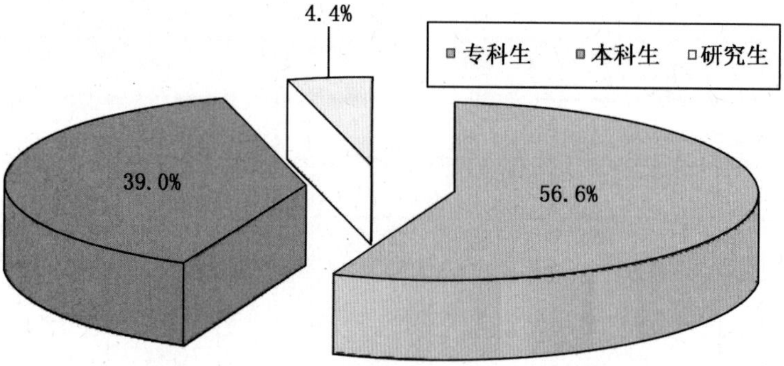

图 6.7 2014 年广西普通高校毕业生层次结构示意图

2010—2014 年,普通高校毕业生从 143 485 增加到 182 057 人,增长了 26.9%。其中,专科毕业生从 90 175 人增加到 103 067 人,增长了 14.3%;本科毕业生从 47 914人增加到 70 983 人,增长了 48.1%;研究生毕业生从 5 396 人增加到 8 007 人,增长了 48.4%。详见图 6.8。

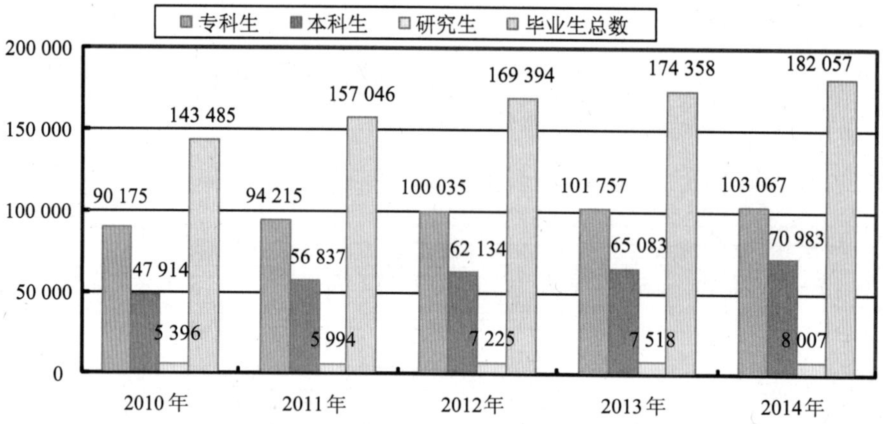

图 6.8 2010—2014 年广西普通高校各层次招生毕业生规模变化示意图

从层次看,普通高校毕业生层次结构有一些变化。2010—2014 年,专科毕业生所占比例从 62.8%下降到 56.6%,呈逐年下降的趋势;本科毕业生所占比例逐年上升,从 33.4%上升到 39.0%;研究生毕业所占比例较稳定,在 3.8%—4.4%。详见图 6.9。

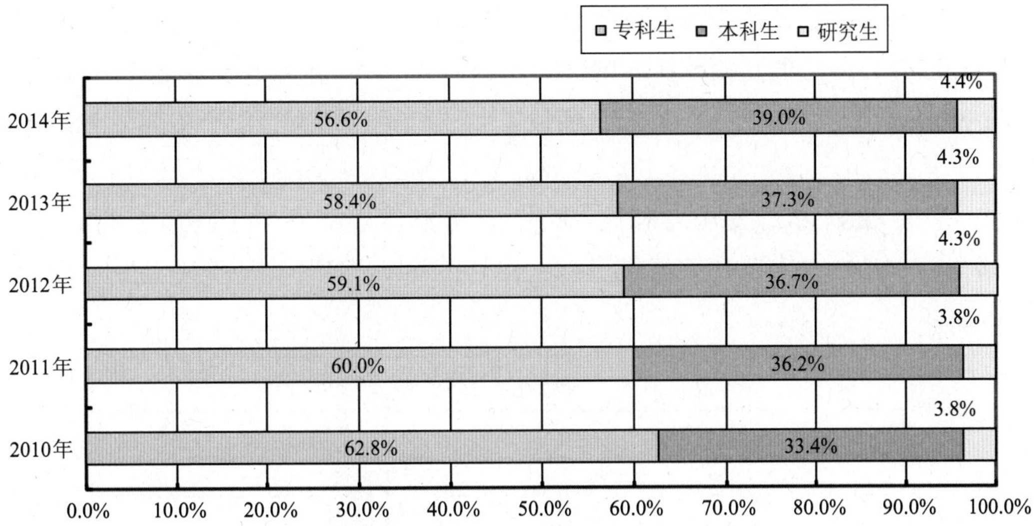

图 6.9　2010—2014 年广西普通高校毕业生层次结构变化示意图

（二）高校教师队伍不断壮大，且各项指标不断优化

高校的教师队伍水平与高等教育质量密切相关。教师队伍的建设既要考虑教师的数量，又要考虑教师的结构。2010—2014 年，广西全区普通高校的教师和科研队伍不断壮大，学历结构不断优化。

1.专任教师总量平稳上升

2014 年，广西普通高校共有专任教师 37 680 人，占教职工总数的 65.6%。普通高校专任教师的数量和比例均呈平稳上升的趋势。2010—2014 年，专任教师数量从 31 650 人增加到 37 680 人，增长了 19.1%；专任教师占教职工比例由 62.4%上升到 65.6%；教职工总数从 50 701 人增加到 57 474 人，增长了 13.4%。详见图 6.10。

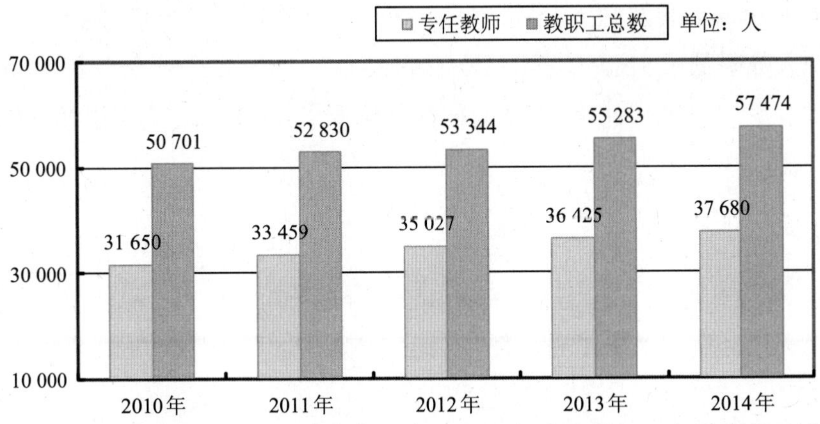

图 6.10　2010—2014 年广西普通高校专任教师数量及教职工数量变化示意图

数据来源：2010—2014 年广西教育事业统计报表。

2.2012 年广西普通高校专任教师的学历结构进一步优化

2014 年广西普通高校专任教师学历结构与 2013 年相比，学历层次有所提高，其中博士研究生学历增加了 468 人，增长了 12.1%，硕士研究生学历增加了 712 人，增长了 4.6%，本科学历增加了 50 人，增长了 0.3%，专科及以下学历增加了 25 人，增长 5.1%。2014 年与 2010 年相比，博士研究生学历增长了 69.5%，硕士研究生学历增长了 30.2%，本科学历只增长了 3%，而专科及以下学历则降低了 3.2%。详见图 6.11。

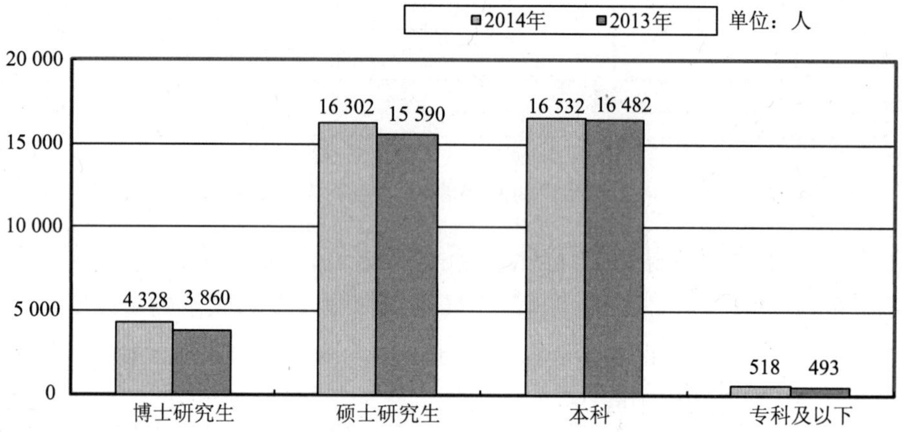

图 6.11　2014 年广西普通高校专任教师学历结构与 2013 年比较示意图

3.2012 年广西普通高校专任教师的年龄结构不断优化

2014 年广西普通高校专任教师年龄结构与 2013 年相比，30 岁及以下的教师人数降低了 12.27%，31—50 岁的教师人数增长了 4.53%，51—65 岁的教师人数增长了 21.47%，66 岁及以上的教师人数增长了 50.98%。2012 年与 2007 年相比，30 岁及以下的教师人数降低了 26.95%；31—50 岁的教师人数增长了 31.08%；51—60 岁的教师人数增长了 21.36%；而 60 岁以上的教师增长了 29.1%，主要原因是该群体的教师基数较低。详见图 6.12。

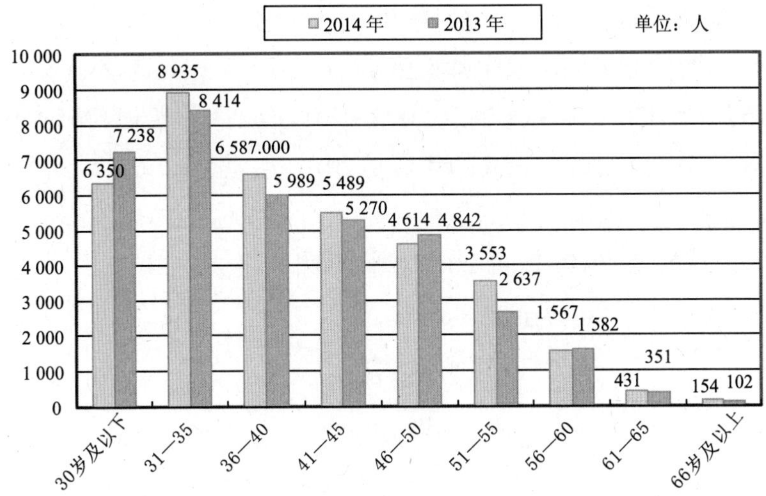

图 6.12 2014 年广西普通高校专任教师年龄结构与 2013 年比较示意图

4.2014 年广西普通高校专任教师职称结构以副高级和中级为主，中级及以上职称的专任教师数量都有所增加，初级职称教师数量人数有所减少

2014 年广西普通高校专任教师职称结构与 2013 年相比，正高级职称人数增加了 194 人，增长了 5.11%，副高级职称人数增加了 517 人，增长了 5.31%，中级职称人数增加了 732 人，增长了 5.19%，初级职称人数减少了 625 人，降低了 12.94%，未定职级教师人数增加了 437 人，增长了 11.04%。2014 年与 2010 年相比，除初级职称降低 23.44%外，正高级职称人数增长了 45.94%，副高级职称人数增长了27.05%，中级职称人数增长了 20.51%，未定职称人数增长了 44.43%。详见图 6.13。

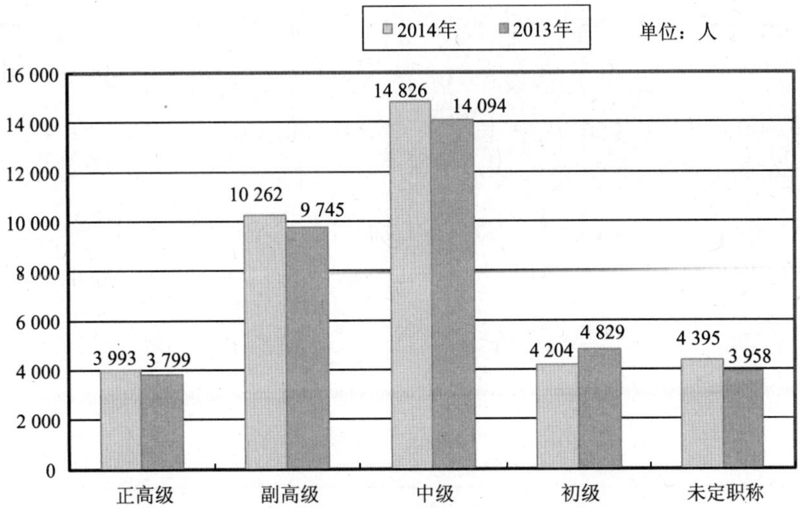

图 6.13 2014 年广西普通高校专任教师职称结构与 2013 年比较示意图

5.生师比略有起伏

2014 年,广西普通本科院校生师比为 17.02,与上年相比起伏不大,专科院校生师比为 21.15,与上年相比起伏较大。2009—2014 年,广西普通高校本科院校的生师比年均增长 1.76 %,生师比最高的年份是 2014 年,达到 17.02,最低的是 2009 年,为 15.6;而高职高专(专科)学校的生师比年均增长 1%,生师比最高的年份是 2014 年,为 21.15,最低的是 2009 年,为 20.12。详见图 6.14。

图 6.13 2009—2014 年广西普通本科、专科学校生师比示意图

注:普通本科生师比是按照普通院校的在校国内本科生与专任教师之比计算出来的。数据中不包含硕士研究生、博士研究生人数和留学生人数。

(三)高校辅导员和心理咨询人员基本满足高校发展的需求

1.2012 年广西普通高校专职辅导员队伍呈现年轻化态势

2014 年,广西共有 3 636 名专职辅导员,其中本专科生辅导员 3 564 人,占辅导员总数的 98.02%,研究生辅导员 72 人,占辅导员总数的 1.98%。20—29 岁的辅导员共有 1 715 人,占辅导员总数的 47.17%,30—39 岁共有 1 476 人,占总数的 40.59%,40—49 岁共有 354 人,占总数的 9.74%,50 岁及以上的只有 91 人,且都是本专科生的辅导员,广西普通高校的专职辅导员以 20—29 岁为主,呈现年轻化的发展态势。20—29 岁辅导员中,本专科生辅导员 1 688 人,占 98.43%,研究生辅导员 27 人,占 1.57%;30—39 岁辅导员中,本专科辅导员 1 437 人,占 97.36%,研究生辅导员 39 人,占 2.64%;40—49 岁辅导员中,本专科辅导员 350 人,占 98.87%,研究生辅导员 4 人,占 1.13%。详见表 6.1。

表 6.1 辅导员按年龄分(单位:人)

	20—29 岁	30—39 岁	40—49 岁	50 岁及以上	合计
本专科生辅导员	1 688	1 437	350	89	3 564

续表

	20—29岁	30—39岁	40—49岁	50岁及以上	合计
研究生辅导员	27	39	4	2	72
合计	1715	1476	354	91	3636

数据来源：2014年广西教育事业统计报表。

2.广西普通高校专职辅导员的职务和职称重心较低，行政职务以副科级及以下为主，专业技术职称以初级和中级职称为主

2014年，广西普通高校专职辅导员按行政职务划分，副科级及以下人数为2 717人，占专职辅导员人数的76.9%；正科级人数为422人，占总人数的11.94%；副处级人数为354人，占总人数的10.02%；正处级人数为40人，占总数的1.13%。由此可见，广西普通高校专职辅导员的行政职务以副科级及以下为主。其中，40名正处级辅导员中，本专科生辅导员39名，占97.5%，研究生辅导员1名，占2.5%，354名副处级辅导员中，本专科生辅导员350名，占98.87%，研究生辅导员4名，占1.13%；422名正科级辅导员中，本专科生辅导员有415人，占98.34%，研究生辅导员7人，占1.66%；2 717名副科级及以下的辅导员中，本专科生辅导员有2 657人，占97.79%，研究生辅导员60人，占2.21%，详见表6.2。

表6.2　辅导员按行政职务分(单位：人)

	正处级	副处级	正科级	副科级及以下	合计
本专科生辅导员	39	350	415	2 657	3 461
研究生辅导员	1	4	7	60	72
合计	38	354	422	2 717	3 533

数据来源：2014年广西教育事业统计报表。

2012年，广西普通高校专职辅导员按专业技术职务划分，正高级人数为23人，占专职辅导员人数的0.87%；副高级人数为200人，占总人数的5.66%；中级职称人数1 153人，占总人数的32.64%；初级职称人数1 074人，占总数的30.4%。由此可见，广西普通高校专职辅导员的专业技术职务以初级和中级为主。其中，23名正高级辅导员全部为本专科生辅导员；200名副高级辅导员中，本专科生辅导员有196人，占98%，研究生辅导员4人，占2%；1 153名中级职称辅导员中，本专科生辅导员有1 112人，占96.44%，研究生辅导员41人，占3.56%；1 074名初级职称辅导员中，本专科生辅导员有1 052人，占97.95%，研究生辅导员22人，占2.05%。1 083名未定职称的辅导员中，本专科生辅导员1 078人，占99.54%，研究生辅导员5人，占0.46%，详见表6.3。

表 6.3　广西普通高校专职辅导员按专业技术职务分(单位:人)

	正高级	副高级	中级	初级	未定职称	合计
本专科生辅导员	23	196	1112	1052	1078	3461
研究生辅导员	0	4	41	22	5	72
合计	23	200	1153	1074	1083	3533

数据来源：2014 年广西教育事业统计报表。

3.广西普通高校专职辅导员的学历构成以本科和硕士研究生为主,博士研究生和专科及以下的辅导员数量较少,呈现两头少中间多的橄榄型特点

2014 年,广西普通高校专职辅导员按学历划分,博士研究生人数为 39 人,占专职辅导员人数的 1.07%;硕士研究生人数为 1 774 人,占总人数的 48.79%;本科人数 1 766 人,占总人数的 48.57%;专科及以下人数 57 人,占总数的 1.57%。由此可见,广西普通高校专职辅导员的学历构成以本科和硕士研究生为主,二者所占比例为 97.36%。其中,39 名博士研究生辅导员中,本专科生辅导员 17 人,占 43.59%,研究生辅导员 22 人,占 56.41%;1 774 名硕士研究生辅导员中,本专科生辅导员 1 726 人,占 97.29%,研究生辅导员 48 人,占 2.71%;1 766 名本科辅导员中,本专科生辅导员有 1 764 人,占 99.89%,研究生辅导员 2 人,占 0.11%;57 名专科及以下辅导员都是本专科生辅导员,详见表 6.4。

表 6.4　辅导员按学历分(单位:人)

	博士研究生	硕士研究生	本科	专科及以下	合计
本专科生辅导员	17	1 726	1 764	57	3 564
研究生辅导员	22	48	2	0	72
合计	39	1 774	1 766	57	3 636

数据来源：2014 年广西教育事业统计报表。

4.广西高校心理咨询工作人员一般都具有多年教育部门心理工作经验,学历以硕士研究生和本科为主,专业技术职务以中级为主

广西高校心理咨询人员按工作年限分,4 年及以下工作经验的有 81 人,占心理咨询工作人员总数 268 人的 30.22%,5—10 年工作经验的有 109 人,占 40.67%,11—20 年工作经验的有 47 人,占 17.54%,21 年及以上工作经验的有 31 人,占 11.57%,具有 5 年以上工作经验的人数达到 187 人,占心理咨询工作人员总数的 69.78%,可见,广西高校心理咨询工作人员一般都具有多年教育部门心理工作经验,详见表 6.5。

表 6.5　心理咨询工作人员按工作年限分(单位:人)

	4 年及以下	5—10 年	11—20 年	21 年及以上
教育部门心理工作人员	81	109	47	31

数据来源：2014 年广西教育事业统计报表。

广西高校心理咨询人员按学历划分,博士研究生学历有 15 人,占心理咨询工作人员总数的 5.6%,硕士研究生学历有 194 人,占 72.39%,本科学历有 57 人,占 21.27%,专科及以下学历的有 2 人,占 0.75%,可见,广西高校心理咨询工作人员的学历构成以硕士研究生和本科为主,详见表 6.6。

表 6.6　心理咨询工作人员按学历分(单位:人)

	博士研究生	硕士研究生	本科	专科及以下
教育部门心理工作人员	15	194	57	2

数据来源：2014 年广西教育事业统计报表。

广西高校心理咨询人员按专业技术职务划分,正高级职称有 29 人,占心理咨询工作人员总数的 10.82%,副高级职称有 43 人,占 16.04%,中级职称有 128 人,占 47.76%,初级职称有 38 人,占 14.18%,未定职称的有 30 人,占 11.19%。可见,广西高校心理咨询工作人员的专业技术职务以中级为主。详见表 6.7。

表 6.7　2014 年广西普通高校心理咨询工作人员按专业技术职务分(单位:人)

专业技术职务	正高级	副高级	中级	初级	未定职称
教育部门心理工作人员	29	43	128	38	30

数据来源：2014 年广西教育事业统计报表。

二、广西普通高等教育发展中面临的问题

1.高等教育资源总体不足

(1)高等教育经费投入不足。

虽然近年来广西对教育经费的投入持续上升,但在 2013 年,广西普通高校生均预算内教育事业经费与公用经费均低于全国均值。普通高校生均预算内教育事业费支出中,广西与中南五省相比居第 3 位,比最高的海南省少 1 782.61 元/(生·年),比最低的河南省多 2 700.60 元/(生·年)。西南地区六个省级单位中广西居

第3位,比最高的西藏自治区少13 996.70元/(生·年),比最低的四川省多1 369.69元/(生·年)。在中南区和西南区11个省级单位中,广西居第5位。普通高校生均预算内公用经费支出中,广西与中南五省相比居第2位,比最高的海南省少2 136.44元/(生·年),比最低的河南省多1 091.52元/(生·年)。西南地区六个省级单位中广西居第5位,比最高的西藏自治区少6 126.12元/(生·年),比最低的四川省多338.30元/(生·年)。在中南区和西南区11个省级单位中,广西居第6位。详见表6.8。

表6.8 2013年广西与中南、西南地区普通高校教育经费比较

	生均预算内教育事业费支出情况(元/生·年)	生均预算内公用经费支出情况(元/生·年)
全国	15 591.72	7 899.07
广西	13 382.09	6 893.75
河南	10 681.49	5 802.23
湖北	12 528.95	6 226.56
湖南	12 995.41	6 798.33
广东	14 186.45	6 045.81
四川	12 012.40	6 555.45
云南	12 825.88	6 907.51
贵州	14 957.26	7 598.55
重庆	12 358.08	8 106.90
西藏	27 378.79	13 019.87

数据来源：2012、2013年教育部、国家统计局、财政部关于全国教育经费执行情况统计公告。

2013年,广西财政性教育经费占国内生产总值的比例为4.80%;预算内教育经费占财政支出的比例为20.39%,比上一年增长了1.55%;预算内教育拨款58 632 693千元,比上一年增长了26.49%。2013年,广西财政性教育经费占国内生产总值的比例4.55%;预算内教育经费占财政支出的比例19.69%,比上一年降低了0.7%;预算内教育拨款60 771 652千元,比上一年增长了3.65%。详见表6.9。

表6.9 2005、2007—2013年广西普通高校教育经费情况

	广西预算内教育经费占财政支出比例(%)	生均预算内教育事业费支出情况(元/生·年)	生均预算内公用经费支出情况(元/生·年)
2005年	19.27	3 968.03	1 408.09

续表

	广西预算内教育经费占财政支出比例(%)	生均预算内教育事业费支出情况(元/生 · 年)	生均预算内公用经费支出情况(元/生 · 年)
2007 年	20.35	5 207.31	1 662.94
2008 年	19.95	6 139.38	1 911.63
2009 年	18.4	6 228.73	1 978.94
2010 年	19.72	6 902.44	2 702.68
2011 年	18.84	10 208.52	5 745.81
2012 年	20.39	12 450.49	7 375.80
2013 年	19.69	13 382.09	6 893.75

数据来源：2005、2007—2013 年广西教育事业统计报表。

(2)高校教师资源短缺,普通专科院校生师比高。

2009—2014 年,普通高等专科院校生师比始终在 20.12：1 到 23.25：1 之间徘徊,2011 年普通高等专科院校生师比更是达到 23.25,生师比偏高。全国普通高校生师比标准为 17.5,专科院校师生比明显高于标准数值,在降低生师比过程中不仅要增加教师的数量更要对教师质量把关。其次,在遵循国家教育部政策的引导的同时也要为高校教师减负,让教师们把精力集中到教学和科研两大任务上来,保证教师基本的生活和工作需要的物质条件,使教师能真正一心一意地做好教学和科研工作。详见表 6.10。

表 6.10 2009—2014 年广西普通专科院校生师比情况(单位:%)

2009 年	2010 年	2011 年	2012 年	2013 年	2014 年
20.12	20.4	23.25	20.18	20.62	21.15

(3)基础设施不足。

虽然近年来我区高校投入大量的人力、物力加快基础设施建设,基础设施总体水平有了很大程度的提高,但与日益扩大的高等教育招生规模相比,高等教育基础设施仍显紧张。2009—2014 年,我区普通高校全日制本科校均规模由 8 229.21 人增加到 10 787.24 人,增加了 31.1%;普通专科校均规模由 7 428.08 人增加到 9 349.57 人,增加 1 921.49 人,增长了 25.9%;普通研究生教育校均规模由 1 704.36 人增加到 1 991.38 人,增加了 287.02 人,增长了 16.84%。但同时期高等学校的校舍面积、教学科研仪器设备、图书资料的增长速度却明显低于在校生平均规模的增长速度,人均基础设施占有量比原来减少,基础设施短缺现象较为严重。有些院校甚至出现因仪器设备、实验室、实习基地不足而存在降低实践课在开设课程中的比重,减少实践教学环节,不提供或很少提供实际操作机会的情况。区内高校图书馆、自习室不能很好地满足学生自主学习的需要。此外,高等学校宿舍、餐厅、校医院、浴室、运动场馆和器材等后勤服务设施投入不足,规模较小。目前高校基础设施特别是人均基础设施占有量不足的情况仍然较为严重。详见表 6.11—6.14。

表 6.11 2001—2008 年全国高等学校校均规模

	2001	2002	2003	2004	2005	2006	2007	2008
本科院校	8 730	10 454	11 662	13 561	13 514	13 937	14 057	12 097
专科院校	2 337	2 523	2 893	3 209	3 909	4 515	5 095	5 564

数据来源：中国教育网 2008 年统计数据。

表 6.12 2005—2014 年广西普通高校校均规模情况(单位:人)

	普通本科校均规模	普通专科校均规模	研究生教育校均规模
2005 年	8 229.20	5 381.92	————
2006 年	8 729.32	6 155.28	1 476.78
2007 年	10 042.74	6 582.03	1 375.73
2008 年	11 359.05	6 881.21	1 506.36
2009 年	8 229.21	7 824.08	1 704.36
2010 年	9 012.72	7 467.00	1 893.00
2011 年	10 513.60	7 117.15	2 051.55
2012 年	9 566.50	8 503.03	1 962.08
2013 年	10 335.44	8 405.18	2 075.42
2014 年	10 787.24	9 349.57	1 991.38

数据来源：2005—2014 年广西教育事业统计报表。

表 6.13 2008 年全国普通高校学校产权情况

占地面积(平方米)	图书、资料		拥有教学用计算机(台)	语音实验室座位数(个)	多媒体教室座位数(个)	网上教学课程数(种)	教学、科研仪器设备资产值(万元)
	图书(万册)	电子图书(万册)					
1 412 747 076	16 191.07	69 278.99	4 809 080	1 314 819	14 353 386	70 120	90 314 821.86

数据来源：中国教育网 2008 年统计数据。

表 6.14　2007、2012、2014 年广西普通高校学校产权情况

	占地面积(平方米)	图书、资料		拥有教学用计算机(台)	语音实验室座位数(个)	多媒体教室座位数(个)	网上教学课程数(种)	教学、科研仪器设备资产值(万元)
		图书(万册)	电子图书(万册)					
2007 年	35 464 296	3 445.79	1 786.26	91 279	30 751	251 900	1 033	292 775.87
2012 年	44 228 000	5 078	——	158 923	42 902	466 947	——	521 602.6
2014 年	42 819 916	5 422.43	——	190 670	——	——	——	679 284.41

表数据均来源：2007、2012、2014 年广西教育事业统计报表。

2.区域间配置不均衡

(1)高等教育经费投入的差距。

广西区内各市之间高校教育经费的投入及生均教育费用存在一定的差距。由于各市经济发展状况的不同,每个城市高校数量不同,各市生均预算内教育费用也存在较大的差距。2013 年,广西全区生均预算内教育事业费支出为 18 786.26 元/(生·年),而其支出最高的是贵港市,生均预算内教育事业费支出 23 909.56 元/(生·年),最低的百色市为 12 011.57 元/(生·年),两者相差 11 897.99 元/(生·年);广西全区生均预算内公用经费支出 13 382.09 元/(生·年),其中支出最高的钦州市达 20 157.03 元/(生·年),最低的北海市为 5 457.53 元/(生·年),两者相差 14 699.5 元/(生·年)。详见表 6.15。

表 6.15　2013 广西各市生均预算内教育费用情况(单位:元/生·年)

	生均预算内教育事业费支出情况	生均预算内公用经费支出情况
广西壮族自治区	18 786.26	13 382.09
广西壮族自治区本级	19 117.74	13 877.39
南宁市	21 554.07	7 112.03
柳州市	20 366.79	8 667.66
桂林市	22 514.84	15 060.39
梧州市	15 351.11	12 063.24
北海市	14 182.49	5 457.53
防城港市	——	——
钦州市	19 053.04	20 157.03
贵港市	23 909.56	19 532.21

续表

	生均预算内教育事业费支出情况	生均预算内公用经费支出情况
玉林市	——	——
百色市	12 011.57	8 882.64
贺州市	14 004.80	14 457.71
河池市	13 457.20	8 139.16
来宾市	15 205.64	8 749.79
崇左市	13 901.81	14 143.17

数据来源：2013 年广西教育事业统计报表。 其中防城港市、玉林市的数据缺失。

(2)高校基础设施的差距。

根据全国普通高等学校基本办学条件指标可知,综合类院校本科的办学条件基本要达到以下要求:具有高级职务教师占专任教师的比例为 30%、生均占地面积为 54 平方米/生、生均宿舍面积为 6.5 平方米/生、百名学生配教学用计算机台数为 10 台、百名学生配多媒体和语音实验室座位数为 7 个、新增教学科研仪器设备所占比例为 10%、生均年进书量为 4 册;综合类院校专科的办学条件基本要达到:具有高级职务教师占专任教师的比例为 20%、生均占地面积为 54 平方米/生、生均宿舍面积为 6.5 平方米/生、百名学生配教学用计算机台数为 8 台、百名学生配多媒体和语音实验室座位数为 7 个、新增教学科研仪器设备所占比例为 10%、生均年进书量为 3 册。通过对不同地区、高校之间高等教育基础设施基本情况的比较分析,我们发现东、中、西部地区,重点高校和一般高校之间基础设施存在明显差别。据相关资料显示,2013 年东部地区高校建筑面积、图书资料、教学科研仪器设备总值均大于中部和西部地区,并且同一地区的教育部直属重点高校基础设施水平大于一般高校。受经济发展水平和高等教育全日制在校生人数的影响,东、中、西部地区高校之间生均校舍面积、图书资料数量、计算机台数、仪器设备占有量、固定资产拥有量等差距较大,东部地区最多,西部次之,中部最少。

目前广西区域内的高校之间的办学条件、办学水平也存在着较大差异。区内生均校舍面积最大的是贵港市,比自治区平均值高 15.35 平方米,校舍面积最小是的钦州市,比自治区平均值低 6.51 平方米。生均固定资产最高的是梧州市为 60 790.54元,最低的是钦州市 14 833.06 元,两者差距为 45 957.48 元。生均专用设备最高的是桂林市为 10 548.8 元,最低是百色市为 3 189.52 元,两者相差 7 359.28 元。生均图书中一般图书的差距在自治区内差别没有电子图书的差距那么明显,生均一般图书最多的是桂林市为 94.34 册，最少的是百色市为 45.56 册，两者差距为 48.78 册。生均电子图书最多是贺州市为 189.39 册，最少的是梧州市为 4.66 册，两者差距为 184.73 册。详见表 6.16。

表 6.16 2012 年广西普通高校办学条件情况

	生均校舍面积(平方米)	生均固定资产总值(元)	生均专用设备(元)	生均图书数	
				一般图书(册)	电子图书(册)
自治区	18.73	27 961.95	7 567.89	56.47	61.00
南宁市	32.71	23 257.20	5 358.81	47.03	56.36
柳州市	17.51	20 826.94	8 435.95	52.20	166.61
桂林市	26.17	29 779.65	10 548.80	94.34	157.17
梧州市	16.58	60 790.54	5 612.79	67.09	4.66
北海市	19.55	35 462.46	7 587.07	82.12	10.43
防城港市	——	——	——	——	——
钦州市	12.22	14 833.06	4 162.99	52.71	23.82
贵港市	34.08	27 476.50	8 786.13	56.99	56.40
玉林市	——	——	——	——	——
百色市	17.62	19 785.32	3 189.52	45.56	27.62
贺州市	21.56	18 342.46	4 747.09	87.22	189.39
河池市	23.10	36 378.90	9 950.06	57.43	24.34
来宾市	26.99	20 878.94	3 891.42	80.81	31.51
崇左市	29.33	42 371.30	6 224.10	77.17	56.86

数据来源：2012 年广西教育事业统计报表。 其中防城港市、玉林市的数据缺失。

3.高等教育整体质量不高

(1)专任教师学历和职称分布不均，教师结构性短缺。

衡量专任教师知识水平的标志是学历和职称的水平，学历和职称水平是衡量高校教师队伍建设水平的重要因素，也是影响教育质量的因素之一。2008 年全国普通高校教师中拥有正高级职称的专任教师有 128 966 人，其中具有博士学历和本科学历的专任教师人数各占 40%左右。拥有副高级职称的专任教师有 342 699 人，具有本科学历的专任教师人数占据大部分，数值比例达到 60%。中级及以下职称(包括无职称)的专任教师有 765 786 人，具有本科学历的专任教师人数占了一半左右。

2014 年广西硕士和博士研究生学历的专任教师有 20 630 人，虽然硕士和博士学历的专任教师人数在不断地增加，但本科学历的专任教师人数占了一半左右，仍然占主要部分。低学历结构直接制约了高校教学质量的提高，影响了高校的长久发展，影响到广西特色高等教育强省的建设，在职的专任教师仍需不断提高学历水平。2014 年本科院校副高级、中级职称的专任教师大概占了一半，成为专任教师的主力，但是中级职称及以下职称的人数仍然较多。虽然广西本科院校拥有一定数量高职称的专任教师，但是中级职称及以下职称的专任教师人数也较多，说明广西本科院校存在着两极分化的现象。专科院校正高级、副高级职称的专任教师人数少，以中级职称的教师为主，高学历、高职称的专任教师严重缺乏。从广西专科院校长远发展来考虑，高级职称的专任教师严重短缺，影响到专任教师队伍的建设，不利于学校长期稳定地发展。因此，广西本专科院校低学历、低职称现象仍然存在，专任教师学历、职称结构未能达到理想状态。同时，在不同学科之间教师所占的比例也不同，教师结构性短缺。

表 6.17　2008 年全国普通高校专任教师学历情况　（单位：人）

	博士	硕士	本科	专科及以下
正高级	49 344	29 792	47 896	1 934
副高级	55 266	81 798	198 437	7 198
中级	42 521	164 746	218 721	9 652
初级	1 856	94 306	157 174	4 984
无职称	2 920	30 178	35 662	3 066

数据来源：中国教育网 2008 年数据统计。

表 6.18　2006—2014 年广西普通高校专任教师学历结构　（单位：人）

年份	博士研究生	硕士研究生	本科生	专科及以下
2006 年	1 268	7 460	14 731	792
2007 年	1 568	8 977	13 930	613
2010 年	2 554	12 518	16 043	535
2011 年	3 082	13 989	16 939	471
2012 年	3 517	14 843	17 251	434
2013 年	3 860	15 590	16 482	493
2014 年	4 328	16 302	16 532	518

表 6.19　2014 年广西分学科专任教师数　(单位:人)

	正高级	副高级	中级	初级	未定职级
总　计	3 993	10 262	14 826	4 204	4 395
其中：女	1 269	4 440	7 567	2 208	2 500
哲　学	88	177	261	72	102
经济学	179	518	680	269	210
法　学	223	521	889	228	257
教育学	222	901	1 373	439	422
其中：体育	79	380	640	210	187
文　学	444	1 352	2 628	785	783
其中：外语	157	616	1 457	391	375
历史学	81	126	120	24	37
理　学	543	1 226	1 397	311	441
工　学	844	2 383	3 658	1019	889
其中：计算机	136	510	964	260	181
农　学	146	223	245	55	81
其中：林学	30	62	56	6	27
医　学	779	1 483	1 071	205	87
管理学	257	822	1 431	394	459
艺术学	187	530	1 073	403	627

数据均来源：2006—2014 年广西教育事业统计报表。

(2)生源质量偏低,培养质量有待提高。

从生源质量和培养质量方面看,其主要指标是看生源高考录取分、毕业生就业落实率和全国优秀论文通过情况。从表 6.20 的数据可以看到,广西无论是文史类还是理工类,录取的整体分数都比湖南、江西、重庆(可以加入湖北、河南、江苏等省)等省份低,这表明广西高校的生源质量普遍偏低。

从广西规划重点建设的 8 所普通高校的排名结果来看,在全国 121 所重点大学排名中广西只有广西大学入围,其他普通高校在全国排名处于中等偏下水平,排名在 300 名以后的普通本科院校占绝大多数,这表明广西高校整体办学水平有待提高。详见表 6.20、表 6.21。

表 6.20　2014 年广西与其他部分省份全国部分省区高考录取分数线(单位:分)

	文史类				理工类			
	一本	二本	三本	高职	一本	二本	三本	高职
广西	550	463	404	200	520	407	326	200
广东	579	534	425	——	560	504	465	——
湖南	562	501	473	200	522	422	406	200
重庆	555	507	466	234	514	455	422	213

表 6.21　2010、2014 年广西八所普通高校在中国的排名情况

	2010 年	2014 年
广西大学	95	94
广西师范大学	187	162
广西医科大学	274	227
广西民族大学	291	243
桂林电子科技大学	255	274
桂林理工大学	249	268
广西中医药大学	360	313
广西师范学院	297	376

数据来源：根据网站整理。

4.高等教育对社会服务能力不足

(1)研发能力相对薄弱。

高校专利授权、高校技术转让等指标反映了高等教育对社会服务能力情况。这些指标越大,说明社会服务能力越强。2014 年,我国普通高校专利授权数为 45 007项。普通高校专利授权数最多的是江苏、浙江、黑龙江,分别为 7 328 项、7 034 项、2 962 项,这 3 个省份普通高校的专利授权数占全国普通高校专利授权总数的 35.5%。而广西普通高校专利授权数则不到 1 000 项;我国普通高校技术转让合同金额为 25.88 亿元,北京、江苏、上海、广东四个省份普通高校的技术转让合同金额在 10 亿元以上,而广西普通高校的技术转让合同金额则不足 1 亿元。详见表 6.22。

表 6.22　2014 年广西各项指标研究成果

	普通高校专利授权数(单位：项)	普通高校技术转让合同金额(单位：千元)
广西	745	10 729
北京	1 205	172 910
江苏	7 328	143 948
浙江	7 034	11 670
黑龙江	2 962	20 915
广东	2 092	10 729

数据来源：高等学校科技统计资料汇编[M].北京：高等教育出版社，2014。

(2)专业设置存在同质化,学科实力不强。

目前,广西高校的学科门类已经逐步完善和健全,有些高校已经涵盖了所有的学科门类,但是高校在专业建设方面还与北部湾经济区重点发展需要的专业有较大的差距。随着广西社会经济发展对紧缺专业人才需求量的增加,广西高校在专业设置过程中,出现了一哄而起争办热门专业、应时性专业的现象。高校开设的专业没有形成办学特色,同质化和低水平重复建设的问题在专业设置和专业建设方面普遍存在,这种盲目办学的态度势必会影响到广西高等教育的可持续健康发展。广西高校设置的专业定位不明确,不同类型的学校在专业设置上有趋同现象,未能从院校的性质、功能、特色上培养人才,不仅使得高校培养出来的学生没有优势与特色,竞争力差,而且大量的相同模式下培养的人才涌现到社会,造成供过于求,造成社会负担,对社会服务能力不强。①

同时,在学科设置方面能力普遍低于全国的水平,广西在学科方面能进入全国前 100 名的只有历史学、理学、教育学、法学、社会科学、医学、文学、农学、工学,这些学科即使进入全国前 100 名,但排名靠后。详见表 6.23。

① 张锐.广西高校产学研合作人才培养模式研究[D].桂林:广西师范大学,2011。

表 6.23　2012 年按学科进入全国前 100 名的广西高校(单位:人)

学科		学校	在全国 100 名的排名
按学科分	历史学	广西师范大学	33
	理学学	广西师范大学	74
	教育学	广西师范大学	26
	法 学	广西师范大学	52
	社会科学	广西大学	36
	医学	广西医科大学	29
	文学	广西师范大学	61
	农学	广西大学	31
	工学	广西大学、桂林电子科技大学	45、24
	管理学	无	
	哲学	无	
	自然科学	无	
	经济学	无	

数据来源：教育部学位中心 2012 年全国学科排名公布。

三、对策建议

(一)增加投入，提高高等教育资源总量

1.加大财政对高等教育经费投入的力度

政府财政拨款是高等教育经费的主要来源。我国 2010 年颁布的《国家中长期教育改革和发展规划纲要(2010—2020 年)》中提出“中西部高等教育振兴计划”,明确指出要把中西部区域高水平大学建设提升为国家战略,提出到 2020 年,中西部高等教育结构要更加合理,特色更加鲜明,办学质量显著提升,建成一批有特色、高水平的高等学校,为整体提升我国高等教育发展水平、建设高等教育强国奠定坚实的基础。同年,教育部联合财政部启动中西部高校综合实力提升工程,在没有教育部直属高校的省份,专项支持一所本区域内办学实力最强、办学水平最高、有区域优势的高水平大学。这是继省部共建政策之后国家推动中西部省属高校发展设立的又一重大项目,是中西部高等教育振兴计划的一部分。从工程启动至“十二五”末,中央财政将投入 70 亿元。2012 年,发改委和教育部联合启动“中西部高校

基础能力建设工程”(简称小“211 工程”),重点支持中西部 24 个省、自治区、直辖市的 100 所有特色有实力的地方高校的发展建设。该工程以五年为一个周期。从 2012 年至 2015 年,中央财政为此安排专项资金 100 亿元,每个列入的高校平均能得到国家发改委 1 亿元的专项补助。该工程开创了三个“前所未有”。第一,这是国家首次在高等教育领域专门面向中西部地区设立的重大建设专项,重视程度前所未有;第二,高校建设资金由国家和省级按比例分担、共同筹措,中央投资 100 亿元支持 100 所左右高校,如此大范围高强度的投入,力度前所未有;第三,“十二五”期间规划建设的高校数量占中西部同类型高校总数的近 1/4,覆盖广度前所未有(见人民政协报《国家有关中西部高等教育发展的部分政策》)。近年来,随着经济发展水平的提高,广西财政收入不断增加,政府完全有能力拿出一部分资金用于发展教育事业,缓解长期以来教育经费不足的局面。2013 年广西高校的生均预算内教育事业费支出为 13 382.09 元/(生・年),全国生均预算内教育事业费支出为 15 591.72元/(生・年),广西高校的预算内教育事业费支出比全国平均水平低 2 209.63元/(生・年);广西高校的生均预算内教育公用费支出为 6 893.75 元/(生・年),全国生均预算内教育公用费支出为 7 899.07 元/(生・年),广西高校的预算内教育公用费支出比全国平均水平低 1 005.32 元/(生・年)。在现有的财政水平下,要使广西高校的生均预算内教育经费达到全国平均水平,应该明确政府在高等教育投入中的主体地位,加大拨款力度,进一步增加国家财政对高等教育的投入,提高高等教育经费总额,为高等教育事业的全面发展提供坚实的财力支持。

2.增加教师数量,降低生师比

目前我区高校生师比过大,教师资源短缺,教师工作压力较大,在一定程度上影响了教学效果和高等教育质量。针对这一问题,教育主管部门和高等院校要采取积极措施,提高高校教师的数量和质量。2013 年广西高校本科教育在校生数为 330 734 人,专任教师数为 25 091 人,生师比为 16.6;高职高专教育在校生数为 319 397人,专任教师数为 11 334 人,生师比为 20.62。全国普通高校生师比为 17.5,如果要达到国家标准,在现有在校生规模的基础上需要本科专任教师 18 900 人、高职高专专任教师 18 252 人,共需增加专任教师 727 人。在降低生师比过程中不仅要增加教师的数量更要把关教师的质量,既包括对新招聘教师的严格要求,又应对老教师定期地进行考核,以保证教学质量过关。其次,应遵循国家教育部政策的引导,合理利用国家的经济支持,尤其是教育经费的支持。同时也要为高校教师减负,让教师们把精力集中到教学和科研两大任务上来,保证教师基本的生活和工作需要的物质条件,改善学校的小环境,在政策允许的范围内,尽量为教师办实事,解决他们的后顾之忧,使教师能真正一心一意地教学和科研。

3.加快高校基础设施建设

2013年,普通高等学校校舍总建筑面积84 154.95万平方米,比上年增加3 094.53万平方米;教学科研仪器设备总值3 309.58亿元,比上年增加374.21亿元(见2013年全国教育事业发展统计公报)。广西普通高等学校校舍总建筑面积1 754.20万平方米,比上年增加84.92万平方米;教学科研设备总值60.25亿元,比上年增加8.3亿元。针对目前国家教育经费投入有限、招生规模不断扩大、西部地区高校基础设施急需投入建设的情况,西部高校必须要转变办学思路,积极地探索先进的融资模式,不断地拓宽融资渠道,为西部高校基础设施建设筹集资金,促进西部高校更好、更快地发展。

(二)提高高等教育质量

1.加强师资队伍建设

《广西教育规划纲要》中明确提出要加强高校高层次人才队伍建设。支持高校申报国家海外高层次人才引进计划、长江学者奖励计划、国家杰出青年科学基金等项目,着力培养优秀拔尖人才。实施八桂学者计划、特聘教授计划、人才小高地建设工程和广西高校海外高层次人才引进计划,培养造就一批具有国内外前沿水平的学术带头人。加强高校教师的在职培训,学校应该为教师提供各种培训学习机会,创设人才成长良好环境,增强对教师的吸引力。完善高校教师培训体系,对认真参加培训并取得优异成绩者应褒奖和重用,对那些不认真参加培训,考核结果很差者,应有相应的惩罚措施。建立健全竞争激励机制,高校要培养创新人才,最重要的是要形成一种有利于激发教师创造动机和发挥其创造潜能的宽松、自由、科学的管理机制。推进教师的素质建设,改善教师生活和工作条件,提高教师对学生的影响力。师资队伍建设问题不仅仅是高校自身的问题,在经济全球化、教育国际化、人才市场化的今天,高等教育正在面临一场深刻的变革,各高校之间综合实力的竞争日趋激烈,各高校要想在竞争中站稳脚跟、求得发展空间,就必须确定符合自身发展实际的人才强校战略,增强高校的核心竞争力。

2.制定惠生政策,吸引优秀生源

教育部、国家发改委、财政部关于印发《中西部高等教育振兴计划(2012—2020年)》的通知中提出扩大中西部学生入学机会,坚持新增招生计划向中西部高等教育资源短缺地区倾斜。人才供给是一个地区持续发展的后续力量和基本保障，高校办学的目的在于为社会发展提供人才储备，而生源的质量和数量则是实现这个目的的一个重要前提。面对广西的现实情况，各高校应制定一系列的惠生政策，吸引优秀生源，提高生源整体素质，为经济社会可持续发展提供保障。首先，应加大对毕业生就业的政策扶持，积极与社会联系，创造更多就业条件。其次，加大贫困生补贴力度，为更多家庭贫困的学生解除后顾之忧，使其专心学习。再次，建立完善的硕士、博士保送和出国留学机制，为成绩优秀学生创造更多学习深造的机会。最后，应把好入口关，保障生源质量。逐步实施高等职业教育多种形式入学考试办法，简化文化考试内容，试行减免专业技术考试、免试注册入学。推进广西大学自主招生改革，实行全区统一高考、高中学业水平考试、综合素质评价与广西大学自主测试相结合的办法，选拔综合素质高、有创新精神和潜质的人才。对入学新生要进行全面审查复试，不合格者退回自治区招生办公室。对保送生也要进行严格的综合测试，对保送质量太差的学生坚持退回推荐学校，并取消其推荐保送生资格。

（三）增强高校服务社会能力

1.提高科研能力和水平

《广西教育规划纲要》中提出高校要增强科学研究和社会服务能力。围绕广西优先发展和重点发展的产业，加强基础研究，突出应用研究。构建高校服务千亿元产业、战略性新兴产业和科技支撑体系。围绕自治区发展重大战略需求，加强基础研究和前沿技术研究，大力提升原始创新能力。高校应围绕千亿元产业和新兴产业的需要，新建一批校地、校企共建工程技术研究中心、工程中心，培育一批具有地方优势特色的重点学科，实施一批关键技术研究发展项目，促进科技成果转化及产业化。

2.优化专业结构，增强学科实力

以社会需求为导向，合理调整优化学科专业，深化人才培养模式、课程体系、教学内容和教学方法等方面的改革。《中西部高等教育振兴计划（2012—2020年）》中将加强优势特色学科专业建设作为主要任务之一，一方面要优化学位授权点布局，加强中西部博士、硕士学位授予单位建设；另一方面，支持特色学科专业发展，继续实施特色重点学科项目，对中西部地方高校的国家重点学科给予重点支持，提升学科服务经济社会发展的能力。应开展专业综合改革试点，加大力度支持优势特色专业、战略性新兴产业相关专业和国防、海洋、农林、水利、地矿、石油等行业相

关专业及服务民生专业建设。针对中国—东盟自由贸易区建设,广西地方高校尤其应注重办学特色,利用“地利”为地方经济建设的服务中办出自己的特色,立足于地方经济,调整专业设置,改革课程体系和教学内容,培养复合型人才。随着经济结构和就业结构的调整,必然会拉动以就业为导向的高等教育学科专业结构调整。为此,合理调整、优化广西高校本科专业结构,注重那些适合本地制造业、商业、农业、林业,特别是外语外贸、现代农业、信息工程、生物工程、机械工程、建筑工程、林化工程、海洋工程、矿藏加工以及农副产品深加工等行业的人才培养,为广西经济和社会发展提供必要的人才和智力支持。

第二部分

广西教育事业发展专题报告

年度主题

主题一：贯彻《教育规划纲要》专题研究

专题报告一：教育成本分担视角下广西学前教育中政府责任问题研究

黄兰妹[①]　杜　鑫

摘要：随着《国家中长期教育改革与发展规划纲要(2010—2020年)》的颁布，自治区各级政府积极贯彻，努力筹措资金，从而使得广西学前教育的规模和普及水平有了很大程度的提高，但是城乡、区域学前教育的发展仍存在着较大的不足，需要更多的政府支持和民间推动。本研究从学前教育的成本分担机制分析入手，探讨了广西学前教育中的政府责任问题。

关键词：学前教育　成本分担　政府责任

一、广西学前教育发展概况分析

（一）广西学前教育发展概述

1.学前教育发展规模概述

广西的学前教育规模有较大幅度增长。2012年全区共有幼儿园7 554所，比上年增加1 346所；在园幼儿人数1 659 317人，比上年增加216 798人，增加15.03%。

2012年，广西在农村幼儿园以及民办幼儿园的建设方面给予极大的鼓励。在农村幼儿园建设方面，广西以实施中西部农村学前教育推进工程项目、中西部扩大学前教育资源建设项目为抓手，筹措中央及地方资金，这些资金主要用于在24个

---

① 黄兰妹，女，壮族，广西教育科学研究所中学高级教师，主要研究方向为教育研究。

县区新建乡镇中心幼儿园,在 87 个县(市、区)利用农村闲置校舍改建幼儿园以及建设农村小学增设的附属幼儿园。在民办幼儿园方面,加大扶持民办幼儿园的力度,本级财政设立“扶持城市学前教育发展奖补资金”“扶持民办幼儿园发展奖补资金”,并统筹中央财政安排的资金,扶持城市企事业办幼儿园,以促进普惠性民办幼儿园的发展。除此之外,广西还启动了全国学前教育管理信息系统的培训和使用工作,系统的建成和使用将为学前教育重大项目监管、学前教育日常管理提供支撑和服务。

2012 年全区共有幼儿园 7 554 所,比 2011 年增加了 1 346 所,增长幅度为 21.68%。从各市情况来看,南宁市的幼儿园数量最多,为 1 200 所,比上年增加了 120 所,增长 11.11%,防城港市的幼儿园数量最少,为 100 所,比去年减少了 9 所,呈现负增长。幼儿园增加数量最多的市是河池市,比上年增加了 224 所,增长了 78.87%;增长幅度最大的市是钦州市,增长了 143.30%,增加量为 139 所。

2011 年以来,广西加大对农村幼儿园的投入,中央及地方筹措资金近 20 亿元用于发展农村幼儿园教育,广西幼儿园数量也从 2010 年的 5 349 所增加到目前的 7 554 所;在园幼儿从 118 万人增加到目前的 166 万人。截至 2012 年底,广西学前三年毛入园率达到 76.6%,比上一年增长 10.6 个百分点,提前 8 年超额完成国家和广西教育规划纲要 2020 年目标(70%),学前教育继续走在全国前列。

2.学前教育教师队伍及办学条件概述

全区特别是桂南地区的学前教育教师规模持续增长;教师学历水平有所提升,教师素质成为重中之重。在各级各类的教师培训中,学前教育的教师培训方式以校级培训为主。

随着学前教育规模的扩张,办学条件的逐渐好转,幼儿园校舍面积增长较快,但整体仍未达标。

表 1.1 2012 年全区分区域幼儿园办学条件

地区	占地面积(平方米)	校舍面积(平方米)	图书(册)
全区	7 796 032	5 109 610	3 989 950
桂东区	2 112 132	1 567 036	1 288 915
桂西区	1 092 040	738 753	580 709
桂中区	1 079 966	651 694	317 756
桂南区	2 508 864	1 611 331	1 342 650
桂北区	1 003 030	540 796	459 920

数据来源:2012 年广西教育事业统计报表。

分区域看，五个地区的幼儿园校舍面积分别为 1 567 036 平方米、738 753 平方米、651 694 平方米、1 611 331 平方米和 540 796 平方米，较上年有所增长。2012 年全区幼儿园活动面积为 2 068 686 平方米，其中面积较大的是桂南区。

（二）广西学前教育发展中存在的问题

从统计上看，广西学前教育在改革开放以来取得了较大的发展，但在发展的同时仍旧存在很多问题，主要表现在：

1.学前教育的普及率虽呈上升的趋势，但普及率仍较低，桂东、桂西、桂中、桂南、桂北发展不均衡

2007 年以来，广西学前教育的招生数和在园儿童数都呈上升的趋势，其中在园儿童数增加了 62.13%，增加数量为 635 877 人，年均增长 10.15%；招生人数增加了 37.86%，增加数量为 305 196 人，年均增长 6.63%。如表 1.2。

表 1.2　2012 年广西学前教育幼儿园数量、在园儿童人数、招生人数与 2007 年比较

指标 / 年份	幼儿园数量（单位：所）	在园儿童人数（单位：人）	招生人数（单位：人）
2012 年	7 554	1 659 317	1 111 219
2011 年	6 208	1 442 519	965 613
2010 年	5 349	1 185 337	864 455
2009 年	5 053	1 128 170	841 561
2007 年	4 049	1 023 440	806 023
2012 年较 2007 年增加数量	3 505	635 877	305 196

数据来源：2012、2011、2010、2009、2007 年广西教育事业统计报表。

注：在园儿童人数包含小学学前班人数。

以 2012 年为例，2012 年全区幼儿为 1 659 317 人，比上年增加了 216 798 万人，增长了 15.03%。其中，增加数量最多的是钦州市，比上年增加了 46 020 人，增长了 48.11%；其次是贵港市，增加数量为 32 839 人，增长了 24.72%。从全区来看，除防城港市有所减少之外，其他 13 个市的在园幼儿数均有增加，详见图 1.1。

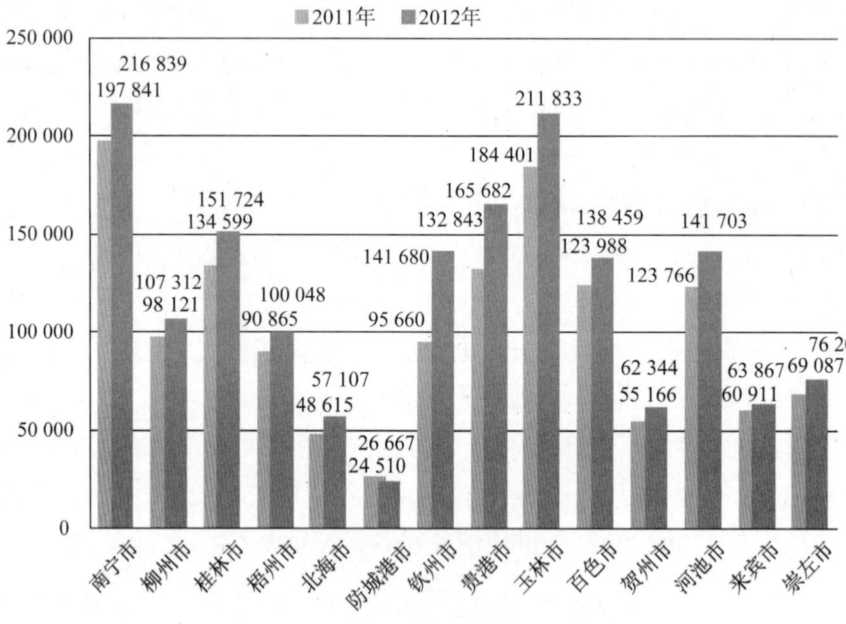

图 1.1 2011—2012 年广西各市在园幼儿数情况

数据来源：2011 年、2012 年广西教育事业统计报表。

2.学前教育收费缺乏规范管理，幼儿家长分担比例较高且分担较不平衡，公办幼儿园在数量上满足不了社会需要，缺失公益性

2011 年 12 月 31 日，国家发展改革委、教育部、财政部发布《幼儿园收费管理暂行办法》，规定幼儿园收费应该遵循“家长自愿，据实收取，及时结算，定期公布”的原则，不得与保育教育费一并统一收取。严禁幼儿园以任何名义向入园幼儿家长收取赞助费、捐资助学费、建校费、教育成本补偿费等与入园挂钩的费用，严禁以开办实验班、特色班、兴趣班、课后培训班和亲子班等特色教育为名向家长另行收取费用。

国家虽然有明文规定，但对于学前教育的收费仍缺少政策制约，无论公办园还是民办园，均出现了“变相收费”和“乱收费”现象，很多家长表示，“上幼儿园比上大学还贵”。如表 1.3 所示，2010 年广西农户家庭在教育上的支出占到家庭总收入的 5.28%，间接地说明教育在家庭支出上占据较大的比例。

表 1.3 主要年份农户平均每人生活消费支出

项目	2008 年	2009 年	2010 年
平均每人生活消费支出(元)	2 985.03	3 231.14	3 455.29
食品消费	1 594.67	1 572.82	1 675.41

续表

项目	2008 年	2009 年	2010 年
衣着消费	91.19	91.82	110.46
居住消费	535.45	677.92	692.51
家庭设备、用品及服务	124.01	157.93	192.77
医疗保健	154.32	205.16	228.99
交通通讯	261.85	275.57	310.30
文教娱乐用品及服务	172.73	192.54	182.55
其他商品和服务	50.81	57.37	62.30

数据来源：2008 年、2009 年、2010 年广西教育事业统计报表。

一直以来，广西的教育财政投入主要是针对城市少数的公办幼儿园。从幼儿园的办学条件上来看，公办幼儿园的教学质量较好，教师素质较高，教学队伍也相对稳定，大多数的家庭都倾向于把孩子送到公办幼儿园就读。数据显示，2011 年广西全区的幼儿园有 6 208 所，其中公办的幼儿园有 551 所，仅占全区总数的8.9%，这与广大人民群众对于教育的需求大相径庭，如表 1.4 所示。公办幼儿园质量高、数量少，因此引发了“收取赞助费”等一系列抬高门槛的现象。更有甚者，即使交了高额的赞助费，也不能进到理想的公办幼儿园。公办幼儿园的公益性和普惠性难以体现。

表 1.4　2011 年广西各市公办幼儿园数量及在园人数情况

地区	幼儿园数量(所)	公办幼儿园数量(所)	在园人数(人)	在园人数 (不含附设班)(单位：人)
广西	6 208	551	1 442 530	836 262
南宁市	1 080	80	197 841	148 728
柳州市	457	31	98 121	72 608
桂林市	554	83	134 599	81 608
梧州市	320	21	90 865	46 154
北海市	178	24	48 615	30 656
防城港市	109	15	26 667	15 005
钦州市	97	45	95 660	22 133
贵港市	393	6	132 843	53 945

续表

地区	幼儿园数量(所)	公办幼儿园数量(所)	在园人数(人)	在园人数 (不含附设班)(单位：人)
玉林市	755	44	184 401	102 102
百色市	847	93	123 988	89 632
贺州市	240	13	55 166	29 723
河池市	284	25	123 766	49 947
来宾市	489	40	60 911	44 602
崇左市	405	31	69 087	49 419

数据来源：2011 年广西教育事业统计报表。

3.民办幼儿园的教育质量有待进一步提高

在 20 世纪 90 年代以前，幼儿园几乎是国有化的，大多数的幼儿园都是公办的、集体的，各类行政单位和集体单位也都有各自的幼儿园。但随着政府部门和事业单位的社会化改革，很多单位的幼儿园都被迫关闭。近年来，随着流动人口的不断增长，对于学前教育的需求也在不断上升，这使得民办幼儿园成为主要的学前教育供应主体。由于区级政府没有对民办学前教育给予适当的财力支持，民办幼儿园的运作则主要依赖于举办者的投资以及学费。幼儿园教育资源严重供不应求，完全处于买方市场时，当幼儿教育成为一种产业，供求的价格杠杆作用就开始显现。[①]不同地区的幼儿园或相同地区的民办幼儿园，在教学设施、学习环境以及师资力量上面出现参差不齐的状况，环境较好的幼儿园凭借较好的条件向家长收取高额的费用，这些都造成了很多不良的社会影响。

2009 年至今，每年都有民办幼儿园发生“校车安全事件”，其中很多的民办幼儿园甚至不具备办园资质，是未经过教育部门审批的无牌照园，靠收取较低的学习费用吸引生源。可见，民办幼儿园在存在质量问题的同时，也因缺乏有效的监督和管理而隐患重重。

4.农村学前教育发展在数量和软硬件设施条件方面较为滞后

农村学前教育是基础教育的基石，而均衡的办学条件是实现区域教育均衡发展的基础。随着国民素质的不断提升，学前教育在农村的越发显得重要。从数据上来看，政府的财政投入大多偏向城市，对于农村的学前教育投入力度较为单薄，如表 1.5 所示。

① 张玲.我国学前教育中的政府责任与成本分担机制研究[D].长沙：湖南师范大学硕士学位论文，2011.

表 1.5 2011 年广西各市学前教育生均教育公用经费（单位：万元）

省(区、市、县)	幼儿园			其中：农村幼儿园		
	上年	本年	增减(%)	上年	本年	增减(%)
广西壮族自治区	480.22	582.75	21.35	227.75	276.33	21.33
南宁市	847.30	958.06	13.07	299.04	395.75	32.34
柳州市	611.24	667.20	9.16	261.55	240.04	-8.22
桂林市	1 162.42	1 094.97	-5.80	510.87	583.00	14.12
梧州市	259.24	321.53	24.03	174.23	215.43	23.65
北海市	368.10	616.54	67.49	256.98	388.50	51.18
防城港市	716.50	697.69	-2.63	542.40	437.41	-19.36
钦州市	414.51	441.85	6.60	310.63	307.05	-1.15
贵港市	91.91	110.93	20.69	54.58	66.90	22.57
玉林市	356.81	402.52	12.81	267.51	242.07	-9.51
百色市	1 044.62	1 362.20	30.40	341.97	756.11	121.10
贺州市	392.35	594.73	51.58	227.62	224.30	-1.46
河池市	671.96	687.58	2.32	284.84	317.48	11.46
来宾市	902.88	1 136.23	25.85	851.27	665.04	-21.88
崇左市	579.34	1 052.58	81.69	199.36	433.66	117.53

数据来源：2011 年广西教育事业统计报表。

由于我国城乡二元结构的特殊发展框架，学前教育的发展思路也倾向先城市后农村的方向，农村的幼儿教育也以家庭教育为主，这与正规的学校教育所达到的效果相差甚远。由于公办幼儿园与社会需求间的矛盾，农村的幼儿园也以民办幼儿园为主，但是农村的民办幼儿园与城市的民办幼儿园处于两个极端，很多农村的民办幼儿园的校区多采用民房，且未经过改造，办学条件简陋，师资力量薄弱，安全教育更无从谈起，这些问题严重影响了学前教育的教育质量。

5.学前教育的师资水平不高，存在无职称的现象，教师队伍水平较为落后

近年来，随着学前教育儿童的不断增长和教育规模的不断扩大，幼儿教师的需求数量也在不断增加，这对教师的师资水平来说是个挑战。学前教育的特点之一是先保育后教育，对于教师的学历等资质的要求较其他层次的教育有所不同，所以在教师需求增加的时候，很多不具备教师资格的人员进入学前教育机构，造成很多

学前教育教师无职称的状况,教师队伍水平落后。

(三)广西学前教育中存在问题的原因分析

1.在法律方面,学前教育缺乏相应的法律保障和政策规范

继2011年中央政府颁布的《国家中长期教育改革和发展纲要(2010—2020年)》之后,为响应国家的号召,广西壮族自治区各级政府积极贯彻《广西学前教育三年行动计划(2011—2013年)》,努力筹措资金,使得广西学前教育的规模和普及水平有了很大程度的提高。但是,城乡、区域以及教师的学历水平方面仍存在着较大的不足,学前教育的发展仍然需要更大的推动力。此外,学前教育处于教育立法较低的层次,相关的法律法规无法在经济和社会体制转型的同时给予同步的支持,因此,不能全面地解决学前教育发展中出现的各种问题。同时,学前教育的实体法律在设置上没有考虑各级政府教育资源配置的承担能力,使得政府出现了再努力也达不到预期目标的状况,损害积极性的同时带来了消极的机会主义倾向。①

另外,对于学前教育中规范政府行为的惩罚措施也较为薄弱,尤其是在教育投资方面。教育法律虽然规定了政府应该达到某种目标,但是没有规定若达不到目标应承担怎样的责任。例如,校车是幼儿园的基础设施,而基础设施的好坏直接影响到幼儿园的等级水平,很多幼儿园为了完善自身的硬件设施完成目标,按要求配备校车。但是配备何种质量的校车,若无校车应怎样评定,都成为"灰色地带",法律的缺失成为学前教育发展的盲点。此外,还有很多源于历史的遗留问题,诸如政府投入、教师资历等问题,一直处于未解决的状态。

2.在经费投入方面,学前教育经费总体投入不足,同时教育资源分配不均

一直以来,教育发展主要依赖国家的经费投入,但是国家的经费投入主要用于普通教育,中央财政并没有专项经费用于学前教育,而学前教育是否应该纳入普通教育的范畴是近年来学者们争相讨论的话题。就目前的状况来看,学前教育因其是非义务教育且没有专项经费而发展缓慢,学前教育经费的主要来源依旧是学费,这也对幼儿的家庭造成了一定的负担。

学前教育在得不到国家经费支持的同时,还出现了教育资源分配不均的状况。这种资源不均不仅仅表现在城乡之间的巨大差别,还表现在公办幼儿园和民办幼儿园之间的差距。当前教育投资主要是以县为主,很多学前教育的政府投入少之又少,学费对于学前教育的建设支持明显不足,致使教育资源在分配上出现不公,

① 旷乾.教育资源配置中的政府与市场——基于中国现状的分析[M].南宁:广西教育出版社,2007,第190页.

城乡学前教育差距显著。

此外,政府对于学前教育的资源投入也存在计划过高而难以实现的状况。大多数的教育计划在制定的时候多数使用的是社会需求法和人力预测法,很少使用教育的投资收益法,使教育资源的配置失去了均衡性。这种对学前教育事业认识的深度缺失,不利于学前教育的发展。

3.学前教育发展中政府责任有弱化趋势

学前教育具有公益性、福利性以及普惠性的特征,而在20世纪90年代之后,以公办幼儿园为主的趋势逐渐改变,政府部门和事业单位的社会化改革,使得原本单位开办的幼儿园逐渐停办,部分幼儿园即使可以存续,也陷入了归属不清、自负盈亏的境地。政府在学前教育中的责任逐渐被弱化,减少了学前教育的教育资源,阻碍了学前教育的发展。

4.在师资方面,幼儿园教师准入制度缺失,政府保障不稳定

2008年广西共有幼儿园教师23 916名,其中大专以上学历的有11 934人,有职称者9 250人,这一状况到2012年有所改善,大专以上学历的专任教师人数增长了123.25%,增加了14 709人,年均增长22.24%;高中以下学历的(含高中)专任教师人数增长了52.01%,增加了6 232人,年均增长11.04%;具有高级以上职称的专任教师人数增长了21.44%,增加了673人,年均增长4.98%。

1995年的《教育法》中明确规定了幼儿园教师享受与中小学教师同样的政治和经济待遇。但在实际操作过程中,幼儿园教师的经济收入和社会地位明显低于小学教师。从幼儿园教师培训上来看,2012年广西幼儿园专任教师校级培训所占比例最高,其次是县级培训,省级培训和国家级培训所占份额相对较少。从培训时间上看,校级培训的时间也最长,其次是县级和地市级培训。国家级培训中,三个月以内和一年及以上的比例相对较高。

由此可见,全区幼儿园教师的待遇普遍较低。而教师资格认证的管理缺位,不仅仅会导致教师队伍的不稳定,还会对学前教育的发展产生负面影响。

二、广西学前教育中的政府责任

近年来全区学前教育的整体情况说明,政府对学前教育的投入水平较低,使得学前教育处于国家教育财政结构的边缘地带。如何保证学前教育顺利发展,政府所扮演的角色和承担的责任显得越发重要。

（一）广西学前教育中政府责任的理论依据

1.公共物品理论

公共产品是与私人物品对立而生的，它是指具有共同消费性质的产品与服务，具有消费的非排他性和消费的非竞争性（纯公共物品），但在现实中不存在绝对的纯公共物品，而准公共物品是大量存在的，且具有外部性的特征。王善迈（2000）认为，从公共产品具有正的外部性出发，教育具有巨大的经济效益，是一种具有正外部效应的准公共产品。罗家君（2007）根据公共产品的效用不可分割性、消费的非竞争性以及受益的非排他性，将幼儿教育判定为公共产品，且认为幼儿教育具有正的外部性。郭巧丽（2009）认为，教育产品属性问题的界定是建立在公共产品理论基础之上的。欧伟祥（2011）认为，教育具有私人产品的特征的同时，也具有正外部性的特征：教育能促进技术进步，提高公民个体素质，有助于减少犯罪，减少国家行政管理成本，降低社会交往的交易费用。而且这种正外部性具有公共产品的特性，因此，教育属于准公共产品。陈桔红（2011）认为，幼儿教育是典型的具有正外部性效益的产品，对人的长期发展有着积极的效应。

2.成本分担理论

教育成本分担理论最初是由约翰斯通在高等教育领域提出的，在他的著作《高等教育的成本分担：英国、德国、法国、美国的学生财政资助》中，对成本分担理论有详细的论述。王善迈（1996）认为，教育成本是用于培养学生所消耗的教育资源的价值，或者说是以货币形式表现的、由社会和受教育者个人或家庭直接或间接支付的全部费用。靳希斌（1998）指出，按照市场经济的要求，受教育者个人、国家、社会共同分担教育成本的体制是必然趋势。教育成本的分担应坚持利益与能力原则，既要考虑受教育后所获得的经济和社会利益，又要考虑经济负担能力。叶勇玲（2007）认为，学前教育是小学教育的预备教育，个人受益明显大于社会受益，不属于公共产品范畴。因此，由受教育者的父母负担该阶段的非义务教育的成本是合理的。赵海利（2010）指出，成本分担机制包含三个主要问题：第一，需要分担的成本及其核算；第二，分担主体及其分担比例的确定，这里的分担主体只包括政府和个人，不考虑其他分担主体（事实上，其他分担主体，如社会捐赠在我国学前教育投入的作用非常弱）；第三，政府间的投入分工问题。田书梅（2011）认为，作为准公共产品的学前教育，其成本完全由家庭来负担是不合理的，在谁受益谁支付的原则下，政府应承担大部分。

3.公共选择理论

公共选择是非市场的集体选择，以“经济人”假定为分析工具，追求的是利益的最大化，关注的重点是政府或公共组织的管理活动。曾君荣(2002)认为，公共选择理论主张以市场这只“看不见的手”来克服公共部门的弊病，对政府机构进行市场导向的改革。通过市场机制的引入，更好地分担政府的经济负担，促进学前教育的发展。公共选择理论认为，在进行市场活动时，人们会产生“个人偏好”，在这一前提下，金珺(2007)认为，当人们必须在若干取舍面前进行选择时，更愿意选择那种能为自己目前或将来带来较多好处的方法。张妮妮、张聪(2011)认为，公共选择理论中的“经济人”假设为我国教育财政投入提供了富有启发性的思路，它便于人们(政府)以此为依据制定出有效的制度和政策，推动学前教育的发展。

(二)政府在学前教育发展中的责任

改革开放以前，我国的教育几乎都由政府举办，20世纪90年代开始才逐渐形成以政府办学为主、各种社会力量办学为辅的新体制。政府的职能主要包括经济调节、市场监督、社会管理和公共服务。公共服务就是提供公共产品和服务，包括加强城乡公共设施建设，发展社会就业、社会保障和科教文卫体等公共事业。随着社会化改革的不断深入，政府也逐渐由经济建设型转变为公共服务型的政府，而建设公共服务型政府也成为政府职能转变的基本目标。

1.政府作为教育规划制定者，应加快学前教育的立法，为学前教育发展提供法律保障

学前教育的首要任务是保育，其次是教育。幼儿时代的成长对人生起着至关重要的作用。教育立法是保证教育政策顺利执行、推进现代教育普及化的手段之一，也是管理和运行教育体制的重要调节措施。因此，加快学前教育的立法成为政府发展学前教育事业的根本责任。

在我国，还没有学前教育的专门法用于解决学前教育发展过程中出现的种种矛盾和问题。然而，很多发达国家都是以立法作为学前教育事业发展的保障的，如美国在1979年颁布了《儿童保育法案》，1990年又颁布了《儿童保育和发展基金法案》，英国在1989年颁布了《儿童保育法案》，用于保护儿童的合法权益。因此，加快学前教育的立法是迫在眉睫的问题。在立法的同时明确学前教育的公益性和福利性，强化政府作为教育规划制定者的责任，结合广西本区的实际情况保障适龄儿童权益的同时，也要立法保障学前教育教师的待遇和地位。

2.政府作为教育出资者,应加大学前教育的财政投入,多渠道筹措教育经费

近年来,我国的学前教育发展现状是投入少、资源配置不公平。目前,广西区的情况亦是如此,城市、乡镇和农村的公办幼儿园和民办幼儿园的政府经费少之又少,多数的学前教育经费主要投入对象是公办幼儿园,其他幼儿园的经费大多取自学费,自收自支,自负盈亏,这使得区内幼儿园发展、幼儿群体间存在巨大的差异。

因此,政府为了保证学前教育的顺利发展,首先要加大对学前教育的投入力度,这里所说的加大投入不是对重点的幼儿园进行投入,而是将部分资源投入到相对薄弱的地区和群体,用以补充和加强弱势地区学前教育的发展。其次,在本区学前教育的发展过程当中,不能只依靠政府的力量,还要依靠市场的调节。政府要按照广西区的市场价格和实际的价格计算出人均教育经费,并按照各个地区幼儿人数分配相应的经费。最后,政府要积极推行新型的教育经费投入模式。“教育券”的使用和推行就是比较容易实现的新型投入模式。“教育券”是指政府把用于学前教育的资金,通过券的形式分配到家长手中,家长用券支付孩子入园的一部分经费。这种方式不但有利于改变民办幼儿园的地位,还能够较为公平地分配教育资源,有助于学前教育的发展。

3.政府作为教育的监管者,应提高学前教育的质量,加强师资队伍的建设

教育的质量是教育的生命线。幼儿作为无完全行为能力的人群,学前教育的质量对于其性格和行为的形成有着巨大的作用。政府作为教育的监管者,要积极推进学前教育改革,建立学校和家庭共同参与的监督管理机制,充分利用社区资源,同时要吸收优秀幼儿园的经营经验,便于改进和创新。

教师是人类心灵的工程师。加强学前教育师资队伍的建设也是迫在眉睫的事情。除了要建立有稳定身份的学前教育教师机制之外,还要保障教师的各项权利,不断提高幼儿园教师的工资待遇,保障农村教师的收入。为了不断提升教师的素质,要定期对幼儿教师进行培训和专业技术的评选,建立培训基地和正常的奖惩机制,加强准入制度,强化教师队伍的建设。

三、构建合理的学前教育成本分担机制

学前教育的投入不足,不单单是政府一方的事情,也反映出全区可以利用的社会资源非常稀少,社会和家庭对于学前教育的投资非常有限。要想促进学前教育的发展,构建合理的成本分担机制,形成政府、社会、家庭多渠道筹措经费的体制便成为较为合理的选择。

学前教育成本分担机制是指由政府、社会和家庭共同承担学前教育的成本，多渠道筹措教育经费的机制。多方共同承担的机制能够有效地调动各方的教育资源，整合教育活动，促进发展。

（一）广西学前教育成本分担的现状

学前教育同其他层次的教育一样，都有其承担的主体。但由于国家缺少对学前教育的专项经费投入，其成本主要由政府、家庭、社会共同承担。而从成本分担的角度来看，学前教育出现了分担比例的问题，即在学前教育阶段政府、家庭和社会应分担的比例。以下是对广西学前教育成本分担现状的说明。

1.政府分担学前教育成本的现状

与其他教育相比，政府对于学前教育的投入较为不足，落后于其他教育。2011年广西学前教育国家财政性经费投入为 3 967 147.3 万元，而属于当地幼儿园投入的为 31 588.5 万元，仅占整体投入的 0.8%。到 2012 年，虽然政府对教育的投入有所增长，以武鸣县为例，2011—2012 年全县共落实学前教育基础设施建设财政资金3 116 万元，其中上级资金 2 419 万元、县级资金 697 万元。2011 年已按计划完成双桥、太平、甘圩、仙湖镇的 4 所乡镇中心幼儿园改扩建任务；2012 年已按计划基本完成锣圩、灵马、两江、罗波镇的 4 所镇中心幼儿园以及上江希望小学附属幼儿园等 10 所村级中心幼儿园的新建和改扩建任务。但是，对学前教育的投入仍显不足，如表 1.6 所示。

在各类教育中学前教育从政府获取的资源是较少的，政府的投入也是较低的，投入不足带来的后果除了影响教育公平之外，还给家长带来了沉重的经济负担。

表 1.6　2010 年广西各市幼儿园国家财政性经费投入情况

地区	国家财政性教育经费投入(万元)	当地幼儿园国家财政性教育经费投入(万元)	幼儿园国家财政性教育经费投入占当地教育国家财政性经费的比例(%)
广西	3 967 147.3	31 588.5	0.80
南宁市	527 138.2	3 189.4	0.61
柳州市	340 958.5	3 432.5	1.01
桂林市	344 970.2	5 896.6	1.71
梧州市	229 034.9	963.8	0.42
北海市	122 773.7	1 912.0	1.56

续表

地区	国家财政性教育经费投入(万元)	当地幼儿园国家财政性教育经费投入(万元)	幼儿园国家财政性教育经费投入占当地教育国家财政性经费的比例(%)
防城港市	76 677.1	777.3	1.01
钦州市	199 227.6	1 564.0	0.79
贵港市	248 941.1	407.6	0.16
玉林市	355 312.9	1 990.0	0.56
百色市	283 408.2	3 534.6	1.25
贺州市	142 101.7	1 158.6	0.82
河池市	265 301.3	3 120.4	1.18
来宾市	155 242.8	2 263.1	1.46

数据来源:《广西教育统计年鉴(2010)》。

此外,政府对幼儿园的投入除了经费不足之外,还存在投入分配不均的情况。政府把有限的资源大部分投入到示范性幼儿园或者公办幼儿园,乡村幼儿园和民办幼儿园则长期处于没有政府资金支持的状态。

2.个人家庭分担学前教育成本的现状

受教育者家庭分担了大部分的学前教育成本。学前教育的受教育者是无完全行为能力的幼儿,这就决定了学前教育不可能像高等教育一样由学生个人通过贷款等渠道分担学费,只能由家庭支付。

随着经济的不断发展,除食品外,教育在人均消费支出上占据较大的比例,如表 1.7 所示。在这一部分的比例中,除了部分公办幼儿园有政府补贴外,由于其他幼儿园政府补贴较少,学前教育的成本,几乎都由幼儿家庭承担,因此,引发严重的收费问题。

表 1.7　2010 年各市城镇居民家庭人均年消费支出

项目	家庭人均全年消费支出(元)	食品(元)	教育(元)
南宁市	12 336.83	4 788.83	458.39
柳州市	11 318.03	4 484.38	375.11
桂林市	11 477.46	4 765.00	601.27
梧州市	10 997.90	4 789.05	417.11
北海市	11 695.40	5 159.59	406.84

续表

项目	家庭人均全年消费支出(元)	食品(元)	教育(元)
防城港市	10 697.65	4 348.20	278.44
钦州市	10 594.16	4 600.85	413.33
贵港市	10 374.61	4 110.48	440.06
玉林市	10 716.42	4 096.00	389.00
百色市	10 297.14	3 817.55	530.13
贺州市	9 791.44	3 790.32	400.18
河池市	9 773.37	3 966.95	328.13
来宾市	11 461.58	4 033.46	552.62
崇左市	9 438.07	3 810.31	294.42

数据来源：2010 年广西教育事业统计报表。

3.社会分担学前教育成本的现状

社会所分担的教育成本主要包括社会捐助、社区分担以及校办产业收入等。广西除公办幼儿园有自己相关的产业收入外,其他的幼儿园几乎没有自己的校办产业,同时也由于缺少社会重视,导致社会所分担的学前教育成本比例极小。

(二)明确政府责任，构建合理的学前教育成本分担机制

1.加强学前教育的财政立法,保障学前教育的公益性

针对当前学前教育出现的诸多问题,应尽早建立和完善学前教育法律体系。首先要明确政府对学前教育投入的比例,通过立法来保障学前教育经费的来源。其次是保障幼儿的合法权益,要规范幼儿园的办学条件和管理,监督幼儿园课程和其他活动的同时,严格审查幼儿园的师资,从内部对学前教育进行管理。最重要的是,平衡学前教育的教育资源,让更多的幼儿园享受较好的教育资源,给幼儿提供公平合理的享受优质教育的机会。

2.以政府为主体,加大财政性教育投入,提高学前教育经费的使用效率

约翰斯通认为,采用计量经济学的方法,利用财政资助,对中等或中等以上收入家庭的学生影响甚微,可是却对低收入家庭的学生入学产生了极大的负面影响,而增加以需求为基础的资助会部分抵消这种不利影响。①

因此,政府要增加整体教育资源量,逐步建立和完善以政府为主导的公共服务

① D.B.约翰斯通.高等教育财政:问题与出路[M].沈红,李红桃译,北京:人民教育出版社,2004.

体系,及时提供足额的教育资源,保证教育活动能正常进行。在保证城市学前教育发展的同时,重视农村学前教育的供给,关怀贫困地区的幼儿,给予他们合适的幼儿教育,在保障幼儿受教育的同时,保障幼儿的安全。对于教师也要给予足够的支持,从物质上到精神上,从职前资格审查和培训,到职后教师素质的提升,保持教师队伍的稳定。

保持教师队伍稳定的关键在于培养职业化的教师。学校必须招募和培养真正职业化的教师①,这不仅为教师的相互尊重打下基础,鼓励他们的合作精神和团体化,还可以促进教师之间关于教学方式、教学态度等方面的交流与沟通,促进学前教育高效运作。

除此之外,全区还存在着学前教育经费使用效率低下的问题,对此,需要对学前教育机构的日常经费实行目标管理,审核开支的同时实行幼儿园项目竞标的方式增强幼儿园之间的公平竞争。②

3.确定学前教育的收费标准,按照家庭支付能力选择入学

从 2011 年广西各市城市幼儿园的收费情况来看,收费情况有很大的差距,最低的是河池市,平均值为 500 元/(生・年),最高的是柳州市,为 1 840 元/(生・年),两地相差 1 340 元/(生・年)。从数据来看,民办幼儿园的收费明显高于公办幼儿园,且大多超出了家庭的承受范围,如表 1.8 所示。

表 1.8 2011 年广西各市城市幼儿园收费情况[单位:元/(生・年)]

地区	实际收费						收费标准			
	公办			民办			公办		民办	
	平均值	最高	最低	平均值	最高	最低	最高	最低	最高	最低
广西	1 840	3 400	280	6 990	13 600	380	3 400	280	13 600	380
南宁市	1 575	2 700	450	3 060	5 520	600	2 700	450	6 000	600
柳州市	1 840	3 400	280	7 000	13 600	400	3 400	280	13 600	400
桂林市	1 778	3 055	500	6 500	12 000	1 000	3 055	460	12 000	1 000
梧州市	1 800	2 000	1 600	1 500	1 680	1 320	2 000	1 500	1 920	1 200
贵港市	600	600	600				600	600		
河池市	500	600	400	400	420	380	600	400	500	380

① [美]约翰・E.丘伯,泰力・M.默.政治、市场和学校[M].蒋衡,等译.北京:教育科学出版社,2003,第 96 页.

② 蔡迎旗.幼儿教育财政投入与政策[M].北京:教育科学出版社,2007,第 221 页.

续表

地区	实际收费						收费标准			
	公办			民办			公办		民办	
	平均值	最高	最低	平均值	最高	最低	最高	最低	最高	最低
玉林市	845	950	740	2 300	4 000	600	950	740	4 000	600
百色市	1 304	1 304	1 304				1 304	1 304		
防城港	840	960	720	1 800	1 800	1 800	960	720	1 800	1 800
钦州市	775	1 550		925	1 850		1 550		1 850	
来宾市	1 400	1 600	1 200				1 600	1 200		
崇左市										
北海市	1 143	1 143	1 143				1 143	1 143		
贺州市	750	750	750				750	750		

数据来源：经 2011 年广西教育事业统计报表整理而得。

学前教育作为准公共产品，具有非营利性和非排他性的特殊特征，受教育的个体则成为学前教育中受益的主体，所以家庭承担教育的费用是合理的。家庭承担费用的主要形式是支付学费，家长从收入中负担这些成本，部分来自于储蓄存款，或是来自于未来的收入。这里的未来收入很可能是由于学费过高而给家庭带来的沉重负担。

因此，政府要根据各市的实际情况，制定相应的收费标准，加大对公办的创办力度。同时，面对民办幼儿园普遍暴利的情况，政府也应参照社会的平均利润对幼儿园投资者盈余的比例做出限定。①

4.鼓励社会团体捐赠助学，多渠道筹措经费

在高等教育中，对于出现的经费紧缺问题，最有影响力的建议是将提高效率与收入多元化结合起来，这种资金来源的多样化遵循着成本分担的基本思路：政府、家庭、学生、捐赠者和高校共同负担②，伯顿·克拉克称之为“第三条渠道”。

同样，这“第三条渠道”也适用于学前教育的成本分担，“民办公助”不失为一个好的方式。自上而下地说，政府要通过保障合理用地、减免税费等方式，支持民办幼儿园的发展，还要鼓励社会力量捐资助学，设立专门的学前教育民间组织，采

① 张玲.我国学前教育中的政府责任与成本分担机制研究[D].湖南师范大学，2011.

② [美] D.B.约翰斯通.高等教育财政：问题与出路[M].沈红，李红桃译，北京：人民教育出版社，2004，第 158 页.

取政府购买服务、以奖代补、派驻公办教师等方式，引导和支持民办幼儿园提供普惠性服务。[①]

四、结语

经济基础决定上层建筑。要解决学前教育的发展问题，必须从根本上解决“入园难、入园贵”的窘境，构建以政府投入为主、家庭和“第三条渠道”承担为辅的财政路线。在教育成本分担的过程中，要从政府作为教育的投资者、监管者、引导者和教育规划制定者的角度出发，强化政府责任，分担家庭压力，多渠道筹措资金，限制消极的机会主义倾向，公平分配教育资源，为幼儿的成长创造优越的学习条件，促进学前教育的发展。

① 王元喜，唐彩云.关于学前教育经费保障机制问题的调研报告[J].教育财会研究，2011(4).

参考文献：

中文文献

[1]张玲.我国学前教育中的政府责任与成本分担机制研究[D].长沙:湖南师范大学,2011.

[2]旷乾.教育资源配置中的政府与市场——基于中国现状的分析[M].南宁:广西教育出版社,2007,第190页.

[3][英]杰夫·惠迪,萨莉·鲍尔,大卫·哈尔平.教育中的放权与择校:学校、政府和市场[M].马忠虎译.北京:教育科学出版社,2003,第97页.

[4] D.B.约翰斯通.高等教育财政:问题与出路[M].沈红,李红桃译.北京:人民教育出版社,2004.

[5][美]约翰·E.丘伯,泰力·M.默.政治、市场和学校[M].蒋衡,等译.北京:教育科学出版社,2003,第96页.

[6]王元喜,唐彩云.关于学前教育经费保障机制问题的调研报告[J].教育财会研究,2011(4).

[7]庞丽娟,韦彦.学前教育立法——一个重大而现实的课题[J].学前教育研究,2001(1).

[8]桂磊.关于财政性学前教育经费在幼儿园之间的分配问题[J].学前教育研究,2004(3).

[9]徐雨虹.对示范性幼儿园的作用与未来走向的思考[J].幼儿教育,2007(1).

[10]蔡迎旗,冯晓霞.政府财政投资幼儿教育的合理性——来自国外的教育经济学分析[J].比较教育研究,2007(4),第44—48页.

[11]沈百福.地方教育投资研究 [M].北京:北京师范大学出版社,2003.

[12]卢美贵、谢美慧.幼儿教育券——理论与实践 [M].台北:师大书苑有限公司,2001.

[13]罗嘉君.幼儿教育投资分析[D].南京:南京师范大学,2007.

[14]方钧君.基于教育券思想的政府投资幼儿教育政策研究[D].上海:华东师范大学,2007.

[15]徐雨虹.新制度经济学视角下的我国学前教育投资制度研究[D].上海:华东师范大学,2007.

[16]严冷,冯晓霞.学前教育作为人力资本投入的启示[J].中国教育学刊,2009(7),第12页.

[17]刘占兰.学前教育必须保持教育性和公益性[J].教育研究,2009(5).

[18]赵丽霞.中小学教育成本核算与管理[M].天津:天津教育出版社,2006.

[19]王晓云.学前教育成本与收费的调查研究[D].西安:陕西师范大学,2010.

[20]谭玉梅.当前我国幼儿教育发展的问题与对策[D].武汉:华中师范大学,2006.

[21]乔梁.我国社会转型中民办幼儿教育事业发展与政府职能转化问题的研究——社会正义视野[D].上海:华东师范大学,2005.

[22]冯晓霞,蔡迎旗,严冷.世界幼教事业发展趋势:国家财政支持幼儿教育[J].学前教育研究,2007(5),第3—6页.

[23]庞丽娟.中国教育改革30年(学前教育卷)[M].北京:北京师范大学出版社,2009,第40—50页.

[24]邵小佩.论和谐社会构建中的幼儿教育公平问题[J].当代学前教育,2009(1),第38—42页.

[25]马佳宏,王琴.我国学前教育成本分担问题研究[J].教育导刊(下半月),2010(3).

[26]施从美.村落宗族势力的复兴及其消解[J].学海,2002(1).

[27]金珺.从公共选择理论角度探讨我国教育经费的投资决策[J].江西教育科研,2007(8).

[28]唐晓萍.国际教育合作机制的理论探析[J].广西师范学院学报(哲学社会科学版),2007(2).

[29]庞丽娟,夏婧,韩小雨.香港学前教育财政投入政策:特点及启示[J].教育发展研究,2010(11).

[30]朱家雄.中国视野下的学前教育[M].上海:华东师范大学出版社,2007.

[31]虞永平.试论政府在幼儿教育发展中的作用[J].学前教育研究,2007(1).

[32]储小庆.幼儿园教育中政府责任的演变及趋向[J].当代教育论坛(宏观教育研究),2008(16).

[33]阎晗.西部农村地区学前教育经费短缺的原因及对策分析[J].当代教育论坛(宏观教育研究),2008(11).

[34]潘奇.论教育的外部性[J].湖南师范大学教育科学学报,2008(2).

[35]衣新.论教育的产品属性[J].现代商贸工业,2008(9).

[36]刘彦文,董岩.关于学前教育发展问题的思考[J].中国电力教育,2008(23).

[37]柳倩,钱雨.国际学前教育公共投入的国家行动计划比较研究[J].全球教育展望,2009(11).

外文文献

[1] David M.Blau. *The Child Care Problem: An Economic Analysis*[M].New York : Russell Sage Fundation,2007:4—13.

[2] Besharov, Douglas J. *Investing in Young Children Pays Dividends: The Economic Case for EarlyChild Care and Education, Testimony before the Joint Economic Committee, U.S. Congress* [J].American Enterprise Institute for Public Policy Research.15 pp,2007.

[3] Verry & Donald. *An Economic Framework for the Evaluation of Child Care Policy* [J].Gordon Cleveland and Michael Krashinsky University of Toronto at Scarborough. Finacing ECEC Services in OECD Counties,9—10.

[4] Hunter,Richard C. *Public School Adiministration and "Brown v. Board of Education and kid"* [J].Education and Urban Society,2009.

[5] Schw einhart,Law rence. *The High I Scope Perry Preschoolstudy through age 40: Summary, Conclusions,and Frequently Asked Questions.Retrieved*, 2006(4).

[6] Karine Tremblay. *Academic Mobility and Immigration* [J] Journal of Studies in International Education Fall.2005(9): 196—228.

[7] *University of Wisconsin-madison Institute for Research on Poverty. Inequality in America: What Role for Human Capital Policies.Focus*,2005,23(3):1—10.

专题报告二:高年级苗族小学生汉语文学习策略研究

韦克平[①] 韦兰明

摘要:为了探讨苗族小学生汉语文学习策略掌握和使用状况,本文采用自编的"小学生语文学习策略调查问卷",以整群随机抽样的方式,调查了广西壮族自治区隆林各族自治县德峨乡中心小学的五、六年级的学生。结果表明:边远地区苗族小学生汉语文学习策略水平总体高于临界值;学习成绩优异的学生其学习策略水平较高,学习成绩差的学生其学习策略水平较低;在性别、年级变量上苗族高年级小学生汉语文学习策略水平差异不显著。

关键词:苗族 小学生 汉语文 学习策略

一、问题的提出

学习策略是指学习者为了有效地提高学习成绩而采用的学习程序、规则、方法、技巧、手段和调控方式,它是人在学习时的心理操作过程。综观国内外学者的研究,大多认为学习策略包含了这几个方面的内容:元认知策略、认知策略和资源管理策略。学习策略对学习效果的提高有着十分重要的作用,这是研究者们得出的一致结论。

我国由56个民族构成,由于历史的原因,少数民族地区的教育发展水平相对落后于汉族地区,苗族地区的教育水平亦是如此。苗族人民多数聚居在我国西南山区一带,他们有自己的语言和风俗习惯,汉语文是他们的第二甚至第三语言。他们不像汉族地区学生那样,对汉语的掌握那么直接和自然,对他们而言,要学好汉语还是存在一定困难的。因此,研究苗族小学生汉语学习策略,帮助他们在学习中更好地掌握和使用学习策略,有效地提高苗族学生汉语文水平,其理论意义和实践

---

① 韦克平(1963—),男,壮族,广西忻城人,广西民族大学教育科学学院副教授,主要研究方向为民族教育、人格与心理健康。

意义都是十分重大的。

为了探讨苗族小学生汉语文学习策略掌握和使用状况，本文采用了自编的“小学生语文学习策略调查问卷”，以整群随机抽样的方式，调查了广西壮族自治区隆林各族自治县德峨乡中心小学的五、六年级学生。

二、研究方法

（一）调查对象和调查方式

调查对象为广西壮族自治区隆林各族自治县德峨乡中心小学五、六年级各一个班的学生，筛除其他民族学生后余下苗族学生共 135 人，其中五年级 65 人，六年级 70 人，而男生 74 人，女生 61 人，年龄均在 11 岁到 14 岁之间，他们都来自当地的农村。使用自编的“小学生语文学习策略量表”为工具，以整群随机抽样的方式进行调查，在班主任的协助下，由研究者发放问卷并提出相应的要求和说明，发放问卷 135 份，收回 135 份，有效问卷 135 份。该研究还对两位任课老师和 12 名学生进行访谈。

（二）研究工具

依据迈克卡等人的学习策略理论和对当地小学语文老师及部分小学生的访谈，并实地观察小学生课内外语文学习策略的使用情况编写了“小学生语文学习策略量表”。该量表由元认知策略、认知策略和资源管理策略三个维度构成。元认知策略包括计划与监控策略、调节策略；认知策略包括复述策略、精加工策略、组织策略；资源管理策略包括：注意与努力管理策略、求助管理策略、时间管理策略。量表由 40 个项目组成。总量表 Cronbach´s Alpha（克朗巴哈系数法）系数为 0.885，经结构方程模式分析，量表结构效度良好，各分量表对总量表的贡献均在 0.69—0.82，结构方程模型指数为：$X^2/df = 1.197$，RMSEA = 0.038；GFI = 0.97，AGFI = 0.93，NFI = 0.98，NNFI = 0.99，CFI = 0.99，IFI = 0.99，RFI = 0.96。这些指数均接近标准值，模型拟合良好。

量表采用李克特五级计分法，由“完全符合”“多数符合”“介于符合与不符合之间”“多数不符合”“完全不符合”构成，与此相对应计分的数值是 5、4、3、2、1，分数越高，策略运用越好。

（三）数据处理方法

数据由 SPSS 17.0 管理和分析，用 lisral 8.7 拟合模型指数。

三、研究结果

（一）苗族小学生汉语文学习策略使用的基本概况

表 2.1　苗族五、六年级小学生汉语文学习策略基本数据

	学习策略总分	认知策略	元认知策略	资源管理策略
$\bar{x}$±S	3.08±0.59	3.04±0.64	3.17±0.67	3.07±0.68
评定值小于 3 的人数和比例	50，37	59，43.7	55，40.7	51，37.8
评定值等于 3 的人数和比例	7，5.18	5，3.7	8，5.9	5，3.7
评定值>3 的 n 和 %	78，57.8	71，52.6	72，53.3	79，58.5
N	135	135	135	135

如表 2.1 所示，苗族五、六年级小学生汉语文学习策略总分、认知策略、元认知策略、资源管理策略的均值略高于临界值 3。进一步的分析发现，在学习策略总分、认知策略、元认知策略、资源管理策略上评定值小于临界值 3 的人数和比例分别为 50 人和 37%、59 人和 43.7%、55 人和 40.7%、51 人和 37.8%。评定值等于 3 的人数和比例分别为 7 人和 5.18%、5 人和 3.7%、8 人和 5.9%、5 人和 3.7%。评定值大于 3 的人数和比例分别为 78 人和 57.8%、71 人和 52.6%、72 人和 53.3%、79 人和 58.5%。

（二）苗族五、六年级小学生汉语文学习策略的性别、年级和成绩等变量的差异分析

1.苗族五、六年级小学生汉语文学习策略的多因素方差分析

表 2.2　苗族五、六年级小学生汉语文学习策略的性别、年级、语文成绩变量的多因素方差分析结果

自变量	学习策略总分 Fsig	认知策略 Fsig	元认知策略 Fsig	资源管理策略 Fsig
性别	.280 .597	.414 .521	.165 .685	.195 .660
年级	3.332 .070	.591 .444	4.402 .038	1.097 .297
语文成绩	14.475 .000	5.293 .002	15.758 .000	15.563 .000
性别×年级	.030 .863	.054 .817	.305 .582	.429 .514
性别×语文成绩	1.509 .216	.354 .786	1.802 .151	1.469 .227

续表

自变量	学习策略总分 Fsig	认知策略 Fsig	元认知策略 Fsig	资源管理策略 Fsig
年级×语文成绩	24.202 .000	21.058 .000	19.773 .000	16.927 .000
性别×年级×语文成绩	.542 .654	1.048 .374	.918 .434	.617 .605

以性别、年级、语文成绩为影响变量分析它们在学习策略、认知策略、元认知策略和资源管理策略上的差异，结果如表 2.2 所示：语文成绩水平不同的学生对学习策略、认知策略、元认知策略、资源管理策略上的掌握和使用在统计学上有显著的差异。显著性水平为认知策略 $P<0.01$，学习策略、元认知策略、资源管理策略均为 $P<0.001$。不同年级与语文学习成绩之间有交互作用，显著性水平为 $P<0.001$。

2.苗族五、六年级不同成绩小学生汉语文学习策略的事后检验

表 2.3　苗族五、六年级不同成绩小学生汉语文学习策略的多重比较结果（Scheffe）

		优—良	优—中	优—差	良—中	良—差	中—差
策略总分	均差	0.199	0.368	0.580	0.169	0.381	0.212
	Sig	0.411	0.016	0.000	0.501	0.005	0.210
认知策略	均差	0.091	0.343	0.346	0.067	0.252	0.184
	Sig	0.933	0.067	0.008	0.605	0.044	0.119
元认知策略	均差	0.322	0.431	0.740	0.109	0.418	0.308
	Sig	0.147	0.016	0.000	0.869	0.012	0.078
资源管理策略	均差	0.020	0.485	0.684	0.464	0.663	0.198
	Sig	0.999	0.005	0.000	0.006	0.000	0.408

依据多因素方差分析结果进行事后检验，结果如表 2.3 所示：在学习策略总分上，成绩优异的学生与成绩差的学生、与成绩中等的学生对比，存在统计学差异，P 值分别为 0.001 和 0.05；成绩良好的学生与成绩差的学生对比有差异，P 值为 0.01；其他无差异。在认知策略上，成绩优秀的学生、成绩良好的学生与成绩差的学生对比，差异显著，P 值分别为 0.01 和 0.05；其他无差异。在元认知策略上，学习成绩优秀的学生与学习成绩中等的学生及学习成绩差的学生比较存在差异，P 值为 0.05 和 0.001；学习成绩良好的学生与学习成绩差的学生比较存在差异，P 值为 0.05。在资源管理策略方面，学习成绩差的学生与学习成绩优秀的学生及学习成绩良好的学生比较存在差异，P 值为 0.001，学习成绩中等的学生与学习成绩优秀的学生及学习成绩良好的学生比较存在差异，P 值为 0.01；其余无差异。

四、讨论

（一）高年级苗族小学生汉语文学习策略总体概况

苗族五、六年级小学生汉语文学习策略总分、认知策略、元认知策略、资源管理策略的均值略高于临界值3，最高为3.17，有超过半数（57.8%）的学生学习策略发展较好，不会使用学习策略或感到模糊不清的学生也有42.18%。由此可见，苗族高年级小学生的汉语文学习策略已有所发展，但还存在一定的差异，该结果与国内外学者们的研究结论基本是一致的。在小学高年级阶段，由于学习的不断深入、知识的不断增长、智力水平的提高，以及教师对学习策略的指导，在学习过程中部分学生通过自己的不断摸索、实践，总结了一套适合自己的学习策略，而另外一部分学生由于受多方面条件的限制，汉语文学习策略的掌握和使用还停留在较低的水平。

针对苗族高年级小学生汉语文学习策略的掌握情况而言，虽然有超过半数的学生的学习策略水平高于平均值，但还有42.18%的学生没有掌握汉语文的学习策略，也就是说，还有近半数的学生的学习策略还未得到应有的发展，这应该是我们要加以注意的。

（二）性别、年级和学习成绩不同的苗族小学生汉语文学习策略概况

多因素方差分析和事后检验的结果显示，男、女生及不同年级学生间汉语文学习策略的掌握和使用没有任何差异，交互作用也不明显；而学习成绩不同的学生间汉语文学习策略的掌握和使用有明显的差异，且在年级和成绩间有交互效应，即学习成绩好的学生其学习策略的掌握和使用就好，学习成绩差的学生其学习策略的掌握和使用就差。这和国内相关研究所得的结论完全一致。它说明学习策略直接影响学生学习成绩的优劣。

学习策略的生成与发展和学生的智力水平、知识基础、学习动机、教师的教学经验、教学策略、教学信息的反馈调节等因素有着密切的联系。智力水平高、知识基础雄厚、学习动机强烈的学生会克服种种困难去寻求能尽快大量获取知识的手段、方法和技巧。他们也更善于通过对教师日常内容讲解的推理、判断与自己解题经验的总结中形成一套行之有效的学习策略。教师丰富的教学经验、得当的教学策略、准确的教学信息的反馈调节，则有利于学生通过练习同化或内化成为自己的学习策略。

五、结论与启示

（一）结论

苗族高年级小学生汉语文学习策略的掌握和使用状况是：

第一，边远地区苗族小学生汉语文学习策略水平总体略高于临界值，有超过半数的学生能自如地使用学习策略，但还有近半数学生还未懂得如何使用学习策略来提高自己的学习成绩。

第二，学习成绩优异的学生其学习策略水平较高，学习成绩差的学生其学习策略水平较低。

第三，高年级苗族小学生学习策略的掌握和使用在性别、年级之间不存在统计学上的显著差异。

（二）启示

边远少数民族地区苗族小学生的汉语文教学一直是任课教师最头疼的事情，相对而言，教师们更愿意教数学等其他学科，其中主要原因就是前者不易出好成绩。这和苗族小学生学习汉语文的特点有着极为密切的关系。边远地区的苗族小学生从出生到上小学的这段时间里，在日常生活和人际交往中所使用的多是苗语，上小学时才接触到汉语，汉语成为他们的第二、第三或是第四语言（在广西壮族自治区隆林县很多人会三四种语言，最多的会九种语言）。因为受其母语或其他语言的影响，他们学习汉语就感到特别困难。这就给教师的教学带来了更大的困难。因此，这就要求苗族地区的汉语文教师一定要注重汉语文学习策略的教学，并依据每个学生的认知特点加以有效的指导，这样才能更好地在汉语文教学过程中帮助苗族小学生掌握和使用学习策略，提高汉语文的水平。

参考文献：

[1][美]德里斯科尔.学习心理学:一种面向教学的取向(第三版)[M].上海:华东师范大学出版社, 2008,第7页.

[2]侯杰泰,温忠麟,成子娟.结构方程模型及其应用[M].北京:教育科学出版社, 2005,第12页.

[3]易丹辉.结构方程模型方法与应用[M].北京:中国人民大学出版社,2008,第4页.

[4]刘滨.高职学生学习策略特点的初步研究[J].心理科学杂志,2010(1):247—249.

[5]刘电芝,黄希庭.学习策略研究概述[J].教育研究,2002(2):78—82.

[6]张向葵,张林,王颖.中学生学习策略应用特点的研究[J].心理与行为研究,2003(2):110—115.

专题报告三:高校贫困生学业成就研究——以广西大学为例

李　露[1]　唐　银

摘要:贫困生是高校学生中一个不容忽视的特殊群体。由于家庭背景、成长环境、物质条件等因素的影响,高校贫困生群体的学业状况具有一定的特殊性。本研究运用"NSSE-China"作为调查工具,以广西大学贫困生群体为研究对象,通过问卷调查、个人访谈等研究方法,研究该群体的学业成就现状和水平,发现贫困生在学习各环节上与非贫困生的差异,从学生个人和学校两个维度分析影响贫困生学业成就的因素,并提出相应的对策与建议。

关键词:高校贫困生　学业成就　NSSE-China

近年来,随着高校的不断扩招,高校贫困生的规模日益扩大,问题日渐凸显,对此,国家给予了高度重视,社会各界、高校自身也极为关注。由于家庭背景、成长环境、物质条件等因素的影响,贫困生群体的学业状况必然具有一定的特殊性。教育部公布的2013年工作要点中指出,要进一步完善学生资助政策,完善国家助学贷款管理政策。有鉴于此,本研究选用"NSSE-China"问卷在广西大学贫困生群体中展开调查,掌握了该群体的学业成就现状,从学习过程的视角,以及学生个人和学校两个维度来分析造成这一现状的原因,寻找帮助贫困生群体提高学业水平的方式和途径,以期为提高学校的教育质量和管理水平提供依据。

一、核心概念界定

(一)高校贫困生

《国家教委、财政部关于对高等学校生活特别困难学生进行资助的通知》(教财〔1993〕51号)中将高校贫困生定义为"在普通高等学校学生中,由于家庭经济困

---

① 李露,女,广西大学教育学院教授,教育学博士,主要研究方向为教育经济与教育管理。

难,就学期间无力支付教育费用,或支付教育费用困难的学生”。该定义里的“教育费用”主要指为学费、住宿费、教材费和生活费等。其中,高校贫困生通常又分为特别贫困生和一般贫困生,“无力支付教育费用”的学生为特困生,“支付教育费用困难的学生”为一般贫困生。

(二)学业成就

学生学业成就是学校的教育结果之一,它反映了学生的学习适应情况、掌握知识的水平、学习能力等,是对学生进行甄别、分类和筛选的重要依据。本研究将学业成就概括为学生在学校中经过学习和训练所得的收获,包括专业知识、技能、思想政治素养、沟通、组织、管理以及实践等方面能力的发展。

(三)NSSE 和 NSSE-China

NSSE 是“全美大学生学习性投入调查(National Survey of Student Engagement)”的简称。该调查以美国印第安纳大学为主导,2000 年正式启动。它以乔治·库教授设计的调查问卷为工具,通过学生自我报告的形式,测查学生在有效学习中投入的时间、精力和收获的效果,以及学校在吸引学生参与学习方面做了哪些工作,以此评估高校教育质量。2007 年,印第安纳大学的海迪·罗斯教授、博士候选人岑逾豪、清华大学罗燕副教授等学者一同将 NSSE 进行了汉化,即 NSSE-China。经翻译修订和文化适应后,中文版问卷信效度良好。2009 年至今,清华大学主持了“中国大学生学习与发展追踪研究”课题,以 NSSE-China 问卷为工具,在全国几十所高校展开调查,广西大学连续多年受邀参加调查。

二、研究设计

(一)调查工具

本研究运用 NSSE-China 问卷“中国大学生自我报告 2010”[①]进行调研。NSSE

---

① 本研究基于广西大学参与的“中国大学生学习与发展追踪研究”课题 2010 年度调查而展开,采用的问卷也为该课题组 2010 年版本的问卷。问卷分毕业班和非毕业班两个版本。其中,非毕业班问卷由 A、B 两部分组成,A 部分为学生的在学经验,共 28 题 122 小项,测查学生在学习生活多个环节中的参与程度、表现情况及自身看法,如课堂参与讨论、做口头报告的频率,主修课程是否强调记忆、分析、判断等能力的培养和运用,与任课老师、同学交流的情况,是否参加社区服务或志愿者活动等;B 部分为学生的背景信息,共 39 题,包括性别、民族、年龄等人口学统计信息、家庭情况、父母受教育程度、中学表现等。毕业班问卷分 A、B、C 三个部分,A 部分有 18 题 99 小项,调查学生的在学情况,内容与非毕业班问卷大致相同;B 部分有 33 题 65 小项,了解学生的毕业动向,如未来规划、是否读研、就业期待、找工作情况等;C 部分共 36 题 137 小项,测查学生的背景信息。

问卷的 A 部分按测量角度的不同，划分为五大指标，分别是“学生的学业挑战程度(LAC)”“主动合作学习水平(ACL)”“生师互动情况(SFI)”“学生教育经验丰富程度(EEE)”和“校园环境支持度(SCE)”。“中国大学生学习与发展追踪研究”课题组根据我国院校的教育环节，将中文版问卷题项重新组合，建立了七个教育过程评价指标，包括“课程的教育认知目标”“对课程要求的严格程度”“课程学习行为”“课程外拓展性学习”“向学/厌学”“自我报告的教育收获”“对学校的满意度”等。

采用 NSSE-China 问卷对广西大学贫困生群体展开调查，既能全面掌握贫困生在学习各环节的表现情况，从而了解他们的学业成就水平，又能将他们的状况与学校非贫困生群体进行比较，分析其中的差异及造成差异的原因。

（二）研究样本

2010 年广西大学在校全日制本科生为 22 843 人，本研究抽取的样本数为 1 600 人，每年级抽取 400 人，抽样方式为完全随机抽样，共回收 1 311 份有效问卷，有效率 81.94%。

在回收的 1 311 份有效问卷当中，有 484 份来自贫困生，占总体有效问卷的 36.92%，与广西大学本科贫困生在全体本科生中的比例基本一致[①]。本研究选取了这 484 名学生作为贫困生样本进行调查，其余学生则作为非贫困生样本。经检验，总体样本在性别、年级、民族等各项指标上的比例与广西大学本科生总体情况相符，贫困生样本则与学校贫困生群体总体情况一致，这表明两项样本均能够很好地代表总体，样本情况如表 3.1 和表 3.2 所示。

表 3.1　总体抽样情况

项目	人数(人)	百分比(%)	总计(人数)
性别			1 311
男	760	57.97	
女	551	42.03	
年级			1 311
一年级	386	29.44	
二年级	316	24.10	
三年级	277	21.13	

① 2010 年广西大学共有贫困生 8 587 人，占全体本科生的 37.59%。

续表

项目	人数(人)	百分比(%)	总计(人数)
四年级	332	25.33	
民族			1 311
汉族	914	69.72	
少数民族	397	30.28	
生源地			1 311
直辖市	22	1.68	
省会城市	109	8.31	
地级城市	244	18.61	
县城	239	18.23	
郊区农村	57	4.35	
农村	640	48.82	

表 3.2　贫困生样本情况

项目	人数(人)	百分比(%)	总计(人数)
性别			484
男	285	58.88	
女	199	41.12	
年级			484
一年级	159	32.85	
二年级	118	24.38	
三年级	118	24.38	
四年级	88	18.39	
民族			484
汉族	329	67.98	
少数民族	155	32.02	
生源地			484
城市	86	17.77	
县城	59	12.19	
农村	339	70.04	

（三）信效度检验

1.信度检验

表 3.3　问卷各个指标的内部信度

指标信度		
五大可比指标	LAC	0.70
	ACL	0.67
	SFI	0.85
	EEE	0.64
	SCE	0.79
教育过程分析诊断指标教育认知目标		0.75
课程要求严格程度		0.70
课程学习行为		0.70
课程外拓展性学习行为		0.62
向学/厌学		0.71
自我报告的教育收获		0.90
在校满意度		0.80

本研究采用 SPSS 17.0 对问卷进行检测，结果表明，除了 ACL、EEE 和“课程外拓展性学习行为”的信度在 0.6—0.7 以内，其余项目均高于或等于 0.70，可见问卷内部具有良好的信度。

2.效度检验

表 3.4　问卷五大可比指标的内部效度

	LAC	ACL	SFL	EEE	SCE
LAC	1				
ACL	0.56	1			
SFL	0.46	0.59	1		
EEE	0.38	0.40	0.53	1	
SCE	0.46	0.40	0.40	0.37	1

表 3.5 教育过程分析诊断指标间的内部效度

	CO-C	CR	SL	ELE	SWL	SSLO	SSTF
CO-C	1.00						
CR	0.64 1						
SL	0.660.79	1					
ELE	0.460.64	0.721	1				
SWL	0.470.62	0.61	0.50	1	1		
SSLO	0.51	0.59	0.58	0.56	0.66	1	
SSTF	0.39	0.46	0.44	0.38	0.55	0.51	1

注:CO-C 指课程的教育认知目标,CR 指课程严格要求程度,SL 指课程学习行为,ELE 指课程外拓展性学习行为,SWL 指向学/厌学,SSLO 指自我报告的教育收获,SSTF 指在校满意度。

经过 SPSS 17.0 的内部相关检测,问卷五大可比指标之间、教育过程分析诊断各指标之间的相关性均高于 0.3,表明相关水平显著。

三、广西大学贫困生学业成就现状分析

长期以来,我国对于学生学业成就评价指标都较为单一,过于注重对其考试成绩的考查,而我国高校培养目标在于塑造德智体美全面发展的人才而非应试高手。从这个角度出发,我们要全面评价大学生的学业成就,综合考查学生的专业水平、知识和技能收获、思想政治素养及沟通组织等多方面能力。因此,本研究在评估贫困生学业成就时,根据学业成就的定义,查阅了众多院校的具体评选标准,选取了"NSSE-China"问卷中的学习成绩、知识技能、获奖情况、政治面貌、沟通组织和管理能力、社会实践能力这六个指标为变量,调查贫困生在各项目中的表现。

(一)学习成绩

专业课程是一名大学生在校期间最主要的学习内容,专业课程的学习成绩在很大程度上反映了学生的学习效果和学业成就。

接受问卷调查的 484 位贫困生学习成绩排名情况如图 3.1 所示:

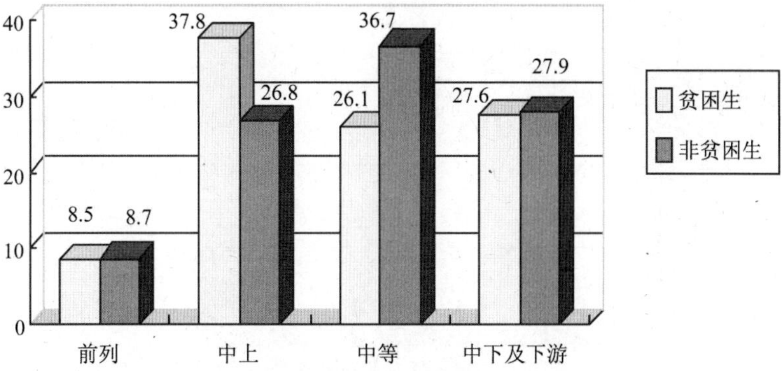

图 3.1　贫困生与非贫困生学习成绩对比

从数据上看，贫困生与非贫困生中成绩优异的学生比例相近，分别为 8.5%和 8.7%；贫困生中学习成绩处于中上游的学生比例比非贫困生高，分别为 37.8%和 26.8%；贫困生中成绩中等的学生比例则较非贫困生低，分别为 26.1%和 36.7%；贫困生与非贫困生中处于中下及下游水平的学生比例相当。由此可知，贫困生中近半数学生的学习成绩优异或者较好，但同样有超过一半的学生成绩平平或者较差。

（二）知识技能

在信息迅速膨胀、全球化进程不断加快的今天，英语和计算机能力的重要性日益彰显。各行业与国际交流的加深要求人们具备一定的外语水平，而办公自动化和网络的发展则要求人们必须熟练操作电脑。因此，外语和计算机能力是一名大学生必备的基本知识技能。

本研究调查了广西大学贫困生通过英语四级、六级和计算机一级的情况，分别有 39.2%、9.1%和 56.8%的贫困生表示自己已经通过英语四级、六级和计算机一级的考试，而非贫困生中，通过英语四级、六级和计算机一级的比例分别为 49.5%、14.8%、61.3%，均高于贫困生。

另外，不少学生为了给将来的就业增加砝码，会在大学期间考取一些与本专业相关或自己感兴趣、认为有价值的证书。在被调查的贫困生当中，1.8%的人获得了专业资格证书，如会计师、律师资格证等，8.3%的人考取了技能等级证书，这两项比例在非贫困生当中为 4.1%和 12%，稍高于贫困生。

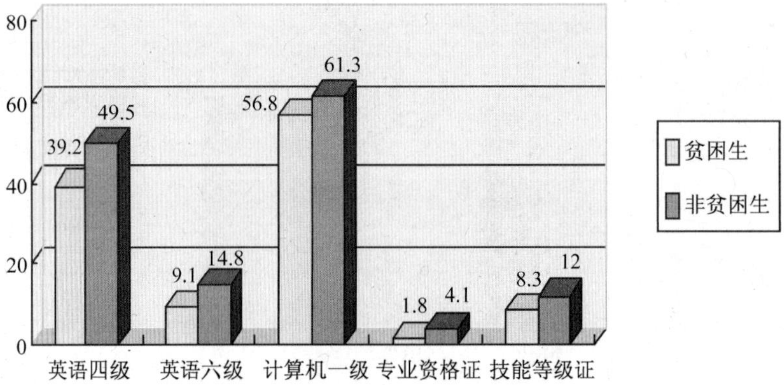

图 3.2 贫困生和非贫困生考取证书情况对比

（三）获奖情况

奖学金、三好学生、优秀干部等奖项的评选依据通常包括学习成绩、思想觉悟、日常行为表现、工作表现等。这一评定标准与本文研究的学业成就评价指标较为接近，因此，获得上述各类奖项的情况能在一定程度上体现一名学生的学业成就。各级各类竞赛的获奖情况则反映了学生的知识技能和竞争能力，同样能体现其学业成就的水平。

在各种评比和竞赛当中，有 42.9%的贫困生曾获得过学校一级的一般奖励，6.8%的人获得过市级或省级的竞赛大奖，3.3%的人获得过全国性大奖。在非贫困生当中，获得以上各类奖励的人分别占总调查人数的 31.9%、6.3%和 4.1%。对比发现，贫困生获得学校普通奖励的比例比非贫困生高，其他奖项则持平。一方面，由于学校有不少专门针对贫困生的奖助学金项目，不少贫困生因此获得奖励，而非贫困生则不能享受该奖项，因此贫困生获奖的比例较高；另一方面，这也反映了很多贫困生积极上进，学习态度端正，学习、生活行为表现良好，努力争取荣誉。

（四）政治面貌

高校在评价学生的思想政治觉悟时，一般将其是否入党作为一项重要依据，不少奖项的评选也会考察学生政治面貌，已入党的学生可以优先考虑或者得到加分。而大学生想要成为中共党员并不容易，通常只有能够起到先锋表率作用的、各方面都较优秀的学生才能经过层层选拔和考核加入中国共产党。因此，一名学生是否入党，能体现其思想、学习、工作、生活等方面表现的优劣。

被调查的贫困生与非贫困生政治面貌如表 3.6 所示，从数据上看，贫困生中党员的比例比非贫困生略低但相差不大，表明学生的入党意愿和积极性与其经济背景无显著关系。

表 3.6　贫困生与非贫困生入党情况比较

贫困生	人数	党员人数	党员所占比例	非贫困生	人数	党员人数	党员所占比例
非毕业班	396 人	43 人	10.86%	非毕业班	589 人	56 人	9.51%
毕业班	88 人	33 人	37.50%	毕业班	243 人	83 人	34.16%
总计	484 人	76 人	15.70%	总计	832 人	139 人	16.71%

（五）沟通、组织和管理能力

沟通、组织和管理能力是人们适应社会生存和发展所必备的能力。本研究通过考察学生参加学生组织及在其中任职的情况，以及他们的工作表现来衡量其沟通、组织及管理能力。

接受调查的贫困生中，有 36.1%的人表示他们曾经或正在学校学生组织中任干部或干事，15.9%的人打算参与学生干事、干部的竞选。而非贫困生中，37.4%的学生曾经或正在学生组织中工作，16.5%的学生打算参与竞选。

单从数据上看，贫困生与非贫困生参与学生组织的情况没有明显区别，但他们在工作风格和能力上却存在较大的不同。在工作风格方面，贫困生普通表现出踏实、肯干、勤奋、执行力强的特点，但是较缺乏应变能力和创新性，领导力不足，不敢提出异议。而非贫困生则处事较为灵活、擅长应变、敢于挑战权威、较有创新性，但却容易骄傲、散漫、情绪化和浮躁。在工作能力方面，贫困生的沟通、表达、组织、管理能力较非贫困生弱。

（六）社会实践能力

社会实践是沟通高校和社会的一座桥梁。参与社会实践，能够增加学生对社会的了解，锻炼实际动手操作能力，促进学生发现自身与社会需求的差距，有针对性地提高素质和能力。参与社会实践的情况逐渐成为高校和社会评价一名学生综合素质高低以及各行业招聘毕业生的重要考察指标。

在本调查中发现，贫困生参与社会实践、实习、调研的情况普遍不容乐观，只有 28.1%的学生参加过实习、实践或调研活动。

对于兼职和勤工俭学，很多贫困生为了缓解经济压力而非常乐于参加，但工作性质大多难度不大，不需要太复杂的程序和太高的能力，比如校内提供的助学岗位：办公室助理、饭堂员工、草地清扫员等，或是校外的餐饮店服务员、节假日传单派发员、家教等。

而在非贫困生当中,有39.6%的学生参加过各类社会实践、实习或调研活动,这一比例明显高于贫困生。调查发现,不少非贫困生乐于参与社会活动,其目的除了取得报酬外,更重要的是认识社会、融入社会、扩宽视野、丰富生活,并更直接地锻炼自己的多方面能力,提高综合素质。

四、广西大学贫困生学业成就的影响因素分析

本文所采用的调查工具NSSE问卷的理论认为:学生投入越多的时间和精力到有效的学习活动当中,将得到越好的知识、能力的发展,即取得越高的学业成就。同时,学校为学生提供越有利的条件,越支持学生的发展,充分吸引其参与学习活动,学生将会投入越多的时间和精力,从而取得更好的学业成就。因此,影响贫困生学业成就的因素,有来自贫困生个人的,也有来自学校的。

(一)来自贫困生个人的因素

1.经济问题影响学习时间和精力的投入

贫困生中70%的学生来自农村地区,他们面临着自然环境恶劣、生产经营方式单一、经济增长缓慢等严峻问题,而来自城镇的贫困生则大多身处社会中下层及下层阶级,处于收入少、地位低、开支高等困难境遇中。同时,贫困生中80%以上是非独生子女,家庭中多为两代或三代人共同生活,家庭成员较多而劳动力较少,家庭收入低而开支大。

家庭经济状况使得贫困生的大学生涯变得沉重,超过60%的贫困生通过向他人借款凑集学费,而超过40%的贫困生借助国家贷款才得以进入大学。入学后,只有少部分的贫困生能够依靠奖助学金支付日常生活学习开支,大部分学生的生活费由父母、亲戚提供。①

不少贫困生为了缓解家庭经济压力,在大学期间参加勤工助学或兼职打工赚取生活费,这无疑占用了很多时间。调查发现,贫困生参加勤工助学工作或者校外的兼职打工活动的比例为45%,明显高于非贫困生的30.1%。这些贫困生不得不放弃课外拓展学习机会,放弃一些社团活动、校内外运动或比赛以及娱乐休闲活动,以争取时间完成专业学习和兼职工作。同时,很多课程外拓展学习活动,如攻

① 数据来源:陈灿芬.高校贫困大学生现状研究[M].成都:西南交通大学出版社,2010.

读第二专业、参加外语培训、参加职业技能培训考试都需要较高的费用，这对本已经济拮据的贫困生而言是更为沉重的压力。因此，贫困生的课程外拓展性学习经历较少，见表3.7。

表3.7 贫困生与非贫困生参加课外拓展性学习的比较

	贫困生得分	标准差	非贫困生得分	标准差	T 值	P
课程之外和老师一起参与工作	19.28	22.41	23.95	26.24	−4.150	0.000 ***
参加社会实践或田野调查	31.73	46.60	39.62	48.95	−3.363	0.001 **
课程要求之外的语言学习	9.37	29.17	15.24	35.97	−4.001	0.000 ***
海外学习	2.28	14.94	2.57	15.85	−0.388	0.698
参加各类学术、专业或设计竞赛	14.76	35.51	15.29	36.02	−0.297	0.767
报考专业或技能	28.61	45.25	28.40	45.13	0.091	0.927
辅修第二学位/专业	11.14	31.50	14.34	34.77	−2.019	0.044 *

注：本研究所有图表中，* 为 $P<0.05$，** 为 $P<001$，*** 为 $P<0.001$.

如表3.7所示，贫困生在“课程之外和老师一起参与工作”“ 参加社会实践或田野调查”“课程要求之外的语言学习”和“辅修第二学位/专业”上的得分均低于非贫困生，其中，“课程之外和老师一起参与工作”和“课程要求之外的语言学习”两个题项得分的 T 检验 P 值均小于0.001，达到非常显著水平。无法参加课外拓展性学习在很大程度上影响了贫困生知识技能的丰富、视野的扩宽和综合素质的提高。

2.成长背景影响学习基础和能力

大多来自农村的贫困生从小生活圈子狭小，接触的人、事、物简单，长期受到落后农耕文化的影响，这对于他们心智的成长、潜能的开发都产生了较为不利的影响。进入城市读大学后，他们面临着传统与现代思维的冲突问题，常表现出怯生、迟缓、人际交往能力较弱、思想狭隘等特点。受生长环境和经济条件的限制，贫困学生大多就读于偏远落后地区的学校，这些学校的教育资源、硬件设备、师资力量、教育理念、教学和管理水平都无法同城市学校相提并论，致使贫困学生从小接受的教育质量都不如家庭境况好的学生，学习基础较弱，缺乏技巧。同时，贫困生们难有机会参加外语、计算机等技能培训，接触网络较晚，较少有机会参加各种兴趣、特长班，难以培养自身爱好和技能，更难以通过旅游和休闲娱乐活动来增长见识、开阔视野、陶冶性情。

在这样的环境中成长起来的贫困大学生，通常较为朴实和勤恳，深信通过学习能够改善生活现状，他们愿意投入大量的时间、精力在学习上，因而往往能够在专业课程上取得较好的考试成绩和不少的奖励，但他们的英语、计算机及其他技能水平较其他学生来说相对偏弱，兴趣特长较为缺乏。有的贫困生过分放大专业课程成绩的作用，认为专业课程是学业的全部含义，成绩优劣是判定个人优劣的唯一准则，因而他们在主观上常常只重视专业成绩的提高，忽视了课程外的拓展性学习，忽视了对自身多种能力的开发。在学生组织的工作当中，由于性格朴实，受到过较为艰苦的成长环境的磨炼，大多数贫困生表现出吃苦耐劳、勤奋、踏实肯干的优点，但因视野、观念和经历的局限，他们的表达、交流、沟通能力较弱，领导和管理方式欠佳，创新能力不足，批判思想缺乏。

3.自卑心理影响学习行为

贫困大学生较其他学生有着更为明显的自卑心理，这主要表现在过度内向、害羞，在众人面前感觉不自信，怯懦，表达能力较差，不擅长交流、沟通。在课堂上不敢发言、提问或做口头报告，不善于表达自己的观点，课下也不愿意与老师、同学交流学习问题，这对他们的学习造成了十分不利的影响。

表 3.8　贫困生与非贫困生课堂学习行为的比较

	贫困生得分	标准差	非贫困生得分	标准差	*T* 值	*P*
主动提问或参与讨论的频率	36.87	21.71	39.52	22.84	-2.430	0.016 *
积极回答或思考老师提问的频率	41.86	22.48	43.86	23.25	-1.771	0.077
做主题口头报告的频率	19.92	21.96	28.30	26.68	-7.588	0.000 ***
与同学合作完成课堂作业的频率	55.61	24.88	58.59	25.91	-2.379	0.018 *

如表3.8所示,贫困生在每一题项上的得分都低于非贫困生,除了“积极回答或思考老师的提问”一项上,T 检验的 P 值大于 0.05,不构成明显差异以外,其他三个题项均差异显著。尤其是“就某一主题做口头报告”,贫困生得分远低于非贫困生,P 值小于0.001,差异达到非常显著水平,该题中只有1.5%的贫困生选择了“很经常做口头报告”,4.3%的学生选择了“经常做口头报告”,44.9%的学生选择了“有时做口头报告”,48.5%的学生选择了“从未做过口头报告”;而非贫困生中4.8%的学生选择了“很经常做”,11.5%的学生选择了“经常做”,47.9%的学生选择了“有时做”,35.8%的学生选择了“从未做过”。很多贫困生表示在课堂上习惯于听教师讲授,不愿意在众人面前发表看法,担心因自身的表达能力或口音问题引起他人的嘲笑。

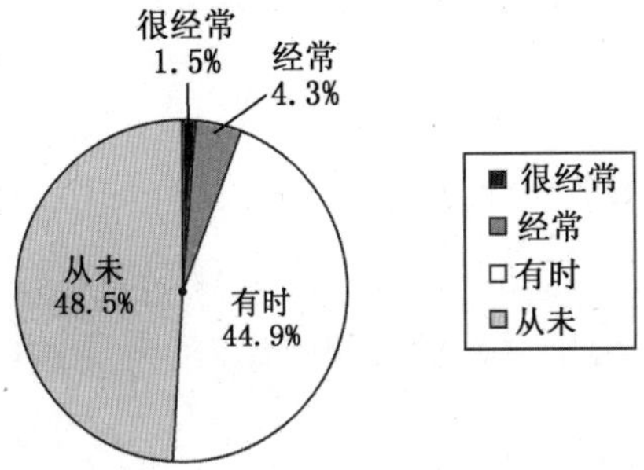

图3.3 贫困生做课堂口头报告的频率情况

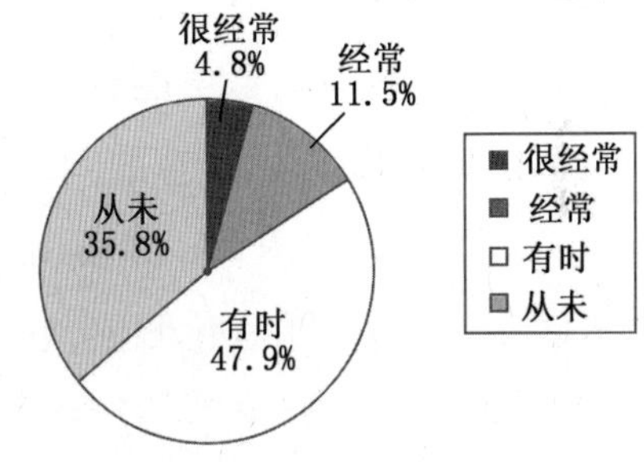

图3.4 非贫困生做课堂口头报告的频率情况

同时,贫困生也较少与其他同学合作学习,他们较倾向于独自完成学习任务。在“与同学合作完成课堂作业”一题上,贫困生中11.1%的学生选择了“很经常”,40.9%的学生选择了“经常”,42.1%的学生选择了“有时”,5.8%的学生选择了“从未”;非贫困生中17.5%的学生选择了“很经常”,44.3%的学生选择了“经常”,34.5%的学生选择了“有时”,3.7%的学生选择了“从未”。这一点也体现了不少贫困生性格较为内向、行为较为孤僻、不擅长交流的特点。

4.目标规划的缺乏影响主观学习态度

大部分贫困生拥有学习目标和动力,他们以取得好成绩、提高自己、找到好工作作为大学期间的学习目标,学习动力则来源于经济上的压力,对改变生活现状、赢得更富足的生活的向往和追求,以及父母的期望。但这一目标在很多贫困生的实际生活、学习中显得过于笼统和空泛,真正拥有明确、具体、可行的目标并为实现目标进行合理、详细规划的贫困生并不多,不少学生对未来发展缺乏具体规划,更有一部分贫困生完全失掉了目标和理想,对学习产生了强烈的倦怠感。

调查中多名贫困生表示,他们对未来的规划很模糊,并不确定自己毕业后希望从事或能够从事何种工作。有的同学认为自己家庭条件欠佳,社会资源缺乏,无法为自己将来的发展提供帮助,对就业没有信心。有的学生不满意所学专业,认为该专业就业前景不佳,又无力重新学习其他专业,对毕业后的去向深感迷茫。

人生规划的缺失,导致不少贫困生在大学期间感到迷茫、彷徨、混沌,无法准确给自己定位,不了解专业学习和拓展性学习对自己现在和未来的意义所在,生活和学习沦为机械盲目的简单重复,继而滋生消极情绪,学习兴趣和动力受到不良影响,甚至引发心理问题。由此可见,明确的目标和具体的规划对贫困大学生的重要性所在,缺乏目标规划将对其人生造成十分不利的后果。

(二)来自学校的因素

1.大学精神缺失导致学生迷茫

大学精神是大学的理想、追求和信念,是大学文化的精髓,是大学生存和发展的动力源泉和思想引领者。然而,我国大学精神缺失的现象却严重存在着,大学教育犬儒化①、庸俗化、功利化倾向横行。大学犬儒化表现在对权力的过分依附和追逐,教育管理工作带有浓厚的行政化色彩,严重缺乏自治氛围。大学的庸俗化、功利化则表现在很多学校忙于扩招、扩建、迎评,而对自身文化内涵、精神、氛围的建设疏于投入。正如复旦大学原校长杨玉良教授所指出的:学校将学生培养成流水线上生产出的零件,只为保证就业率;专业的设置、教学的导向不再是为了学生的全面发展,而是迎合市场的需求;开展各种社团、学联活动,关注的重点不再是活动本身的意义,而是将其与各种评奖、就业等联系在一起;学生不再注重自我的熏陶和人格的完善,而是强调利益。著名学者张汝伦也说道:“大学里公司、商行、超市甚至歌舞厅都不缺,唯独缺乏自己的理念。”

贫困生们从小便希望通过学习改变贫困的现状,因而他们自然而然地将学习目标定位为考高中、考大学、找到好工作、多赚一点钱,学习对他们而言往往只作为“工具”而存在,发挥着工具性作用,他们并没有太多机会感受到学习除了能让人掌握知识技能以适应社会的生存发展之外,还能满足个人的精神追求,传承社会文明的发展。步入大学之后,大学精神缺失、功利主义、物质主义横行的现状,使贫困生们对于学习的旧有观念更为深信不疑。当他们由于环境、资源、条件、基础、能力等

---

① 犬儒一词最早产生于古希腊的一个哲学流派,主张清心寡欲,主张回归本真和自然。当代犬儒主义已经演变成功利主义,一切价值以实现功利为标准。

因素无法找到一份薪水丰厚的工作时，他们便很容易感到迷茫，无法理解大学学习的意义，无法认识自我价值，也就无法自我准确定位，无法树立正确目标，无法规划自身成长道路。调查发现，仅有14.4%的学生非常明确学习对其意义所在，38.4%的学生比较清楚学习的意义但有时会有困惑，多达33.6%的学生不太了解学习的意义，13.6%的学生则完全不知道学习有何意义。

2.师生关系疏离导致学生缺乏理解和关怀

大学阶段的师生关系较为疏离，师生间缺乏有效的互动，感情淡薄。任课老师的任务通常只局限于教学，与学生的接触和交流绝大多数发生在课堂上，辅导员、班主任则主要负责学生日常事务的管理，除此之外，也鲜能与学生深入沟通。这是众多大学、众多学生中普遍存在的现象，但与非贫困生比较起来，贫困生与教师的交流显然更少。

表3.9　贫困生和非贫困生与老师交流情况的比较

	贫困生得分	标准差	非贫困生得分	标准差	*T*值	*P*
课后与任课老师交流课程问题的频率	24.66	23.01	25.41	24.21	−0.646	0.519
和任课老师讨论分数或作业的频率	24.75	24.52	26.01	23.97	−1.025	0.306
学习表现得到任课老师反馈的频率	28.17	24.80	31.72	25.58	−2.839	0.005 **
与任课老师的关系	63.25	25.97	63.53	25.30	−0.215	0.830
与辅导员/班主任的关系	64.64	25.61	63.71	27.85	0.718	0.473
与办公室行政人员的关系	55.61	28.25	54.70	27.35	0.641	0.522

续表

	贫困生得分	标准差	非贫困生得分	标准差	T 值	P
和任课老师讨论职业计划	17.34	22.43	19.74	23.69	-2.129	0.034 *
和辅导员/班主任讨论职业计划	17.68	22.67	20.28	23.91	-2.286	0.023 *
和任课老师讨论人生观、价值观	16.54	22.70	19.92	24.27	-2.959	0.003 **
和辅导员/班主任讨论人生观、价值观	16.25	22.44	19.26	23.44	-2.674	0.008 **

表 3.9 显示,贫困生与老师、同学的交流较少,在“课后与同学讨论作业或实验的频率”“课后与任课老师交流课程问题的频率”“和任课老师讨论分数或作业的频率”“学习表现得到任课老师反馈的频率”上的得分都低于非贫困生。其中,“课后与同学讨论作业或实验的频率”题项上贫困生得分与非贫困生得分的 T 检验的 P 值小于 0.05,达到显著水平,“学习表现得到任课老师反馈的频率”题项检验的 P 值小于 0.01,达到比较显著水平。

调查数据显示,只有约 7%的贫困生很经常或经常与任课老师、辅导员、班主任讨论人生观、价值观、未来规划等问题,约 30%的贫困生有时与老师进行讨论,超过 60%的贫困生从未与任课老师、辅导员、班主任讨论过这些问题。多位辅导员也表示,他们与贫困生接触较多的情况是在申请认定贫困生资格及评选各级各类奖助学金和奖励时,平时除了与某些担任学生干部的贫困生在学生工作上的接触较多以外,与很大一部分的贫困生交流较少。

这一现象背后有诸多影响因素。自高校扩招以来,很多学校学生人数激增,而专业老师、辅导员的配备不足,生师比例逐渐扩大。任课老师的教学任务不断加重,无时间和精力进行师生交流,辅导员往往一人管理几百名学生,并兼任许多行政事务及日常琐事,难以有时间和精力对每一位学生投入关心。而很多贫困生性格较为内向,在师生互动上不敢主动表现,敬畏老师、疏远老师,不愿意与老师深入交流,这造成了师生关系的疏离。

3.教育引导不足影响学生学习和心智成长

高校扩招之后,很多大学的专业班级的人数大增。由于师资力量和教学场地的限制,不少课程还进行合班教学,有的教师为了在短暂的课堂环节内完成教学计划,一味地向学生单向灌输大量知识,学生必须专注且迅速地对信息进行整理、编辑和过滤,否则在课堂上很可能面对汹涌而来的新知识感到不知所措。这样的教学方式下,教师难以考虑到学生之间学习基础、学习资源、接受能力等方面的差异,难以使不同程度的学生都能有一定的收获和提高。贫困生当中多数学生学习资源较为匮乏,学习基础不如城市学生,对新的学习手段、方式的接触和利用较少,在学习过程中又不能得到老师的帮助、支持、引导,便呈现出较明显的劣势,他们必须花费更多的时间和精力才能适应大学的学习,不少人虽然通过努力能在卷面上取得较好的分数,但却在实际的知识吸收转化、技能的运用和能力的提升上无法胜过其他学生。

同时,高校普遍存在的"重视教学、忽视育人、教学与育人剥离"问题也严重影响着教育教学质量和学生的培养。任课老师一般只负责专业课程的教学,对于学习方法、思维方式的训练较少,对于学术精神的传递、思想道德修养的提升、人格的完善则更是少有涉及。辅导员、班主任虽然负责学生的管理和教育引导工作,但由于辅导员多为年轻老师,工作的繁杂和知识、能力、经验积累的不足,导致教育引导效果往往达不到预期目标。学校对贫困生群体的特殊关注通常只体现在经济帮扶上,比如为其提供奖助学金、勤工助学岗位,但对他们的人文关怀、教育引导远远不够。就贫困生而言,他们需要得到学业上的指导、生活上的关心、思想上的引导和心理上的疏导,但在学校中由于这些工作的缺失,因此,无法为贫困生的发展提供有利保证。

五、对策建议

(一)给贫困生的建议

1.开展自信的自我教育

首先,贫困生需要正确地认识自己并悦纳自己。自信不是盲目自负,而是在对自身情况客观全面地评估上的理性认识。贫困生应当清晰了解自己的性格特点,敢于肯定自己的优势和长处,相信自己拥有的能力,积极发掘潜质,把握并主动创造机会发展能力和优势,取得一定成绩或进步的时候及时自我表扬和鼓励。同时,也应当正视自身的缺点和劣势,明白自己的不足,客观面对而非害怕逃避或因此自责、自怨、沮丧、悲观。在正确评估自我的基础上,完全接受并悦纳自己,欣赏自己,只有自爱才能自信,才能得到他人的喜爱和欣赏。

第二,保持积极心态。在很多时候,个人的态度决定了事情的发展走向,决定了结果的成败,甚至决定自身的命运。贫困生在面对来自经济、家庭背景、学习基础、个人能力等方面带来的困难时,应持有乐观积极的态度,保持愉快的情绪,心怀感恩和希望,感激现实拥有的东西,相信困境能够改变,如此才能带来自信,接近成功。

第三,塑造良好的自我形象。良好形象能为学生带来自信,对人际交往、个人发展起到有利作用。不少贫困生由于其外形欠佳或打扮不出众而自卑,有些学生甚至因此封闭自己或自暴自弃,这是一个很大的误区。贫困生应当注重管理形象,但良好形象并非表示必须拥有美丽相貌或者时尚名牌的衣着,而是要保持干净、整洁、精神的装扮,得体的言行举止,更重要的是通过提升内涵和素养,借由外在的气质、谈吐表现出自身的美。

2.改进学习过程中的问题

贫困生在学习过程中不应一味关注课程知识和卷面成绩,应当了解评价学业成就的多重指标,将视野放开,认真进行反思,看到自身不足和原因所在,并有针对性地进行改进。在知识技能的学习上,贫困生应注重英语、计算机等能力的提高,不能因为经济困难就放弃对英语、计算机的学习,应主动创造机会、克服困难,为自己提供条件学习。比如:早起晨读,通过反复朗读纠正英语发音问题并熟记单词、句子;晚上用收音机收听外语广播,提高听的能力;定期安排时间阅读英语报纸,提高阅读能力;没有电脑的学生可以利用学校图书馆、计算机房,或同学、朋友的电脑学习软件操作。

在表达、沟通、领导能力上,贫困生应当克服羞怯和过分担忧的心理,主动、大胆地锻炼,如:在课堂上积极发言提问,在同学们中发表自己的意见,勤于思考,训练自己发现问题的能力,多与老师和同学探讨;乐于接受任课老师的合作学习任务,主动与同学探讨学术问题,分享经验心得,共同解开疑问;勇敢向老师请教难题,与辅导员、班主任或任课老师探讨学术或自身目标规划等方面的问题。

贫困生还应该重视课程之外的拓展性学习机会,认识到课程学习之外的实践、实习、课外活动等对自身成长的重要意义。在时间和经济条件允许的情况下,积极参与院系或班级组织的文体、智力、娱乐休闲活动,融入集体,扩宽视野,丰富教育经历;参加社会实践或实习活动,参与课题调研,锻炼自己的实际工作、操作运用和解决问题的能力;参加学术或文体比赛,提高竞争能力;多听讲座或报告,丰富知识，提升素养。

3.制订自我规划

明确的目标能使内心的力量找到迸发的方向，能激发斗志，产生奋斗的动力。没有目标则会使人陷入茫然不知所措的境遇中，浑浑噩噩，得过且过，虚度光阴。各行各业的成功人士都拥有明确的目标和清晰可行的规划，贫困生无论在学业、事业、生活上都应当制订目标。目标应该是明确的、符合自身实际情况的、有可能实现的，目标确定后，应当为实现这一目标制订详细的计划，将目标落实到行动之上，然后坚持不懈地严格按照计划执行，并及时进行反思，对自己进行适时鼓励，不断修订目标，调整行动，最终实现目标。

（二）给高校的建议

1.重塑大学精神

首先，大学在其外部必须有环境、体制作为保证，重新审视并重视大学传统精神对大学自身发展和整个社会的重要意义，拥有相对超脱于世俗社会的独立地位，实现学术自由和学术自治。在内部，大学必须处理好行政管理与教学之间的关系，给予教师足够的发言权，在管理工作上重视他们的意见和建议，使教学真正处于核心地位，管理为教育教学服务，如此才能为大学精神的构建提供保障和支持。

其次，大学精神必须由校风彰显出来。教师作为传道授业解惑者，自身必须先熟知教育的规律，深刻理解大学精神之所在及其对学生、对学校乃至整个高等教育事业发展的意义和作用，自觉将大学精神融汇到教学过程当中，通过其知识素养、教学理念、人格魅力感召学生，引导和帮助学生养成研究学术、追求真理、主动完善人格的学习风气。管理者则要尊重教育规律，尊师重教，转变观念，培养服务意识，使行政工作很好地服务于教学而不是钳制教学工作。

再次，大学精神必须在各个环节中有所体现。在专业和课程的设置中，学校可以通过通识课程的设置、学分和教学计划的安排，使学生接触到更广泛全面的知识，而不仅仅局限于其专业课程和英语、计算机及政治知识，这样有利于学生的全面发展。在教育教学过程中，应当让学生了解大学精神的含义，让他们知道在大学中学习到的不仅仅是某种专业知识技能，而是更高层次的道德培养、人格完善和思维训练，改变学生心目中的只注重就业、注重眼前实际利益的世俗化、功利化观念，培养和健全他们的心智，使其视野更开阔、目光更长远。在校园活动中，开展各种文化体育、科研学术活动，都应以开发和培养大学生素质和能力、丰富其大学教育体验、促进身心发展为目的,而非单纯为了评优评奖,为了就业。校园环境布置上也应体现出文化和学术的气息,通过空间的设置布局,体现出一所学校的办学理念,使教师和学生能感受到浓郁的文化氛围,在潜性课程中提升学识修养。

2.加强教育引导

对于贫困生群体,学校主要注重的是经济帮助,疏于身心教导,这对贫困生群体的学业发展、身心成长并不能起到良好效果。若要使贫困生健康成长、全面发展,学校必须重视教育和引导贫困生,提高教学质量。

在教育和引导贫困生方面,学校可以通过多种方式进行。一是可通过专题讲座、座谈会等形式,开展自信、自尊、自强及感恩的教育。二是关注贫困生的心理现状,通过讲座、讨论会、个别咨询等形式,了解他们的心理问题,帮助他们克服心理障碍,使他们获得身心的健康成长。三是可针对贫困生群体组织社团,开展形式多样的竞赛、活动,鼓励他们多融入集体、与人交往,敢于竞争和挑战,增强他们的自信心。四是提供更多的勤工助学岗位和实习、实践机会,激励他们积极参与其中,锻炼自己。

在提高教学质量方面,教师首先必须树立正确的教育理念,具有强烈的责任心,认真对待每一堂课、每一位学生,提高教学技能,使学生掌握更多的知识和技能,自身能力得到更大提高。在传授知识的时候还要注重"育人",将课程的讲授与对学生的教育结合起来,使学生在收获知识、学习方法的同时,学习如何做人。其次,在教学过程中,教师应注意多种教学方式的结合运用,考虑学生不同背景的差异。鼓励学生们合作学习,考虑任务的分配要求,使每一个学生都参与其中,得到锻炼与提高;课后作业与考试考核不能拘泥于考卷或论文,而是采用实践报告、演讲、PPT 展示等方式进行,使不同背景、不同学习基础、不同条件的学生都能够获得更丰富、更良好的学习体验,收获更多知识和能力。再次,教师应做到平等、公平,对不同性别、不同民族、不同经济条件、不同学习情况的学生一视同仁、平等对待,对于贫困生,尤其是成绩较为落后或性格孤僻的贫困生,应当给予更多耐心和关注,尽可能使其跟上讲学的进度,让其感受到尊重和关怀,促进他们学业的进步。

3.加强师生交流

改善教师与贫困生间的关系。首先,教师必须明确自身的职责和使命,树立正确的师生观念。在与学生交流的过程中,教师应主动跟学生进行沟通,应给予学生更多的信任和鼓励,而不是指责和质疑,用乐观豁达的态度激发师生间思维的碰撞。树立师生平等的理念,尽可能不让自己处于高一等的地位对学生进行灌输、批评或指教,而是处于与学生平等的地位,进行双向交流,这样有利于营造和谐轻松的氛围,更容易使学生卸下心理防备,并愿意表达自己的观点和情感,从而使师生间的交流沟通更顺畅,收到更好的效果,培养更浓厚的感情。

其次,教师要不断提高自身素质,包括专业水平、教学技能、表达能力、内在修养等,以自身的人格魅力感染学生,为学生树立良好的榜样,潜移默化地影响学生人格的发展,使学生在对其尊重、敬爱的情感中获得知识的熏陶和自我的成长。

再次,教师可通过多种方式、多种途径与贫困生进行交流。任课教师可在课堂上通过提问、小组讨论发言、主题报告等形式让贫困生有机会发表自己的观点,锻炼表达能力;课后可以通过邮件、MSN、QQ群、微博等网络载体,提供与专业知识相关的文字资料、书籍、视频等,分享自己的经验和心得,还可组织沙龙、调研等活动,让学生参与其中。班主任、辅导员应更主动地接触贫困生,通过走访宿舍、与学生面对面谈心、举行班级集体活动等方式,用心了解、关怀贫困生,熟悉他们的特点,尊重他们的习俗,倾听他们的苦恼,引导和鼓励他们自尊、自信、自强,给予他们帮助和建议,使他们的心理、生活、学业得到良好发展。

专题报告四：基于大学生自我报告的学业成就性别差异研究
——以广西大学为例

王 舒　　李 露

摘要：随着我国高等院校的扩招，高等教育质量危机不断显现，因此，大学生学业成就问题引起了学术界的广泛关注。但目前的研究普遍忽视了学习的主体对学业成就的自我评估，忽视了学生的声音。本研究运用“中国大学生学习与发展追踪研究”(NSSE-China)调查问卷，以大学生自我报告调查评估的方式，对广西大学大学生学业成就自我报告进行全面的调查评估，发现不同性别的学生在学业成就的知识收获、能力收获和自我概念发展的收获中存在差异。进而分析影响不同性别大学生学业成就的因素，并针对问题提出相关的对策与建议。

关键词：大学生　学业成就　性别差异

一、问题的提出

伴随着1999年我国高等院校的扩招，高等教育逐步走上了大众化的道路，高等教育质量危机也在频频显现，学业成就的研究逐渐成为学术界研究的热点，但这些研究普遍忽视了学习过程中的主体——学生的声音。因此，对大学生学业成就的考察依旧存在很多片面性，对不同性别大学生学业成就的研究也同样存在很多的片面性。本研究为了弥补这一不足，通过大学生自主填写“中国大学生学习与发展追踪研究”2010版(NSSE-China 2010)调查问卷，对大学生的学业成就进行了研究。

二、工具及样本描述

“中国大学生学习与发展追踪研究”(NSSE-China)是由清华大学教育研究院主

持,通过对由美国印第安纳大学教授乔治·库设计的 NSSE(全称为“全美大学生学习性投入调查”)的问卷进行汉化而形成的调查。2009 年在中国进行了首次调查,随后根据首轮的调查及时完善调查工具,形成了本研究使用的“中国大学生学习与发展追踪研究”2010 版调查问卷。

本次调查以广西大学大学生为对象,2010 年广西大学在校全日制本科生总人数为22 843 人,运用 SPSS 17.0 在总体样本中进行分层随机抽样,每个年级抽取 400 个样本,总样本数为 1 600 个。本次调查共发放问卷 1 600 份,回收问卷 1 311 份,回收率达到 81.94%。通过填写问卷并结合文献分析法、访谈法、比较法等研究方法,对大学生学业成就进行全面的自我报告调查评估。被调查样本的基本情况是:男生 760 人,女生 551 人,一至四年级的回收问卷数分别为 386 份、316 份、277 份和 332 份。为更准确地研究不同性别学生学业成就现状,也为保证数据的相对完整性,以样本数最少的大四女生 120 人作为单位样本数,从总样本一年级到四年级的男生和女生中各抽取 120 人,即共对 960 人进行数据比较,衡量学业成就在其各维度的差异。

三、广西大学不同性别大学生学业成就现状及差异分析

本次调查以问卷考察维度为基础,将大学生学业成就定义为大学生在学校学习过程中习得的收获,包括知识收获、能力收获和自我概念发展收获等,各指标如图 4.1 所示。

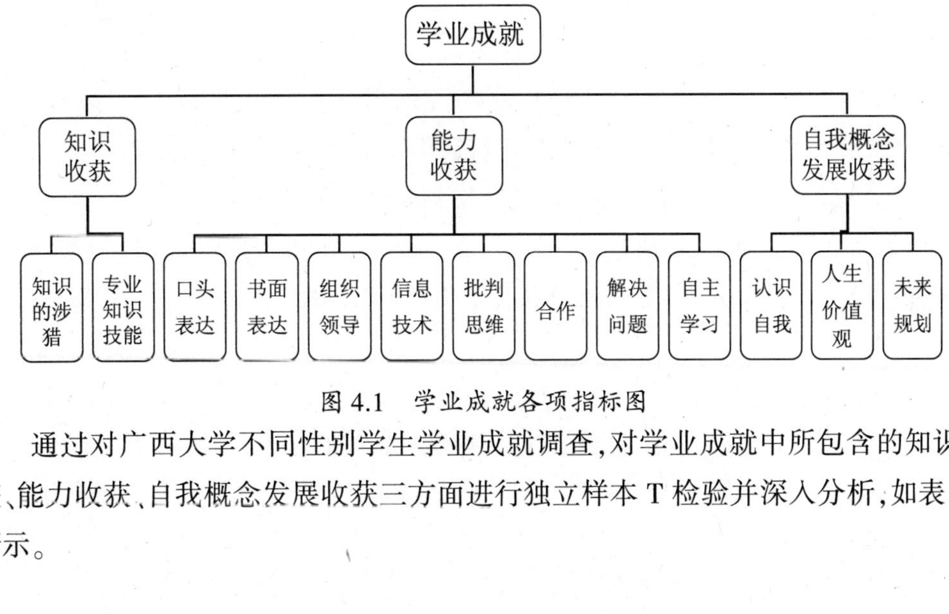

图 4.1　学业成就各项指标图

通过对广西大学不同性别学生学业成就调查,对学业成就中所包含的知识收获、能力收获、自我概念发展收获三方面进行独立样本 T 检验并深入分析,如表 4.1 所示。

表 4.1　学业成就性别差异表

		知识收获		能力收获								自我概念发展收获		
		知识的涉猎	专业知识技能	口头表达	书面表达	组织领导	信息技术	批判思维	合作	解决问题	自主学习	认识自我	人生价值观	未来规划
男	N	476	476	475	475	476	476	474	477	476	477	475	477	357
	Mean	62.28	57.49	54.60	44.98	50.37	54.41	63.22	61.18	61.55	66.67	66.81	64.57	57.70
	SD	24.52	26.36	24.39	27.04	28.23	24.79	23.64	23.89	26.39	27.25	24.78	27.67	27.61
女	N	479	479	476	478	480	480	480	480	478	480	479	479	359
	Mean	59.01	60.96	58.19	48.54	58.40	61.94	60.07	61.11	60.88	70.62	70.49	63.81	59.15
	SD	24.36	24.26	24.58	28.73	27.31	23.71	25.59	23.51	26.20	25.68	23.65	26.30	28.12
T-value		0.076	-2.118	-2.265	-1.998	-2.222	-2.257	1.975	-2.377	0.397	-2.313	0.454	-0.433	-0.693
P		0.043	0.034	0.024	0.046	0.027	0.024	0.049	0.018	0.691	0.021	0.019	0.665	0.489

注：P 值小于 0.05 则具有显著性差异，相反差异不明显。

由上表可知，在知识收获中，“知识的涉猎”方面，男生的均值为 62.28，高于女生的 59.01，独立样本 T 检验的 P 值为 0.043，小于 0.05，表明男生与女生存在显著性差异，并且男生占优势。“专业知识技能”方面，男生的均值为 57.49，低于女生的 60.96，P 值为 0.034，小于 0.05，表明男生和女生存在显著性差异，并且女生占优势。

在能力收获中，“口头表达”“书面表达”“组织领导”“信息技术”“自主学习”方面，女生均值均高于男生，独立样本 T 检验的 P 值均小于 0.05，表明在上述五个方面男生和女生存在显著性差异，并且女生占优势。在“批判思维”“合作”方面，男生均值高于女生，P 值分别为 0.049、0.018，均小于 0.05，表明在这两个方面男生和女生存在显著性差异，并且男生占优势。在“解决问题”方面，P 值为 0.691，大于 0.05，表明男生和女生差异不明显。

在自我概念发展中，“认识自我”方面，男生均值低于女生，P 值小于0.05，表明男生和女生存在显著性差异，并且女生占优势。在其他两方面，P 值均大于0.05，表明这两个方面男生和女生差异不明显。

（一）基于知识收获的差异分析

1.知识的涉猎能力

知识的涉猎途径如表 4.2 所示。

表 4.2　知识的涉猎途径性别差异表

		非指定书籍阅读量	探索事物/知识的兴趣	与城/乡背景、民族背景和自己不同的学生交谈	与宗教观、政治观或人生观很不相同的学生深入交谈	参观展览，观看戏剧、舞蹈等演出	兼职打工
男	N	479	355	478	479	359	458
	Mean	57.78	62.16	48.26	38.76	35.00	11.23
	SD	26.04	25.15	26.79	31.00	22.36	19.10
女	N	480	359	478	478	359	471
	Mean	52.45	58.12	50.77	34.59	39.74	11.80
	SD	26.65	24.18	25.69	27.10	23.22	18.14
T-value		3.131	2.185	-1.479	2.217	-2.783	-0.466
P		0.002	0.029	0.140	0.027	0.006	0.641

通过独立样本 T 检验可以看出，在“非指定书籍阅读量”“探索事物/知识兴趣”“与宗教观、政治观或人生观很不相同的同学深入交谈”三个题项中，*P* 值均小于 0.05，男生的均值均高于女生，表明男生这些方面优于女生。在“参观展览，观看戏剧、舞蹈等演出”题项中，*P* 值小于 0.05，女生均值高于男生，表明女生更注重接受艺术的熏陶。在“与城/乡背景、民族背景和自己不同的学生交谈”“兼职打工”这两个题项中，*P* 值均大于 0.05，表明男生和女生在这两方面无显著性差异。

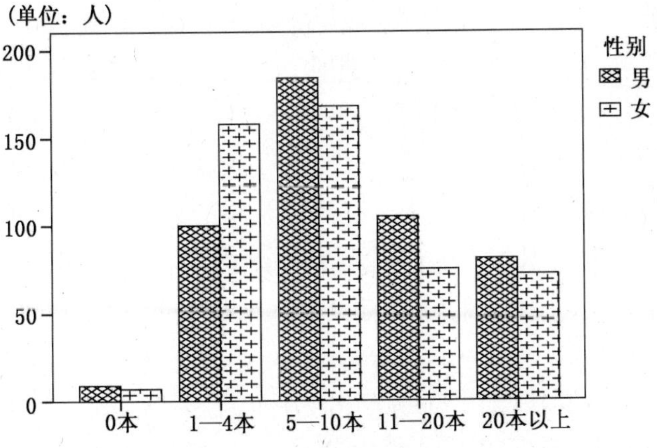

图 4.2　非指定书籍阅读量的性别差异

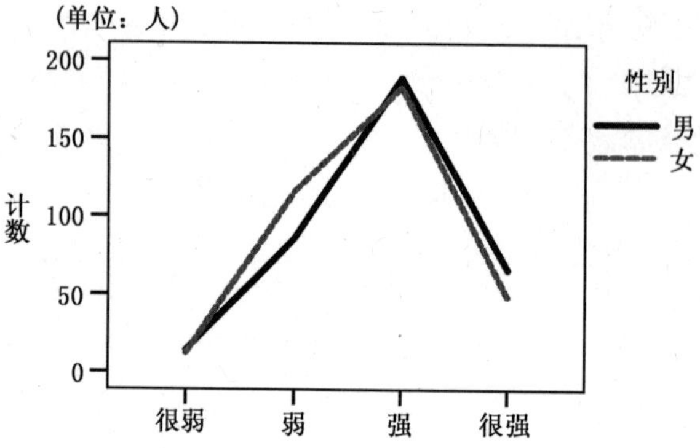

图 4.3 探索事物/知识的兴趣的性别差异

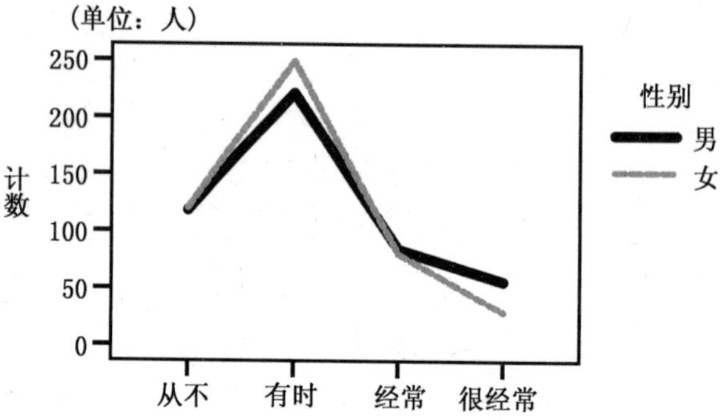

图 4.4 与宗教观、政治观或人生观很不相同的学生深入交谈方面的性别差异

具体而言,在“非指定书籍阅读量”方面,男生与女生具有显著性差异,如图 4.2 所示,关于“5—10 本”“11—20 本”“20 本以上”三个选项,男生的选择均明显高于女生,说明男生的非指定书籍阅读量大于女生,涉猎课外阅读的知识较多。

在“探索事物/知识的兴趣”方面,男生与女生具有显著性差异,如图 4.3 所示,男生更尊重自身的兴趣,在探索事物/知识方面的兴趣比较浓厚。

访谈中问到被访谈者对什么感兴趣时,一名大三的男生说:“我不在意考试成绩,我喜欢在图书馆里看自己感兴趣的书。放假后会骑自行车去旅行,最远到过桂林,同时还参加了广西‘家工作营’组织,专门为偏远山区的老人讲故事、做家务,我觉得这才是我认为最有意义事情。”有同样认识的还有一名大四的访谈者。

在“与宗教观、政治观或人生观很不相同的学生深入交谈”方面,男生比女生表现积极,如图 4.4 所示。女生常讨论与生活息息相关的事情,而男生喜欢谈论较抽象和观念性的内容。

在“参观展览,观看戏剧、舞蹈等演出”方面,男生与女生之间具有显著性差异,女生的均值高于男生,表现出女生对艺术、文艺的喜爱,也体现出女生情感的细致与敏感。

在“与城/乡背景、民族背景和自己不同的学生交谈”和“兼职打工”这两方面，男生和女生之间没有显著性差异。

2.专业知识技能

“专业知识学习行为”也会表现出一些性别差异，具体如表 4.3 所示。

表 4.3　专业知识学习行为性别差异

		主动提问或参与讨论	积极思考回答老师的问题	就某一研究主题做口头报告	和同学合作完成作业任务	课下与同学讨论作业/实验	课下与任课老师讨论课堂或阅读中的问题	课下与家人、朋友讨论学习中的观点和问题
男	N	478	479	477	478	477	478	479
	Mean	37.94	44.75	23.41	54.23	50.03	28.18	39.11
	SD	22.37	23.21	23.66	24.60	23.93	24.25	25.17
女	N	480	479	479	480	476	480	480
	Mean	39.93	45.79	28.39	62.92	55.53	28.40	47.78
	SD	22.19	21.88	25.72	24.27	23.88	23.91	23.88
T-value		-1.386	-0.716	-3.117	-5.487	-3.549	-5.487	-5.471
P		-0.166	0.4174	-0.002	0	0	0	0

通过独立样本 T 检验，可以看出在“主动提问或参与讨论”和“积极思考回答老师的问题”这两方面，*P* 值大于 0.05，男生与女生无明显差异。而男生和女生课堂上下其他五方面中 *P* 值均小于 0.05，女生的均值均高于男生，女生学习行为优于男生。数据显示女生不仅在课堂上积极完成学习任务，而且在课外积极与同学讨论作业/实验和与任课老师讨论课堂或阅读中的问题，可见女生在专业知识学习上投入了大量时间和精力。

在“学业成绩”方面，可以通过同班级/专业同学成绩排名体现不同性别大学生学习的差异，如表 4.4 所示。

表 4.4　学业成绩排名性别差异(单位:人)

		排名前 5%	前 5%—20%	前 20%—50%	50%—80%	排名后 20%	N
性别	男	53	144	133	92	49	473
	女	86	182	133	57	18	478

续表

	排名前 5%	前 5%—20%	前 20%—50%	50%—80%	排名后 20%	N
N	139	326	266	149	67	951

广西大学期末考试成绩中平时成绩占 40%，卷面成绩占 60%。平时成绩包括到课情况、课堂上互动情况和作业等，卷面成绩则是这一学期该门课程的考试成绩。由上表可知，与同班级/专业的同学相比，学业成绩排名在“前 20%”的男生人数为 197，女生为 268，成绩排名在班级前 20%的学生中女生人数多于男生。学习成绩排名在“前 20%—50%”的学生中，男生和女生人数相同，而成绩排名在“50%—80%”和“排名后 20%”的学生中，男生人数均多于女生。可见，女生在同班级/专业成绩排名较优异。

在“考取专业证书和技能等级证书”方面，不同性别大学生获取专业证书和技能等级证书的人数差异如表 4.5 所示。

表 4.5　考取专业证书和技能等级证书的性别差异(单位:人)

	大学英语四级考试	大学英语六级考试	全国计算机等级证书	专业资格证书(如注册会计师、律师等)	技能等级证书
男	167	38	221	6	27
女	194	64	231	18	39
有效数据	545	545	545	545	545

注:NSSE 调查问卷中对“考取专业证书和技能等级证书”考察是 25 道题的二分之一，故有效数据为 545。

在“考取专业证书”等方面，数据分析显示，考取大学英语四级考试证书中女生占通过人数的 54%；考取大学英语六级考试证书中女生占通过人数的 63%；考取全国计算机等级证书中女生占通过人数的 51%；考取专业资格证书中女生占通过人数的 75%；考取技能等级证书中女生占通过人数的 59%。总体看来，女生在考取专业和技能证书方面较男生有着明显优势。

(二)基于能力收获差异分析

1.口头表达能力

大学生口头表达能力培养和训练的表现有如图 4.5 所示的五种方式。

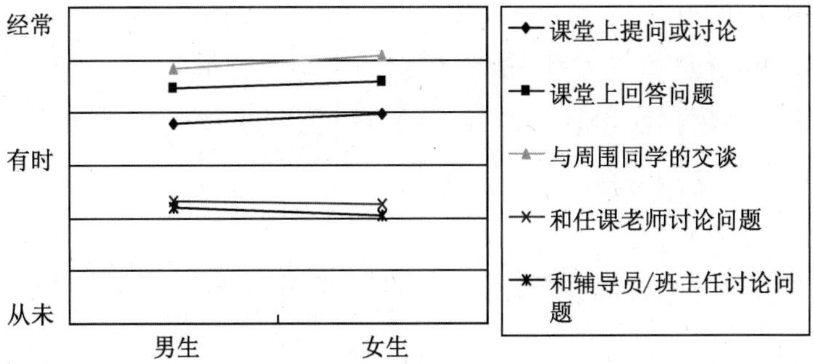

图 4.5　口头表达能力性别差异

在前三个方面,女生口头表达机会均高于男生。在“和任课老师谈论问题”方面,男女生基本持平。在“和辅导员/班主任讨论问题”方面,男生口头表达机会略高于女生。

2.书面表达能力

书面表达能力主要体现在“写论文或报告”和“给学术期刊或会议投稿”这两个方面,这里的“长篇”是指论文/报告在5000字以上,“中篇”为2000—5000字,“短篇”为2000字以下。

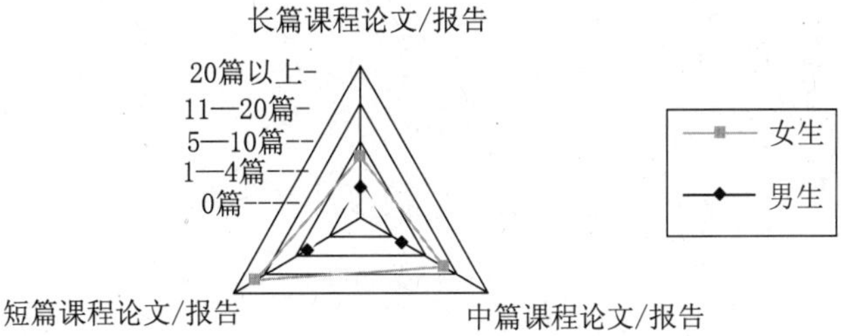

图 4.6　写论文/报告

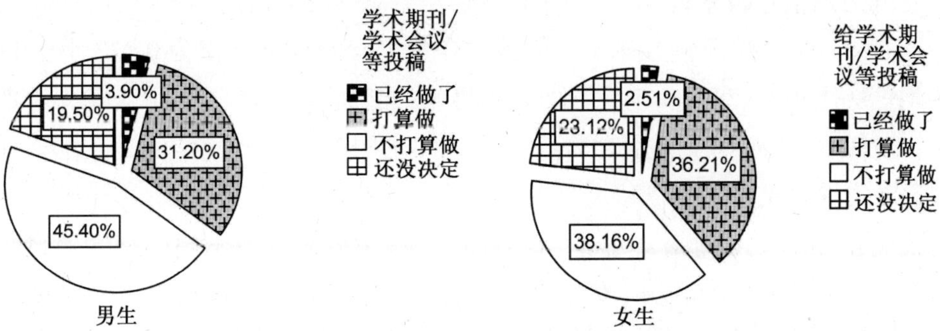

图 4.7　给学术期刊/学术会议等投稿

由图 4.6 的数据分析可知,女生在“写论文或报告”方面总体比男生表现得好。

由图 4.7 可知,在“给学术期刊/学术会议投稿”方面,女生选择了“已经投稿”和“打算投稿”的人数占女生总人数的 38.72%,男生选择此项的人数占男生总数的 35.10%。女生比男生比例高。

3.组织领导能力

在“组织领导能力”方面,主要是看学生是否组织和参加社团活动等,如图 4.8 所示。

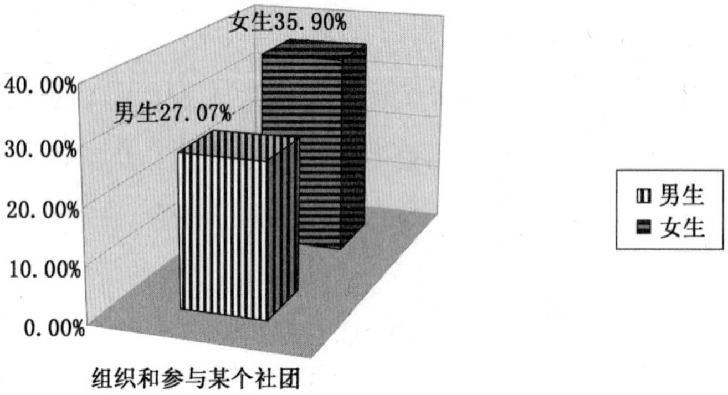

图 4.8 组织和参与某个团体

在组织领导能力方面,女生在组织和参加某个社团中有较高均值,35.90%的女生组织或参加某个社团,27.07%的男生组织或参加某个社团。

在访谈中,一名大四女生说:“我很愿意参加社团活动,因为可以培养和锻炼我的组织领导能力。如果得到奖励还可以充实简历,也能对未来的实习和工作增加有意义的砝码。”

4.熟练运用信息技术的能力

熟练运用信息技术能力主要调查学生是否熟练地将信息技术运用在学习方面。通过对广西大学不同性别学生的独立样本 T 检验得出 P 值为 0.027 小于0.05,女生均值高于男生,表明女生此方面优于男生,而男生在学习过程中信息素养的培养认识度较低,也说明了男生对学习专业知识的积极性不高。

5.自主学习能力

如图 4.9 所示,通过对本学年“学习动力”的考察来反映不同性别学生自主学习情况。通过数据分析可知,女生学习动力很强,访谈中了解到动力来自就业压力、父母期望、学校氛围和同学影响、提升自我愿望等。男生则表示动力来源主要是对事物或知识的兴趣和对国家与社会的使命感。

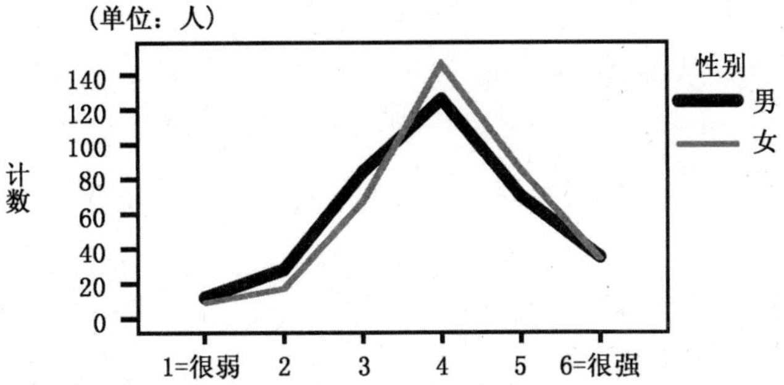

图 4.9　学习动力

6.批判思维

对于批判思维的考察,如图 4.10 所示。女生选择"从不"选项的人数显著多于男生,存在依附思想,思考问题时批判思维较弱。其他选项中男生人数显著多于女生,表明男生偏重拓展知识面,摆脱教条思维束缚,挑战对已有问题的看法,在对问题的不断思考中形成了较强的批判思维。

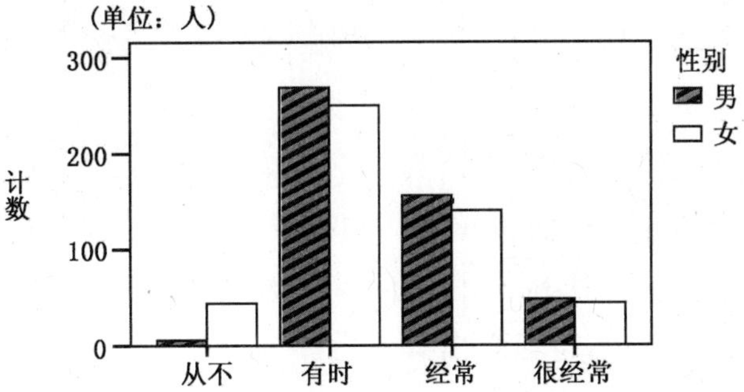

图 4.10　批判思维

7.合作能力

从调查数据中可以看出,在合作方面男生表现优于女生,男生有较强合作意识,女生的合作分享精神较弱。

(三)基于自我概念发展收获差异分析

"自我概念发展收获"衡量了认识自我的能力、对人生价值观的确立和对未来发展是否有明确的规划等。

在认识自我的能力和对未来规划的能力方面,独立样本 T 检验的 P 值分别为 0.665 和 0.489,均大于 0.05,表明男生和女生在这两个方面差异不明显。在"对人生价值观的确立"的能力方面,女生均值大于男生,表明在这方面女生优于男生。

四、影响不同性别大学生学业成就的相关因素分析

（一）个体特征差异因素

影响男生和女生学业成就差异的原因，从个性特征角度看有两方面，即不同性别学生具有不同的认知和社会性行为。

在认知方面：(1)言语能力。从生理学角度看，大脑左半球影响人的言语能力，而女生大脑左半球的发育快于男生，女生与父母和周围人频繁的语言交流使女生在后期的言语能力优势继续扩大，这与男生嘴拙形成了鲜明对比。这也充分解释了女生具有较好的口头表达能力的原因。(2)记忆能力。男生和女生在记忆方面存在着显著差异，女生记忆能力明显强于男生，其中女生以机械记忆和形象记忆为主，而男生以逻辑记忆和理解记忆为主。由此可以看出女生的记忆方式很适合当下的考试模式，这也是女生专业成绩优异的一个原因。(3)批判性思维。男生在自信心、自觉性和判断力方面有一定的优势，所以调查数据中男生和女生存在显著性差异，男生思维技能水平高于女生。(4)认知类型。女生属于场依存型，男性则属于场独立型，这也是男生喜欢探索的一个重要原因。

在社会性行为方面，人们普遍认为女生更善于交际，更贴近合作伙伴这个角色，但麦克比和杰克林在上述假设实验的检验后指出人们的普遍认为没有充分的依据。研究证实，在社会交往和合作中，男生更愿意成群结伙，女生更倾向于和一两个密友频繁往来。这一点可以看出男生的合作能力较强。

（二）环境因素

在学习预备阶段，个性特征对不同性别学生的学业成就产生了影响，另外，环境中的家庭环境、学校环境和社会环境均对其产生了一定影响。

1.家庭环境中刻板的性别观念

在家庭环境中，家长有着刻板的性别观念，也是性别刻板观念的重要执行者。在这样的文化背景下，孩子尚未出生，家长对孩子的期待已经有了差异，即使是坚持自己毫无性别偏见的家长，在观念上也不可避免地受到性别刻板的影响。这种差异体现在教育方式上。这种观念在孩子性别形成的最初阶段最具影响力，从孩子出生起家长就引导孩子向各自的性别发展。随着孩子的成长，男孩子和女孩子所接触的游戏变得不同，所接受的训练也逐渐有了性别的区分，而大部分家长并没有从思维上及早地发现和训练孩子能力中的弱项。女孩子相对来说较安静、顺从，

故父母会按照自己的想法规划孩子的发展，期望孩子的学习成绩好，而孩子也会按照家长的想法进行发展，自己的主见逐渐暗淡。在本次的调查数据中也证实了，家长的期望是女生的主要学习动力来源，家长也是女生成绩的主要关注者，家长的这些期望最终是希望女孩能有固定的工作和安稳的生活。对于男孩而言，他们比较叛逆，容易反抗，有较强的独立性。调查数据显示，男孩子的学习动力主要来自于对事物或知识的兴趣和对国家与社会的使命感，可见男孩子具有远大的抱负。家长对男孩子的管教多源于规范和纪律问题，希望通过严厉的管教能让孩子具备更强的生存能力，未来在事业上有一番作为，事业和生活双丰收。从另一方面来看，日常生活中男孩受到的责罚多一些，女孩受到的责罚少一些，所以女孩在结果面前更容易产生面子情结，成绩的好坏和事情的成败对女孩会产生深刻的影响，这也是女孩努力学习的一个重要原因。因此，家长刻板的性别观念时刻影响着孩子的自我认识和发展，家长如果不能清楚地看到问题所在，不仅会影响孩子学业成就的进步，而且会引导孩子重蹈刻板性别观念的覆辙。

2.学校环境中政策和行为与人际和情感支持的缺乏

学校环境包括学校对在校学生学习生活的政策和行为支持、人际与情感支持。

在政策和行为的支持方面，该题项为 4 阶尺度（100、66.67、33.33、0）的设置，分别对应着“非常强调”“强调”“有点强调”“不强调”。学生对学校的认可值均低于 66.67，只保持在“有点强调”，男女生均认为学校的政策和行为支持不足，未能得到充分的指导。在学校为学生学业提供的支持方面，学生认为除了在课堂上获取的知识以外，课外很难再得到学校学业上的支持，男生在这一点上与女生有着较大的差距；学校组织的集体活动，表面看办得红红红火火，有 45 个社团，其中实践类 12 个、学术类 15 个、艺术类 9 个、体育类 9 个，丰富的集体活动得到了一部分同学的认可，但在另一部分同学的眼里，他们对这些活动缺乏兴趣，男生与女生有着显著性差异。男生的理由是，学校所组织举办的集体活动中，真正有意义且能吸引他们的很少，而这些组织会议频繁，多流于形式。他们也表示如果活动对社会或对自身具有很大意义的话，他们一定会主动地参与活动。可见，学校在组织集体活动、帮助学生融入生活方面，缺乏建设性的意见和想法。在问卷调查中，关于学校在帮助学生应对经济问题、完成学业方面的题项，男生和女生选择了“有点强调”，被访谈者也认为学校在这方面的具体措施不明显。

在人际情感支持方面，学生对学校的认可值为 48.42，在学校的支持度中得分最低。(1)与同学的关系。男生和女生均认为大家是友好的，相互支持的，同学之间关系融洽。(2)与任课老师的关系。男女生均认为在有困难需要帮助的时候可以找到他们。但男生也表现出了一点担心，认为课下与任课老师联系很少，专业学习和情感的交流不多,如果主动找老师寻求帮助,老师会很热情地进行解答,但大部分老师不会主动去关怀学生,这一现象普遍存在于广西大学。由于上课的时间有限,下课后又很难再与老师取得联系,沟通不畅,疑难问题经常堆积得不到解答,因此学习成绩会受到一定的影响。(3)与班主任或辅导员的关系。学生认为在需要帮助时可以找到他们,但他们的重要职责就是主动而非被动地了解学生的学习情况、生活情况、心理状态等,他们在工作中存在的问题是主动关心学生较少,责任心不足。(4)与办公室行政人员的关系。男生和女生均认为办公室行政人员对学生有点帮助,但他们态度一般。一方面是由于学生的学习生活与办公室行政人员的交集较少;另一方面也反映了办公室行政人员较少主动和学生沟通,了解学生所遇到的问题、学习生活中的需求和困难。办公室行政人员只有全面了解学生的变化,才能更好地制定符合学生成长发展的培养方案,才能更好地为学生服务。沟通少在一定程度上影响了学校行政工作的效率,也影响了学校行政政策制定的准确度。

3.社会环境中性别角色的制约与就业过程中的性别歧视

不同性别大学生学业成就中的差异不能脱离社会这个大环境而单独看待。虽然我国经济飞速发展,女性在社会中的地位渐渐得到提高,但在社会生活中仍然存在着古老的性别观念,这导致了男女两性在经济上和地位上的不平等,影响着女性在社会中的发展。

性别角色规范是一种存在于人们性别观念之中的意识形态,人们通过所扮演的社会角色体现其社会地位。在男女两性共存的条件下,性别角色规范既影响女性地位的自我认知,也影响社会对女性角色的认知和期待,社会、政治、经济、文化等因素影响、制约着女性地位的提高。同样,女生也受到性别角色规范的制约。从出生到大学阶段,女性都在恪守女性角色的行为,很难摆脱思想包袱做事情。女性角色中的不利方面也影响着女生学业成就的全面提高,总的来说,性别角色规范制约了女性在社会中的全面发展。再者,在我国社会发展中,虽然男女两性共同参与社会经济活动已经得到人们的广泛认同,但在参与的过程中,性别差异仍存在于社会经济活动的方方面面,影响着女性社会地位的发展。

女性的就业状况是衡量女性社会经济地位高低的重要标志之一。在市场经济的环境里,性别歧视和偏见是造成女性就业难的根本原因。随着高校的扩招,大学毕业生规模急剧扩大,大学毕业生与社会需求之间的“供求天平”发生了严重倾斜。统计数据表明,目前我国高等学校女生就业比例达 44%,但就业的机会却远远低于男生,很多岗位都有性别要求,这更加加重了就业供求失衡的矛盾。问卷调查数据显示,男生在应聘工作时有 5.4%遭受过性别歧视,女生却有 53.4%遭受过性别歧视,这一点充分地说明了女生面临就业环境的严峻性及由此带来的学业成就压力。

(三)学习方式差异因素

在学习过程的各阶段,可以从不同性别大学生学业成就现状和差异分析中看出,无论是在课堂上、课堂下,还是在拓展学习中,男生都表现得不积极,其原因主要有如下几点。

1.学习专业知识观念和学习兴趣的差异

问卷调查数据反映了女生为应对日益增长的就业压力,在学校里认真努力地学习,通过积极参与课堂讨论发言和合作完成作业任务,掌握课程中的重点、难点,取得优异的学习成绩。调研发现,在经常参加或已经参加过的学习活动中,男生参与比例均低于女生,在没有参与或不打算参与学习活动的比例中也均高于女生,甚至不愿意参与的程度比女生高出6倍。因此,男生对于学习不只是表象中参与合作的积极程度较低,而是缺少学习的压力与动力,学习主动性较低。更重要的是对于专业学习重要性的认识不到位,缺乏正确的学习观念,没有清晰地认识到专业知识在未来工作中和思维训练中所起的重要作用。同时也反映了男生对专业学习的兴趣不浓厚,进而说明在专业学习过程中教师对学生兴趣的激发不足,教师的教学不能有效地调动学生学习的积极性。

2.学习过程中与老师和同学互动的差异

无论是课堂上学习的互动,还是在课堂外与同学讨论作业或实验、与任课老师交流课堂或阅读中的问题、与家人和朋友讨论学习中的问题和拓展学习中,学生与老师、同学都缺乏沟通,尤其是男生。一方面是因为学生缺乏学习兴趣导致求知欲望较低,与老师和同学沟通互动较少;另一方面是因为教师在教学过程中互动形式单一,缺少情感和行动上的互动,互动也多是浅层面的沟通,缺少深层面的师生互动。因此,师生互动为单向的互动,缺少学生与教师的主动沟通,师生互动不足。

五、结论、对策与建议

(一)结论

基于以上研究,我们得出如下结论。

1.不同性别大学生学业成就存在差异

通过对广西大学大学生学业成就的自我报告调查数据评估分析,我们发现不同性别学生学业成就中知识收获、能力收获和自我概念发展收获存在差异。具体表现在：男生的知识涉猎能力、批判思维能力和合作能力较为优秀，女生在专业知识技能、口头表达能力、书面表达能力、组织领导能力、信息技术能力、自主学习能力方面表现较为优秀。

2.影响不同性别大学生学业成就有多方面的因素

分析结果显示，影响不同性别大学生学业成就的因素有：个性特征的差异，家长刻板的性别观念，学校政策行为和人际情感支持的缺乏，社会性别角色制约与就业中性别歧视，学习过程中缺乏正确的学习专业知识的观念和浓厚的学习兴趣，与老师和同学的互动不足，等等。这些都直接或间接地影响着不同性别学生的学业成就。

（二）对策与建议

针对影响不同性别大学生学业成就的几个因素，我们提出如下对策与建议。

1.克服个体特征差异，增加能力训练

男女生在言语能力、记忆能力、批判思维能力、认知类型和社会行为方面存在差异，其中言语能力和记忆能力是先天存在的差异，批判思维、认知类型和社会行为是后天形成的差异。

对于先天存在的差异，家长应该了解相关内容，在孩子成长过程中有针对性地进行训练。男孩言语能力发育缓慢，家长就应该时常与孩子交流，引导孩子多说话，逐渐有意识地挖掘孩子的言语能力。记忆能力的训练亦如此，将记忆训练与游戏结合起来，针对男孩和女孩记忆的不同特点进行引导。在孩子入学后，教师也要担负起这个责任，对不同性别的学生要根据其个体特征因材施教，最终达到每个个体的全面进步。

对于后天形成的差异，同样需要给予一定的训练和矫正。批判思维在日常生活中是不可缺少的，是一种逻辑性思维能力，它不仅是一种否定性思维，还是一种创造性思维，可以对一件事情给出很多的解释，并运用获得的新知识解决社会或个人问题。批判思维技能包括：解释、分析、评估、推论、说明和自我校准。因此，在加强批判思维能力的训练上，要着重地分阶段地在这几方面进行训练。对于学生个体而言，在平时阅读和学习过程中可以按照批判思维训练的几个环节一一对问题进行解释、分析、评估、推论、说明和自我校准。教师则在授课中应注意培养学生的批判思维能力，逐步在各环节问题的启发下培养学生的批判思维能力，提升其对事物的认识能力。对于男女生的不同认知类型来说，不同的认知类型最初源于男女生小时候不同的游戏经验和生活经验，男孩有更好的空间关系训练，所以家长应该引导女孩玩一些能训练空间关系能力的游戏，逐渐锻炼自身的场独立性。随着不断长大，女孩也要有意识地锻炼自己独立分析问题的能力，摆脱错觉的影响。社会行为差异的克服，第一需要广泛地涉猎知识，增大阅读量，包括哲学、历史、政治理论、文学、管理学、社会学、经济学、科学知识、儒学、道学、艺术等。只有广泛涉猎知识，才能够拓展视野，才能具有对事物和知识的探索能力，才能在各种困难和挑战前想到化解难题的锦囊妙计，才能有创新思维，因而全体学生都应加强对知识的广泛涉猎，尤其是女生更应该着重拓展自身的阅读范围，增加非专业知识的阅读量。第二需要大量的社会实践，只有丰富的经验才能改变固有的想法，深刻地理解和体会什么是正确的社会行为。

2.转变刻板性别观念，树立正确的性别意识

刻板性别观念中，传统的性别角色深深地影响了人们对自身发展的正确认识，同样也制约了学生学业成就的获得。不只是家长有着刻板的性别观念，个人、教师和社会都存在着普遍的刻板性别观念，我们都应反思刻板的性别观念是否正确，需要怎样改正。男生的言语能力由于个性的特征差异而先天落后于女生，因此，男生应该加强沟通和言语能力的训练，而不是承认这是所有男生应该具有的特点，接受现状而不去改善。同样，女生的认知类型属于场依存性，对外界环境影响敏感，易受到错觉的影响，产生错误的判断，因此，女生应该加强对事物的客观分析，避免为自身贴上女生的标签，迁就自己的错误认识。对家长来说，首先要了解不同性别孩子具有的特点，针对不同性别孩子的弱点进行引导性的加强训练，如多和男孩交流，多给予女孩信心等。随着孩子的成长，家长也应针对自己孩子的不同特点合理设定对孩子的期望值，避免造成孩子过大的心理压力，阻碍孩子的健康成长。对于教师而言，男女生学习过程中的表现存在着很大差异，教师应清楚地认识到男女生的优缺点，在教学中有意识地改变教学模式来激发男生的学习兴趣，训练并提高女生的思维能力，在课外耐心聆听男女生所遇到的困难，帮助他们解决遇到的难题，纠正他们自身存在的不足，提升他们的信心，树立正确的性别观念。在就业中，招聘单位应摒弃认识中的性别差异，避免招聘过程中的性别歧视，关注应聘者本身的能力，为不同性别的应聘者提供平等的应聘环境，为社会营造良性循环的就业环境。

3.调动全体学生参与集体活动，加强人际关怀

有鉴于男生较少参加集体活动，不利于学业成就的整体提高，因而学校应针对男生开展发挥男生特长的集体活动，如与知识涉猎有关的知识竞赛、与批判思维有

关的辩论赛、与社会安定有关的宣传活动等。此类活动不仅可以吸引男生主动地参与到活动中,而且可以弥补女生在知识、思维以及认识方面的不足,使其得到相应的锻炼,这样的活动可以使男女生学业成就共同得到提高。

男女生均表示与任课教师、班主任/辅导员和办公室行政人员沟通较少,因此应加强任课教师、班主任、辅导员、办公室行政人员与学生的沟通,了解学生的需要。学校可以设立这三类教职工的网站,网站设置专门的留言信箱,并有专人负责网站建设、信息的整理和传达。可以指定定期的交流时间,如每个月的某时间段学校教师需集体在校和学生进行学习和生活问题的沟通。例如,在广西外国语学院的国际经济与贸易学院有两项创新工作项目,即"张老师时间"和"与学生有约",这两个项目都是为了加强师生沟通而搭建的平台。"张老师时间"是由台湾籍教育学专家张文美老师每周一下午5—6点在该学院主动地与学生沟通,为学生答疑解惑并进行心灵的交流。"与学生有约"项目是每周二下午5—6点学生可以自由地与学院领导以茶话会的形式品茗论道、畅谈人生,并听取老师的意见与建议。针对提出的问题,学院内部可以解决的,当场或限时给予解决,如不能解决的则一周内报告相关部门协助解决。"与学生有约"中学生反映的全部问题以及解决的进展,及时在学院网页上跟进,接受全院师生的监督,以期改善学院的各项工作。这两个项目在学生中产生了极大的反响,师生沟通的积极性得到了提高,师生都感到幸福和温暖。因此,管理者和教师可以借鉴成功的案例,加大与学生沟通的力度,搭建多渠道进行师生沟通的平台,并以制度化的形式保障实施,使学校真正成为教师和学生的大家庭。

4.突破性别角色制约,构建公平就业环境,完善就业立法

在社会生活中,女生要突破性别角色的制约,从思想上彻底认识到工作岗位是没有性别标签的。同时在就业中,劳动力市场的人才需求应该遵守劳动力的供求平衡原则,明确男性与女性的竞争是能力的竞争而不是性别的竞争。用人单位应尊重每一个应聘者,不应设有性别门槛,男性和女性都有就业的权利。鉴于"中国大学生学习与发展追踪研究"调查问卷的选项"在找工作过程中,遭受过以下性别歧视对待吗"的数据分析来看,就业中存在着显而易见的性别歧视,且女生积极地以考取证书方式应对就业中存在的性别歧视问题。因此,应从立法角度完善《就业促进法》,保障女性应有的公正透明的就业权利,充分地发挥女性的社会作用。从学业成就角度看,女性就业权利得到了保障的同时,也将促进男性更好地学习专业知识,考取相关资格证书,提高学业成就,共建良好的、两性平等的社会环境。

5.培养正确的学习观念，加强专业知识的学习

专业知识是知识构架中的基石，只有掌握了概念、定理、原理等基础知识才能在理论基础之上有所建树。培养正确的学习观念，应该意识到学习专业知识的重要性。大学生以学习为主，能力的培养是建立在学好专业知识基础之上的，在学习专业知识的同时培养能力。学好专业知识才能有理论依据地发散思维，发现解决难题的新方法；学好专业知识才能为未来的工作提供扎实的业务知识保障；学好专业知识才能从理论知识入手，培养高质量的创新能力。在专业学习中，应从观念上认识到学习专业知识的重要性，由意识带动兴趣，只有提高学习专业知识的兴趣，才能带着动力将精力投入到专业知识的学习中。在专业知识学习过程中使自己的思维得到训练、学习的能力得到培养，能促进自我发现知识，逐渐具备大学生学习素养，最终提高学业成就。

6.提高教学能力，增加师生互动

学生的学业成就与师生互动是密不可分的，师生互动的最终目标是达到教学相长。教师激发和引导学生的兴趣，提高学生的综合能力，而学生在这种学习过程中从被动学习转为主动学习，形成以教师主导与以学生为主体的互动形式。从调查结果可以看出，广西大学的学生普遍认为师生课上与课外互动不足。这需要教师运用课堂艺术丰富教学手段，掌握好课堂授课的节奏，最大限度地调动学生学习的情绪，增加授课中讨论与分析的机会，鼓励学生积极地讨论和分析问题，加强师生互动。课外，教师应提高学生活动的参与度，尤其在拓展学习方面，应指导学生在活动中得到锻炼，培养学生的全面能力。在互动中，师生都能得到发展，建立深厚的师生情谊，全面提高非智力因素方面的能力，形成教学相长的状态，达到真正的师生互动。

参考文献

[1]罗燕,史静寰,涂冬波.清华大学本科教育学情调查报告2009——与美国顶尖研究型大学的比较[J].清华大学教育研究,2009(5).

[2]苏娅.女大学生就业难成因探析——一个基于社会性别理论的视角[J].湖南第一师范学报,2008(1).

[3]郑新蓉.性别与教育[M].北京:教育科学出版社,2005.

专题报告五:母亲受教育程度对大学新生学习行为的影响研究
——以广西大学为例

李　露　黄晓鑫

摘要:母亲受教育程度的高低不仅惠及母亲本人,还会对子女教育产生重要影响。作为教育代际传递和教育收益研究的重要课题,前人研究表明,相较于投资男性教育,投资女性教育能获得更高的社会回报。本研究选择广西大学大一新生为研究对象,运用文献法、问卷法、访谈法等研究方法,初步探讨了母亲受教育程度对新生学习行为总体状况的影响,及其与新生课堂上课程学习行为、课外课程学习行为、课外拓展性学习行为之间的关系,并提出提高女性教育程度的对策与建议,如加大教育财政投入,普及女性高中阶段教育;发挥大学教育作用,关注高等教育隐形收益;深入推进"母亲教育"等工程以及规范社会舆论,注重女性教育;等等。

关键词:母亲　受教育程度　大学新生　学习行为

一、问题的提出

如何实现高素质国民的培养,是关系国计民生的大问题。早在200多年前,德国著名教育家福禄培尔就曾提出,推动摇篮之手,正是推动世界之手,国民的命运,与其说操纵在当权者手中,不如说掌握在母亲们手里。越来越多的研究关注到母亲在人才培养中的重要作用及其对家庭、对社会的重要意义。就我国而言,由于历史因素和当今女性受教育状况不甚理想,母亲文化素质面临挑战。对此,我国已做出多方努力,从《中国妇女发展纲要(2011—2020年)》等政策、法律的出台,到大力开展"母亲教育工程"等,都是对母亲素质对子女的重要影响的充分认可。母亲的文化素质水平对子女教育是否具有如此重要的意义?作为母亲文化素质水平中核心部分的"母亲受教育程度"是否对大学新生的学习行为产生影响?本文将在对此问题进行论证的基础上,进一步对母亲受教育程度对大学新生的课堂上课程学习行为、课外课程学习行为和课外拓展性学习行为的影响进行研究考证。

二、样本描述

笔者作为2009年首批参与由清华大学教育研究院主持的“中国大学生学习与发展追踪研究”(NSSE-China)课题组的地方高校成员,本文正是基于课题组2010年在广西大学进行的NSSE-China问卷调查做了这项调研。调查对象为广西大学在校本科生(当年总数为22 843人),采用分层随机抽样方式取样,兼顾所有学院和专业,每个年级抽取400个样本,共抽取1 600个样本进行问卷调查。其中,本文所关注的大一新生中发放问卷400份,回收391份,有效问卷为387份,回收率理想。被调查样本基本情况:男生232人,女生168人,分别占58%和42%;汉族298人,少数民族102人(壮族72人、瑶族17人、其他少数民族13人),分别占74.5%和25.5%;学院和专业分布比例与全校总体比例相符,具有较好的代表性。

三、母亲受教育程度对大学新生学习行为影响的分析

本研究涉及的变量有:新生父母受教育程度变量和新生学习行为变量。具体包括:父亲受教育程度、母亲受教育程度以及课堂上课程学习行为、课外课程学习行为和课外拓展性学习行为变量。

根据大一新生样本所填写的母亲受教育程度数据统计,平均受教育程度为“初中毕业”。由于样本硕士、博士毕业的数量过少,故不纳入后续研究。NSSE-China问卷中,母亲受教育程度分为“没上过学”到“博士毕业”的八个层次,为精简维度及提炼研究价值,本文以“学习行为”为效标,以“母亲受教育程度”为分类指标,进行单因素差异分析,在多重比较的过程中,依据差异最小化分组原则,对NSSE-China问卷原有的受教育程度进行整合分类为“初中及以下”组、“高中/中专/技校”组和“大学”组。因此,各变量赋值及测量题项计分如表5.1所示:

表5.1 变量赋值及测量题项计分

“自变量”赋值	
父母受教育程度	
父亲受教育程度	3点量表(0，50，100)
母亲受教育程度	
SL-C 课堂上课程学习行为(3题，标准阿尔法值等于0.64)	4点量表(0，33.3，66.7，100)

续表

“自变量”赋值	
SL-OC 课外课程学习行为(6 题，标准阿尔法值等于 0.63)	4 点量表(0，33.3，66.7，100)；每周学习时间，8 点量表(0，14.3，28.6，42.9，57.1，71.4，85.7，100)
ELE 课外拓展性学习行为(11 题，标准阿尔法值等于 0.60)	4 点量表(0，33.3，66.7，100)

(一)母亲受教育程度对新生学习行为的影响分析

母亲受教育程度对新生学习行为影响的研究，将为后面展开各部分的分析讨论奠定基础。我们首先对样本进行相关分析和回归分析。

(1)运用皮尔逊相关分析法，如表 5.2 所示：

表 5.2　相关分析表

		母亲受教育程度
学习行为	Pearson Correlation(皮尔逊相关)	0.215**
	Sig. (2-tailed)	0.000
	N	376

由表 5.2 可知，母亲受教育程度与学习行为均呈正相关，且相关系数为 0.215**($P<0.01$)，达到统计学意义上的显著相关水平。

(2)回归分析。本文是做探索性因子分析，因此在对变量进行回归分析时，采用逐步回归法。基于前人研究，父母受教育程度同时作为家庭文化资本的主要内容，对子女的影响难以完全剥离，故将父亲受教育程度变量作为参照变量进行研究。本文以父母受教育程度作为自变量，因变量则是取新生课堂上课程学习行为、课外课程学习行为、课外拓展性学习行为的得分总和，然后进行回归分析。在逐步回归中，只有“母亲受教育程度”进入回归方程。

表 5.3　方差分析表

模式	平方和	Df	平方差	F	Sig.
Regression	658 605.042	1	658 605.042	17.711	0.000[a]
Residual	1.376e7	370	37 185.673		
Total	1.442e7	371			

注：a. Predictors：(Constant)，母亲受教育程度。

b. Dependent Variable：学习行为。

表 5.3 中,F = 17.654,相伴概率为 0.000,回归效果显著,“母亲受教育程度”与“学习行为”之间呈线性相关。

表 5.4 回归系数表

模式		Unstandardized Coefficients		Standardized Coefficients	t	Sig.
		B	Std. Error	Beta		
1	(Constant)	523.365	12.406		42.186	0.000
	母亲受教育程度	1.100	0.261	0.214	4.208	0.000

注:a. Dependent Variable:学习行为。

b. Unstandardized Coefficients:非标准系数。

c. Standanrdized Coefficints:标准系数。

d. Std. Error:标准误。

表 5.4 中,“母亲受教育程度”P 值小于 0.01,通过显著性假设,且 Beta = 0.214,说明“母亲受教育程度”对“学习行为”有积极影响。表中 Constant = 523.365,B = 1.100,可知母亲受教育程度每提高 1 个单位,新生课堂上课程学习行为得分就提高 1.1 个单位。得到方程:$Y = 523.365 + 1.1X$。

当母亲受教育程度对应取值为 0、50、100,则新生的课堂上学习行为得分为 523.365、578.365 和 633.365。

综上所述,母亲受教育程度与新生学习行为呈现显著的线性相关,而父亲受教育程度虽然与新生学习行为有显著相关关系,但非线性相关。因此,我们得到“母亲受教育程度对新生学习行为有影响”的初步结论。

(二)母亲受教育程度对新生“课堂上课程学习行为”的影响分析

基于母亲受教育程度对新生学习行为有影响的研究结论,我们进而使用同样的分析方法具体分析有关的 3 个因变量的影响。首先是“课堂上课程学习行为”的影响分析。

(1)相关分析。表 5.5 皮尔逊相关分析表显示了父母受教育程度与新生课堂上课程学习行为均呈正相关。具体行为与母亲受教育程度的相关显著性均高于父亲,即新生课堂上课程学习行为更多受到母亲受教育程度的影响。

表 5.5　相关分析表

		母亲受教育程度	父亲受教育程度
SL-C	Pearson Correlation	0.187**	0.119*
	Sig. (2-tailed)	0.000	0.021
课堂上主动提问或参与讨论	Pearson Correlation	0.105*	0.064
	Sig. (2-tailed)	0.042	0.219
课堂上就某一个研究主题做口头报告	Pearson Correlation	0.172**	0.106*
	Sig. (2-tailed)	0.001	0.040
课堂上就某一个研究主题做口头报告	Pearson Correlation	0.172**	0.106*
	Sig. (2-tailed)	0.001	0.040
课堂上和同学合作完成老师布置的任务/课堂练习	Pearson Correlation	0.138**	0.095
	Sig. (2-tailed)	0.007	0.066

**. Correlation is significant at the 0.01 level (2-tailed).

** 表示在 0.01 的显著水平下显著.

*. Correlation is significant at the 0.05 level (2-tailed).

* 表示在 0.05 的显著水平下显著.

(2)回归分析。在回归分析中,以父母受教育程度作为自变量,以新生课堂上课程学习行为(SL-C)作为因变量。用逐步进入法进行回归,仅“母亲受教育程度”进入方程。

表 5.6　方差分析表

Model	Sum of Squares	df	Mean Square	F	Sig.
Regression	37 322.058	1	37 322.058	13.737	0.000[a]
Residual	1 005 246.615	370	2 716.883		
Total	1 042 568.673	371			

a. Predictors: (Constant),母亲受教育程度。

b. Dependent Variable: SL-C.

表 5.6 方差分析显示, F = 13.737,相伴概率为 0.000,表明“母亲受教育程度”与“课堂上课程学习行为”之间存在线性相关。

表 5.7 回归系数表

Mldel	Unstandardized Coefficients B	Std. Error	Standardized Coefficients Beta	T	Sig.
1 (Constant)	107.875	3.353		32.169	.000
母亲受教育程度	0.262	0.071	0.189	3.706	0.000

注:a. Dependent Variable: SL-C.

表 5.7 中,"母亲受教育程度"P 值小于 0.01,且 Beta = 0.189,说明其对"课堂上课程学习行为"有显著的积极影响。Constant = 107.875,B = 0.262,可知母亲受教育程度每提高 1 个单位,新生课堂上课程学习行为得分就提高 0.262 个单位。得到方程:$Y = 107.875+0.262X$。

综上所述,母亲受教育程度与新生课堂上课程学习行为呈现显著线性相关,而父亲受教育程度虽然与新生课堂上课程学习行为有显著相关,但非线性相关。

(3)差异分析。通过方差同质性测验表明,母亲受教育程度不同的各组,在新生"课堂上课程学习行为"中的"课堂上主动提问或参与讨论"行为,3 个组总体方差不具有齐性;而"课堂上就某一个研究主题做口头报告"和"课堂上和同学合作完成老师布置的任务/课堂练习"行为,3 个组总体方差具有齐性。

表 5.8 方差分析表

		Sum of Squares	Df	Mean Square	F	Sig.
课堂上主动提问或参与讨论	Between Groups	2 197.752	2	1 098.876	2.083	0.126
	Within Groups	196 750.234	373	527.481		
	Total	198 947.986	375			
课堂上就某一个研究主题做口头报告	Between Groups	5 987.221	2	2 993.610	5.730	0.004
	Within Groups	193 834.515	371	522.465		
	Total	199 821.736	373			
课堂上和同学合作完成老师布置的任务/课堂练习	Between Groups	5 706.393	2	2 853.196	4.388	0.013
	Within Groups	242 517.602	373	650.181		
	Total	248 223.995	375			

表 5.8 显示,"课堂上就某一个研究主题做口头报告"和"课堂上和同学合作完成老师布置的任务/课堂练习"两项学习行为的相伴概率小于显著性水平 0.05,即母亲受教育程度不同的 3 个组之中至少有一组与另一组差异显著。

在“课堂上就某一个研究主题做口头报告”中，差距主要存在于母亲学历“初中及以下”组和“大学”组之间。可能因为这一行为是对新生所学知识的检验，更是对新生胆量及沟通技巧的考验。受教育程度高的母亲更注重对孩子综合素质的培养，鼓励和帮助孩子表现自我，同时也有更多的平台供孩子锻炼口头表达能力。

在“课堂上和同学合作完成老师布置的任务/课堂练习”中，“大学”组显著高于另外两组。在这一学习行为中，主要体现的是学生的合作能力。受教育程度高的母亲更可能营造民主和谐的家庭氛围，新生在潜移默化中受到合作意识的熏陶。另外，受教育程度高的母亲更明白合作能力的重要性，会有意识地教育和引导子女。

以上相关分析和回归分析证明母亲受教育程度对新生课堂上课程学习行为有影响。根据方差分析，则可以初步判断其影响途径及影响程度等。

（三）母亲受教育程度对新生“课堂外课程学习行为”的影响分析

（1）相关分析。表 5.9 显示，父母受教育程度与新生课外课程学习行为均呈正相关。但母亲受教育程度却显示出更大范围的相关，即新生课外课程学习行为的具体表现更受母亲受教育程度的影响。

表 5.9　相关分析表

		母亲受教育程度	父亲受教育程度
SL-OC	Pearson Correlation	0.104*	0.117*
	Sig. (2-tailed)	0.043	0.024
上课前没完成规定的作业	Pearson Correlation	0.008	0.035
	Sig. (2-tailed)	0.882	0.504
课后和同学讨论作业/实验	Pearson Correlation	−0.011	0.002
	Sig. (2-tailed)	0.831	0.975
使用网络媒介讨论作业	Pearson Correlation	.169**	.209**
	Sig. (2-tailed)	0.001	0.000
课外和任课老师讨论课堂或阅读中的问题	Pearson Correlation	0.117*	0.057
	Sig. (2-tailed)	0.023	0.272
课余和家人、朋友讨论学习的观点和问题	Pearson Correlation	0.114*	0.080
	Sig. (2-tailed)	0.026	0.123
一周 7 天花在学习上的时间	Pearson Correlation	−0.038	0.007
	Sig. (2-tailed)	0.473	0.897

注：**. Correlation is significant at the 0.01 level (2-tailed).（表示在 0.01 的显著水平下显著）
*. Correlation is significant at the 0.05 level (2-tailed).（表示在 0.05 的显著水平下显著）

（2）回归分析。以父母受教育程度为自变量，新生课堂下课程学习行为（SL-OC）为因变量，用逐步进入法进行回归，仅“父亲受教育程度”进入方程。

表 5.10 方差分析表

Model		Sum of Squares	Df	Mean Square	F	Sig.
1	Regression	32 603.918	1	32 603.918	4.791	0.029[a]
	Residual	2 517 827.548	370	6 804.939		
	Total	2 550 431.465	371			

a. Predictors:（Constant），父亲受教育程度。

b. Dependent Variable：SL-OC.

上表中，F＝4.791，相伴概率为 0.029，小于 0.05，表明“父亲受教育程度”与新生“课外课程学习行为”之间呈显著线性相关。

表 5.11 回归系数表

模式		Unstandardized Coefficients		Standardized Coefficients	T	Sig.
		B	Std. Error	Beta		
1	(Constant)	258.359	5.792		44.603	0.000
	父亲受教育程度	0.231	0.106	0.113	2.189	0.029

a. Dependent Variable：SL-OC.

上表中“父亲受教育程度”P 值小于 0.01，且 Beta＝0.113，说明其对新生“课堂下课程学习行为”有显著的积极影响。表中 Constant＝258.359，B＝0.231，可知父亲受教育程度每提高 1 个单位，新生课外课程学习行为得分就提高 0.231 个单位，得到方程：$Y=258.359+0.231X$。

据前文，父亲受教育程度对应取值为 0、50、100，则新生课外课程学习行为得分分别为 258.359、269.909 和 281.459。

综上所述，父亲受教育程度与新生课外课程学习行为呈现显著线性相关，母亲受教育程度虽显著相关，但未线性相关。

（3）差异分析。以母亲受教育程度为主要因素进行差异分析，同时探讨父亲受教育程度与新生课堂下课程学习行为的线性相关是怎样促成的。通过方差同质性测验表明，母亲受教育程度不同的各组，在新生课堂下课程学习行为中的“使用网络媒介讨论作业” 和“课余和家人、朋友讨论学习的观点和问题”行为方面，3 个组总体方差不具有齐性。而其他行为中，3 个组总体方差具有齐性。同理，父亲受教育程度不同的各组除“使用网络媒介讨论作业”行为选用“Dunnett’s C”进行比较和分析，其他均采用“最小显著差法”。

表 5.12 方差分析表

		父亲受教育程度			母亲受教育程度		
		Sum of Squares	F	Sig.	Sum of Squares	F	Sig.
上课前没完成规定的作业	Between Groups	501.233	0.525	0.592	422.864	0.456	0.634
	Within Groups	177 673.593			173 040.504		
	Total	178 174.826			173 463.368		
课后和同学讨论作业/实验	Between Groups	57.403	0.050	0.951	1 648.599	1.452	0.235
	Within Groups	211 816.290			210 546.881		
	Total	211 873.693			212 195.480		
使用网络媒介讨论作业	Between Groups	14 150.867	9.510	0.000	8 389.642	5.489	0.004
	Within Groups	274 531.919			282 757.205		
	Total	288 682.786			291 146.847		
课外和任课老师讨论课堂或阅读中的问题	Between Groups	728.474	0.606	0.546	3 084.296	2.622	0.074
	Within Groups	223 419.660			219 374.319		
	Total	224 148.135			222 458.615		
课余和家人、朋友讨论学习的观点和问题	Between Groups	1 424.996	1.191	0.305	4 675.358	3.965	0.020
	Within Groups	222 574.995			219 899.101		
	Total	223 999.991			224 574.459		
一周 7 天花在学习上的时间	Between Groups	143.731	0.115	0.892	361.212	0.288	0.750
	Within Groups	226 496.478			227 978.820		
	Total	226 640.209			228 340.032		

上表中,父亲受教育程度不同组在“使用网络媒介讨论作业”中的相伴概率小于显著性水平0.05,而母亲受教育程度不同组在“使用网络媒介讨论作业”和“课余和家人、朋友讨论学习的观点和问题”两项学习行为中的相伴概率小于显著性水平0.05。此外,“课外和任课老师讨论课堂或阅读中的问题”的相伴概率为 0.074,大于显著性水平 0.05。根据经验,可以适当放宽显著性标准,本文将同样纳入多重比较分析中。

在“使用网络媒介讨论作业”这一学习行为中,均为父母受教育程度“大学”组得分最高,“初中及以下”组得分最低。可能在于“使用网络媒介讨论作业”的首要制约因素是新生电脑的配备,从文化、经济、社会地位相匹配的角度看,受教育程度低的父母相对难以为孩子创造更优越的学习条件。在“课外和任课老师讨论课堂或阅读中的问题”行为中,母亲受教育程度“大学”组得分最高,因为此行为需要新生发挥个性和主动性,受教育程度高的母亲对新生如何对待大学学习等方面能关注并给予指导。在“课余和家人、朋友讨论学习的观点和问题”这一学习行为中,可能在于受教育程度低的母亲知识量有限,难以与新生进行课程学习方面的互动。

以上相关分析和回归分析验证了母亲受教育程度对新生课堂下课程学习行为有影响。根据方差分析,可以初步判断影响途径及影响程度等。

(四)母亲受教育程度对新生“课外拓展性学习行为”的影响分析

前文已经证明母亲受教育程度对新生课堂上下的课程学习行为都有影响,那么,对“课外拓展性学习行为”有无影响呢?

(1)相关分析。表5.13显示,父母受教育程度与新生课程外拓展性学习均呈正相关。并且,在具体行为中,母亲受教育程度影响的显著性均高于父亲受教育程度。

表5.13 相关分析表

		母亲受教育程度	父亲受教育程度
ELE	Pearson Correlation	0.183**	0.134**
	Sig. (2-tailed)	0.000	0.010
和任课老师一起参与课程以外的工作	Pearson Correlation	0.134**	0.112*
	Sig. (2-tailed)	0.009	0.030
实习、社会实践或田野调查	Pearson Correlation	0.102*	0.052
	Sig. (2-tailed)	0.048	0.315
社区服务或志愿者	Pearson Correlation	0.029	0.033
	Sig. (2-tailed)	0.583	0.527
组织或参与某个社团或学习团体	Pearson Correlation	-0.013	0.044
	Sig. (2-tailed)	0.806	0.400

续表

		母亲受教育程度	父亲受教育程度
在课程要求之外，和老师一起做研究	Pearson Correlation	0.196**	0.168**
	Sig. (2-tailed)	0.000	0.001
课程要求以外的语言学习	Pearson Correlation	0.082	0.033
	Sig. (2-tailed)	0.111	0.528
海外学习	Pearson Correlation	0.076	0.021
	Sig. (2-tailed)	0.145	0.684
参加各类学术、专业设计竞赛	Pearson Correlation	0.054	-0.002
	Sig. (2-tailed)	0.303	0.969
报考专业资格证书/技能等级证书	Pearson Correlation	0.098	0.099
	Sig. (2-tailed)	0.059	0.057
辅修第二学位/专业	Pearson Correlation	0.192**	0.067
	Sig. (2-tailed)	0.000	0.194
尝试给学术期刊/学术会议等投稿	Pearson Correlation	-0.074	-0.076
	Sig. (2-tailed)	0.154	0.142

(2)回归分析。以父母受教育程度为自变量,课外拓展性学习行为(ELE)为因变量,用逐步进入法进行回归,只有“母亲受教育程度”进入方程。

表 5.14　方差分析表

Model		Sum of Squares	df	Mean Square	F	Sig.
1	Regression	203 714.833	1	203 714.833	12.466	0.000[a]
	Residual	6 046 282.162	370	16 341.303		
	Total	6 249 996.995	371			

注:a. Predictors: (Constant),母亲受教育程度。

b. Dependent Variable: ELE.

* df:自由度,即 degrees of freedom. 卡方检验的自由度计算公式为(R-1)×(L-1)。

上表 F=12.466,相伴概率为 0.000,回归效果显著,表明“母亲受教育程度”与新生“课外拓展性学习行为”之间呈线性相关。

F:对所有变量整体显著性的检验。

表 5.15 回归系数表

模式		Unstandardized Coefficients		Standardized Coefficients	T	Sig.
		B	Std. Error	Beta		
1	(Constant)	154.941	8.224		18.840	0.000
	母亲受教育程度	0.612	0.173	0.181	3.531	0.000

注:a. Dependent Variable: ELE.

b. T:对单个变量显著性的检验。

表 5.15 中“母亲受教育程度”P 值小于 0.01,且 Beta = 0.181,说明其对新生“课外拓展性学习行为”有积极影响。表中 Constant = 151.941,B = 0.612,由此可知母亲受教育程度每提高 1 个单位,新生课外拓展性学习行为得分就提高 0.612 个单位,得到方程:$Y = 151.941 + 0.612X$。

据前文,母亲受教育程度对应取值 0、50 和 100,则新生课外拓展性学习行为得分分别为 151.941、182.541 和 213.141。

综上所述,母亲受教育程度与新生的课外拓展性学习行为呈现显著线性相关,而父亲受教育程度虽然与之显著相关,但非线性相关。

(3)差异分析。这里探讨母亲受教育程度通过影响新生哪些课外拓展性学习行为,进而对“课外拓展性学习行为”这一整体得分的影响。通过同质性测验表明,母亲受教育程度不同的各组,在课外拓展性学习行为中的“实习、社会实践或田野调查”“在课程要求之外,和老师一起做研究”“课程要求以外的语言学习”“海外学习”“报考专业资格证书/技能等级证书”“辅修第二学位/专业”等行为的相伴概率小于显著性水平 0.05,即 3 个组总体方差不具有齐性。而其他行为中,3 个组总体方差具有齐性。

表 5.16 方差分析表

		Sum of Squares	df	Mean Square	F	Sig.
实习、社会实践或田野调查	Between Groups	7 006.311	2	3 503.156	2.090	0.125
	Within Groups	621 870.694	371	1 676.201		
	Total	628 877.005	373			

续表

		Sum of Squares	df	Mean Square	F	Sig.
社区服务或志愿者	Between Groups	621.210	2	310.605	0.177	0.838
	Within Groups	650 209.889	370	1 757.324		
	Total	650 831.099	372			
组织或参与某个社团或学习团体	Between Groups	2 381.393	2	1 190.696	0.489	0.613
	Within Groups	893 186.175	367	2 433.750		
	Total	895 567.568	369			
在课程要求之外，和老师一起做研究	Between Groups	6 323.614	2	3 161.807	7.541	0.001
	Within Groups	155 969.719	372	419.273		
	Total	162 293.333	374			
课程要求以外的语言学习	Between Groups	1 816.144	2	908.072	1.516	0.221
	Within Groups	222 823.856	372	598.989		
	Total	224 640.000	374			
海外学习	Between Groups	1 214.930	2	607.465	3.887	0.061
	Within Groups	57 819.923	370	156.270		
	Total	59 034.853	372			
参加各类学术、专业设计竞赛	Between Groups	906.475	2	453.237	0.626	0.535
	Within Groups	266 425.062	368	723.981		
	Total	267 331.536	370			
报考专业资格证书/技能等级证书	Between Groups	5 840.130	2	2 920.065	1.862	0.157
	Within Groups	581 673.239	371	1 567.852		
	Total	587 513.369	373			
辅修第二学位/专业	Between Groups	10 536.897	2	5 268.449	7.140	0.001
	Within Groups	273 767.916	371	737.919		
	Total	284 304.813	373			
尝试给学术期刊/学术会议等投稿	Between Groups	375.539	2	187.769	1.020	0.362
	Within Groups	68 314.301	371	184.136		
	Total	68 689.840	373			

上表显示,“在课程要求之外,和老师一起做研究”和“辅修第二学位/专业”两项学习行为的相伴概率小于显著性水平 0.05,即母亲受教育程度不同的 3 个组之中至少有一组与另一组差异显著。

“在课程要求之外,和老师一起做研究”中,差距主要存在于母亲学历“初中及以下”组和“大学”组之间。因为学生的参与主要基于自发的求知兴趣或成果等功利化需求,具备基本相关知识是参与的基本前提,需要良好的向师性以及一定的团队合作能力,母亲受教育程度高的新生,在这些方面更能得到引导与支持。在“辅修第二学位/专业”中,母亲学历“初中及以下”组和“大学”组之间差异显著。多数新生提到自己或者身边同学不辅修的原因:一是经济压力;二是时间、精力限制;三是对预期收益的怀疑。母亲受教育程度低的新生,面临以上困扰的几率更大。

以上相关分析和回归分析验证了母亲受教育程度对新生课外拓展性学习行为有影响。而且,根据方差分析可以初步判断影响途径及影响程度等。

四、结论与建议

根据前文的调查数据统计分析,有以下几点发现。

第一,母亲受教育程度对大学新生学习行为有重要影响,表现为:母亲受教育程度与新生的学习行为、课堂上课程学习行为和课外拓展性学习行为显著线性相关;尽管在对新生课外课程学习行为的分析中,父亲与之呈显著线性相关,但在差异分析中,母亲受教育程度有着显著影响。因此,可得出母亲受教育程度会通过代际传递对大学新生学习行为产生影响的结论。

第二,母亲受教育程度“初中及以下”组的新生学习行为表现最差。无论在总体“学习行为”表现中,还是在“课堂上课程学习行为”“课外课程学习行为”和“课外拓展性学习行为”中,母亲受教育程度“初中及以下”组的新生与另外两个组基本都呈现出显著差异,尤其在与母亲受教育程度“大学”组的多重方差分析中,各相伴概率均保持在小于 0.05 的显著水平。

第三,母亲受教育程度对大学新生学习行为影响的途径有:(1)经济制约。母亲受教育程度高的家庭经济状况相对较好,能为新生学习提供更好的物质条件。(2)文化影响。受教育程度高的母亲,能通过更优质的家庭教育,优化大学新生学习行为。(3)精神熏陶。受教育程度高的母亲,更能营造和睦融洽的家庭气氛,有利于子女良好学习行为的培养。

综上可知,母亲受教育程度对大学新生学习行为有重要影响。提高我国女性的受教育程度,对于子女学习行为的优化乃至子女在大学阶段接受教育的质量和效果都十分有益。

针对以上的发现,我们尝试提出以下几点建议。

第一,加大教育财政投入,普及女性高中阶段教育。本研究中,母亲受教育程度从低到高,在新生学习行为表现中基本遵循顺序排列。"初中及以下"组与另外两组间有显著差距。不得不承认,这对已基本实现九年义务教育的中国提出了新的课题和挑战。备受关注的《国家中长期教育改革和发展规划纲要(2010—2020年)》已明确提出普及高中阶段教育,2020年高中阶段入学率将提至90%的目标。

第二,发挥大学教育的作用,关注高等教育的隐形收益。前文所示,在大学新生学习行为诸多表现中,母亲受教育程度"大学"组明显优于其他组,彰显了教育的代际传递效应,女性接受高等教育具有重要意义。高校要积极促成女性教育"质"的飞跃:对内,不断增强教育的针对性和实效性,引导女大学生提高自身的综合竞争力;对外,要积极推广女性教育研究成果,争取在政府和民间产生一定影响。

第三,深入推进"母亲教育工程"。"母亲教育工程"自2005年起在诸多省市开展起来,为我国母亲教育水平的提高打下了良好的知识和舆论基础。因此,应以"母亲教育工程"为契机,继续促进母亲教育的实质开展,切实进行母亲教育;"母亲教育工程"应适当回溯,对女性成长的各阶段加以关注;"母亲教育工程"应因地制宜,根据不同区域、不同群体,以合理的方式开展工作。

第四,规范社会舆论,注重女性教育。信息化时代,以媒介为导向的社会舆论越来越影响人们的生活。因此,抓住媒介舆论阵地不容有失。应加强对传统平面媒体、电视媒体及新兴网络媒体的性别导向监管,为女性接受更高层次的教育创造良好舆论环境;鼓励和宣传女性教育的相关研究和成果,以设立专项基金等方式来促进研究等;在条件允许的地区,大力发展网络教育,不限时间、地点,将学习的主动权交到女性手中,为推动女性教育提供便利。

参考文献:

[1]王东华.发现母亲[M].北京:中国妇女出版社,2003.

[2]李云森.中国农村教育的代际流动问题研究[D].厦门:厦门大学硕士学位论文,2009.

[3]李亚东,许燕平.女性受教育程度与人口素质[J].清华大学教育研究,2001(1).

专题报告六：中越高等教育财政的比较研究[①]

旷　乾[②]

摘要：在当今市场经济环境下，高等教育迫切需要与其他公共服务竞争有限的政府支出。相对于发达国家来说，我国的高等教育财政在体制、管理等方面都存在很多的不足。中国与越南同属社会主义发展中国家，在高等教育财政体制改革方面有很多相似之处，本文从办学、管理、投资等方面的对比，重点从财政投入进行比较，如财政性教育经费、财政性基础建设经费等，探讨两国高等教育财政存在的问题、原因以及解决方法。

关键词：高等教育　财政投入　财政改革

一、前言

教育事业是国家最重要的公共事业之一，国家在教育财政上的投入和运作，是教育事业的支柱，也是国家财政承担的重要职责所在。在对教育财政的研究中，我们首先要知道教育财政的含义。教育财政是国家财政不可分割的组成部分，指国家各级政府部门为提供具有公共物品性质的那部分教育服务而筹措、运用和管理经费，保障教育系统运行和发展，合理配置教育资源，促进教育公平和效率、自由和均衡发展所进行的一系列专门性管理活动。可以说，教育财政作为国家和各级政府筹措经费、保障教育系统运行和发展、合理配置教育资源、促进教育公平和效率的社会职能，一直在教育事业发展中发挥着巨大的支柱和保障作用[③]。在当今市场经济环境下，与其最密切相关的高等教育更加需要与其他公共服务竞争有限的政府支出。

对中越两国的高等教育财政进行比较研究有重要意义。第一，高等教育对两

---

① 本研究是"国际区域经济一体化下的中国—东盟高等教育合作模式研究（11FJY056）"的阶段性研究成果。感谢李春凤女士提供的2011年的越南数据。

② 旷乾（1973—　），男，广西全州人，广西民族大学教授，管理学博士，主要研究方向为教育财政。

③ 杨会良.当代中国教育财政发展史论纲[M].北京：人民出版社，2006.

国的重要性。在全球竞争越来越趋向于以人才为主的竞争背景下,高等教育作为培养人才的重要阶段,引起了各国的注意。事实证明,所有的发达国家都经历过高等教育的大扩张,高等教育已经成为一个国家经济运行中必不可少的因素。第二,高等教育与其他公共服务竞争有限的政府支出的情况同样严峻。两国同属社会主义发展中国家,在高等教育财政体制改革方面也有很多相似之处,从办学、管理、投资等方面的对比,重点从财政投入进行比较,如财政性教育经费、财政性基础建设经费等,都不难看出两国在对高等教育财政的投入存在不足,在改革中可以采取基本一致的方向,但并不完全相同。本研究希望从两国的对比中寻求中国高等教育财政改革的正确方向,并作为一个参照模式,为发展中国家的高等教育财政改革指明方向。

我国的高等教育迅速发展的同时,也带来了一系列的问题,高等教育财政改革成为问题的重中之重。对于有关高等教育财政研究,尼古拉斯·巴尔(2004)①阐述了在所有 OECD(经济合作与发展)成员国家以及其他国家出现的高等教育扩张及其基本经济理论,系统地总结了有关高等教育财政的意义以及改革的方向。杨克瑞、陈雨亭(2007)②从财政运行的基本特征中得出结论,世界教育财政模式总体上可概括为协作式、分离式和委托式三种,并对这三种新的财政模式进行比较研究以及分析各自特点。

由于我国在高等教育财政方面的研究起步较晚,相对于发达国家来说,我国的高等教育财政在体制、管理等方面都存在很多不足。李英(2009)③基于财政视角,从高等教育产品的属性、高等教育发展对经济增长的影响等方面,对当前高等教育财政体制存在的问题进行了综述。

在对高等教育大众化阶段的财政投入绩效研究中,毕雪阳(2008)④和徐挺、杨琳(2009)⑤分析了如何让有限的高等教育财政投入发挥最大的教育效益,对现状与问题都做了总结,并发现我国在其考核中出现的问题有:高等教育财政投入的产出效率偏低,经济效益和社会效益还没有得到充分的发挥,高等教育的效益较强地依赖于专任教师比例。

而在对高等教育财政支出绩效评价的研究中,翟志华(2008)⑥和陈丽娟

---

① 尼古拉斯·巴尔.高等教育财政[J].喻恺,译.北京大学教育评论,2008(4).

② 杨克瑞,陈雨亭.教育财政模式的比较分析[J].天津市教科院学报,2007(2).

③ 李英.高等教育财政体制改革问题研究综述[J].北京行政学院学报,2009(4).

④ 毕雪阳.高等教育大众化阶段财政投入绩效评价的研究[J].商场现代化,2008(29).

⑤ 徐挺,杨琳.高等教育财政支出绩效评价的研究[J].宁波工程学院学报,2009(2).

⑥ 翟志华.高等教育财政体制现实选择研究[J].黑龙江高教研究,2008(10).

(2009)①认为,传统的高等教育财政体制已不适应我国高等教育发展的要求,而该体制是伴随1999年的高校扩招而凸显出来的,主要体现在筹措与分配资金方面面临的困境。

谢愚(2009)②在对中国当前财政中的教育支出现状分析中,指出高等教育中的投入数额在增加,但同时,财政支出在不同学校的不同政策又导致在各高校间出现资金充裕和资金短缺的失衡格局。

钟泽胜(2008)③、赵善庆(2009)④和高慧鸽(2009)⑤指出,目前我国教育财政投入存在的主要问题有教育财政投入增长速度与教育发展的需求不相适应,教育财政投入不足以及分配结构不合理,教育收费不规范,预算制度有待完善。

钟云华、胡惠伟(2009)⑥,朱锡平、陈英、唐英(2009)⑦阐述了我国高等教育财政拨款模式的演变历程及每种拨款模式的优缺点,并对我国已有的高等教育财政拨款模式进行反思,总结其共有特质与缺陷。

通过以上的分析,可知转变财政对高等教育的投入方式是改革高等教育财政体制的重要方向。赵宏斌、蒋莉莉(2008)⑧,张小萍(2009)⑨在对我国与国际的教育财政投入比例的比较中,指出预算内教育经费指标是与国际接轨的统计口径,并发现长期以来我国教育财政投入比例一直很低,而非财政性教育经费占总教育经费的比重有逐年上涨的趋势。所以,在借鉴外国高等教育财政的改革经验中,中国也在探索适合我国高等教育发展的教育财政体制改革的新思路。

涂瑞珍、林荣日(2008)⑩从新制度经济学角度出发,提出教育券制度的高等教育财政体制改革的新思路,通过对其概念、特点、引入条件、构造的阐述,说明其对中国高等教育财政改革的现实意义。

姚蓉(2009)⑪则通过分析我国高等教育财政支出中存在的问题,指出了高等教育财政改革必须在借鉴美国、日本等发达国家的基础上,结合中国的实际,扩大办学规模,且公立大学应主要由中央和地方共同出资。

---

① 陈丽娟.我国高等教育财政问题分析[J].现代商贸工业,2009(10).
② 谢愚.中国高等教育财政投入分析[J].中国市场,2009(10).
③ 钟泽胜.中国教育财政投入政策研究[J].山东社会科学,2008(1).
④ 赵善庆.改进高等教育财政投资体制[J].会计之友,2009(9).
⑤ 高慧鸽.对我国高等教育财政投资的评析[J].经济研究导刊,2009(20).
⑥ 钟云华,胡惠伟.我国高等教育财政拨款模式演变及展望[J].黑龙江高教研究,2009(1).
⑦ 朱锡平,陈英,唐英.高等教育财政体制改革:国际经验与中国选择[J].重庆工商大学学报,2009(2).
⑧ 赵宏斌,蒋莉莉.我国教育财政投入比例及与中低收入国家的比较[J].复旦教育论坛,2008(4).
⑨ 张小萍.比较视野下的高等教育财政投入问题研究[J].黑龙江高教研究,2009(7).
⑩ 涂瑞珍,林荣日.教育券制度——我国高等教育财政体制改革的新思路[J].高等工程教育研究,2008(6).
⑪ 姚蓉.我国高等教育财政支出浅析[J].中国经贸,2008(22).

宗晓华、赵家章(2009)①在对财政外溢下的地方政府公共服务提供并以教育为例的分析中，指出人口大规模迁移使得教育支出具有显著财政外溢的情况，地方政府将进一步削减教育支出，并向居民转嫁。所以未来的政策调整方向应该是，在淡化地方政府经济活动激励的同时，加大对社会民生类公共服务的激励强度，并增加对具有财政外溢的教育的专项转移支付，使其经费负担主体逐步上移。

黄波、韩欣欣(2009)②，叶伟萍、刘建武(2008)③，胡伟莉、黄华文(2009)④指出，要改革我国高等教育的拨款模式以及体制，即拨款公式需兼顾“公平”以及“效率”的原则，需考虑在我国建立高等教育基金制度，需淡化和削弱非制度化的激励机制，强化法律的保障与约束功能以及建立多参数拨款机制。

莫光政(2008)⑤则提出调整我国教育发展的新方向是提倡创业教育，并指出创业教育的勃起必将是主流趋势，我国高等教育应该借鉴世界高等教育发展的经验，由就业型高等教育向创业型高等教育转变。

刘海波(2008)⑥认为，我国高等教育财政需要思想的改革，即改革高等教育财政思想，阐述了其内涵，并从多学科视野下高等教育思想的变迁中得出改进的方向：政府财政在多渠道筹资中需要起到引导作用，在支出范围和重点上明确相应的支持目标。同时，对于有限的财政经费，应该提高使用效率，进一步完善制度和改进技术，促使先进的财政思想落到实处。

总的来说，赵黎娜(2009)⑦，王春明(2009)⑧，邓莉、杨昕群、张玮(2009)⑨认为，在改革高等教育财政政策中，必须立足于我国基本国情，结合实现高等教育大众化目标的需要，建立中介机构、试行绩效拨款、推行公示拨款、鼓励资金多元化等，以期从整体上提升我国公共高等教育经费的使用效率。

由此可知，有关中越高等教育财政的比较研究还处于空白状态。越南与中国山水相连，都是社会主义国家，因此高等教育财政会在政策上有很多相同之处。而两国高等教育财政的比较研究，尤其是在模式、投入方式等方面的比较研究，能更好地为两国在改革高等教育财政中寻找最优的发展。中国应扬长避短，促进我国高等教育的健康发展。

---

① 宗晓华，赵家章.财政外溢下的地方政府公共服务提供——以教育为例[J].当代经济管理，2009(4).

② 黄波，韩欣欣.关于我国高等教育财政公平问题的探讨[J].教育与职业，2009(6).

③ 叶伟萍，刘建武.改革我国高等教育拨款模式需要注意的问题[J].中国科教创新导刊，2008(16).

④ 胡伟莉，黄华文.关于我国高等教育财政拨款体制改革的思考[J].商业时代，2009(24).

⑤ 莫光政.全球创业教育的勃兴与高等教育发展的新变革[J].东南亚纵横，2008(1).

⑥ 刘海波.我国高等教育财政思想变迁研究[J].复旦教育论坛，2008(2).

⑦ 赵黎娜.高等教育财政政策的国际比较[J].华中师范大学学报(人文社会科学版)，2009(5).

⑧ 王春明.关于完善我国高等教育财政政策的若干思考[J].理论导刊，2009(4).

⑨ 邓莉，杨昕群，张伟.浅析我国高等教育财政政策[J].时代经贸：中下旬，2009(6).

二、中越两国高等教育财政投入的比较以及简要分析

由于数据的不完整性，为了方便分析，笔者将两国的高等教育财政投入对比分成两个时期：一个为20世纪90年代中后期，另一个为20世纪90年代中后期至今，希望能得出比较符合实际的分析结果。

（一）20世纪90年代中后期的比较

这一时期越南的生均财政性教育经费占人均GDP的比例明显高于中国，1994年越南为186%，而同期中国为80%，越南是中国的2.3倍。虽然接下来的几年两国有缩小差距的趋势，但主要原因还是越南的比重在下滑，而不是中国的比重在提高。在高等教育经费占总的教育经费比例方面，1994年越南为20%，中国为15%，此后几年两国的这一指数几乎没有变化。

表6.1　高等教育生均财政性教育经费指数的比较（单位：%）①

国家 / 时间	越南	中国
1994年	186	80
1995年	150	65
1996年	86	65

数据来源：世界银行在线查询数据库，教育频道。

表6.2　高等教育经费占总的教育经费比例的比较（单位：%）

国家 / 时间	越南	中国
1994年	20	15
1995年	21	14
1996年	21	14
1997年	20	16

数据来源：世界银行在线查询数据库，教育频道。

从表6.1、表6.2可以看出，该时期内两国高等教育的生均投入水平差距偏大，但是对高等教育的投入程度基本一致，原因主要是：

1.20世纪90年代越南高等教育体制改革的结果

（1）背景。1986年越共"六大"基本确定了越南经济革新的总路线。1991年6

① 生均财政性教育经费指数，即某级教育生均财政性教育经费占人均GDP的比例。

月召开的越共第七次全国代表大会中，肯定了“六大”的决议，并进一步提出了从根本上革新计划经济机制。在此革新开放背景下，高等教育旧体制面临了来自现实的压力。1990年，联合国教科文组织向越南政府建议在越南展开一次教育和人力资源状况的调查和研究，越南于1992年完成了《越南教育与人力资源分析：综合报告》的报告，该报告虽然指出高等教育在越南教育系统中占据了核心地位，但现实的情况是越南高等教育总体规模过小，同时以单科学校和初级师范学院为主体的体系结构十分破碎，而且政府对高等教育的拨款严重不足，高校非公共财政的渠道虽然有所拓展但经费来源缺乏稳定性，社会对教育的经济价值也尚未完全认可，这导致了对高等教育的需求膨胀，现有的高等教育在规模扩展、灵活性和质量方面都显得相当得疲软，缺乏满足个人教育需求以及组织大规模教育和培训以及研发的能力。① 于是，在教育新思维形成的同时，1993年11月24日，当时的总理签署政府令，对高等教育体系进行彻底的重组，重点解决高等教育在规模与结构、财政体制、管理体制、就业体制等方面长期存在的问题。

（2）改革后的成效。教育财政预算从1990年至1995年占国家财政总预算的比重由8.3%增加到12%，高等教育在这个增长中受益匪浅。高等教育部门这一期间获得的公共财政拨款与未改革之前相比，增长幅度非常明显。1997年与1998年这两年，高等教育的公共财政经费突破了万亿越南盾，分别达到1.3万亿和1.4万亿越南盾。

与此同时，高等教育结构整合，使得规模过小的单科性学院或者文理综合大学合并组建为若干所区域性中心大学，分散各地的初级师范学院和在职培训中心转制为社区学院。这些结构方面的调整，使得高等教育资源布局过于分散的状况有所缓解，人数少于千人的学校数量相应地减少了约36%。

在办学体制与投资体制方面，1994年至1995年期间，有7所民办大学获准建立，分布在河内、胡志明市和岘港。至1998年，民办高校数量已经达到了18所，其中3所属于准民办性质。随着非政府财政拨款教育的出现，越南高等教育传统的国家包办体制已经成为历史，与之相关的高等教育投资体制也由政府单一投入逐步向多元化投入方向转变。

2.中国在这一时段的高等教育财政投入不足

（1）中国的高等教育规模只是低数量扩张，高等教育的财政投入存在很大的缺口。一方面，我国正处在社会主义初级阶段，经济发展水平还比较落后，这就在总

① 陈立.20世纪90年代越南高等教育体制改革述评[J].南洋问题研究，2005(2)：77—80.

量上限制了对高等教育的投入；另一方面，我国人口基数大，需要受教育的人数多，导致每个学生的经费很少，甚至一些学生还被排除在受高等教育的范围之外。据统计，国际平均教育投入占GDP的比例为5.1%，我国财政教育投入的最合适规模应在3.5%左右，但资料显示，我国财政教育投入占GDP的比例长期平均水平仅在2%—3%，显然财政教育投入的总量仍然需要提高。

（2）我国高等教育的财政投入主体是地方政府，但是地方政府没有足够的财力保证对高等教育的投入，而且我国经济发展不同步，东西部收入差距使得我国教育投入区域不均。国外一般是人均收入超过全国平均水平的地区不（少）接受中央的转移支付，但我国实际是对中国各地区都予以补助，而且发达地区得到的转移支付还比较多。1995年从中央得到补助最多的是京、粤、沪、宁、辽，其比例分别为7.6%、7.1%、6.4%、4.8%和4.6%。这样一来，人均负担学生数越多的地区，实际得到的转移支付反而越少①。

（3）现行的教育投入渠道多元化格局对于中国这样一个发展中大国而言是远远不够的。从多元化融资渠道构成的具体数据来看，社团、个人以及社会集资所占比例长期徘徊在2%和6%之间，1998年这一比例大约仅占全部资金来源的1.6%和4.81%，这造成了我国高等教育发展后劲不足的现象。

（二）20世纪90年代中后期至今的对比

1.校均规模的比较

从获得的数据看，2004年以来中国和越南的在校生人数和学校数量都呈增长的趋势，但两国的校均规模大致保持稳定。越南的校均规模在5 000人左右，而中国的校均规模在9 000人左右，中国的校均规模远高于越南。

表6.3　2004—2011年两国普通高校在校学生统计

年份	越南			中国		
	在校学生人数（人）	学校数量(所)	校均规模(人)	在校学生人数（人）	学校数量(所)	校均规模(人)
2004年	1 131 030	214	5 285	13 335 969	1 867	9 314
2005年	1 319 754	230	5 738	15 617 767	1 908	9 879
2006年	1 387 107	255	5 440	17 388 400	2 263	8 931
2007年	1 540 201	322	4 783	18 849 000	2 305	9 304

① 王小利.中国教育投入的财政政策分析[J].财政研究，2004(4)：14—15.

续表

年份	越南			中国		
	在校学生人数（人）	学校数量(所)	校均规模(人)	在校学生人数（人）	学校数量(所)	校均规模(人)
2008 年	1 603 484	346	4 634	20 210 200	2 358	9 465
2009 年	1 719 499	369	4 660	21 446 600	2 409	9 583
2010 年	1 935 739	376	5 148	22 317 900	1 867	9 314
2011 年	2 162 106	386	5 601	23 085 100	1 908	9 879

数据来源：越南的数据来自越南教育培训部网站(http://www.moet.gov.vn)，我国的数据根据历年教育统计公报计算(http://www.moe.edu.cn)。

2.师资力量的对比

生师比可以反映一个国家在教师资源方面的利用率。从表 6.4 可以看出,越南的生师比整体高于中国。有资料显示,美国排名前 10 位的著名大学生师比平均值为 6.73∶1,如普林斯顿大学为 6∶1,哈佛大学为 8∶1;具有硕士学位授予权的前 10 位的大学平均生师比为 13.4∶1,但不少一流州立大学生师比在 18∶1 左右。我国的标准是普通综合类本科院校生师比在 18∶1 到 16∶1 之间。参照这些标准,我国的生师比要合理一些,这也反映了越南的教师资源不比中国的充裕。

表 6.4　生师比值对比

年份＼国家	越南	中国
2000 年	27.85	16.3
2001 年	27.13	18.22
2002 年	26.37	19
2003 年	28.28	17
2004 年	27.72	16.22
2005 年	28.54	16.85
2006 年	31.20	17.93
2007 年	28.78	17.2
2008 年	28.57	17.23
2009 年	28.1	17.27
2010 年	27.43	17.33

续表

年份＼国家	越南	中国
2011 年	28.99	17.42
2012 年	26.21	17.52

数据来源：越南教育培训部网站(http://www.moet.gov.vn)，中华人民共和国教育部网站(http://www.moe.edu.cn) 2007—2012 年全国教育事业发展统计公报。

3.专任教师学历发展指数比较

表 6.5 比较全面地反映了 2000 年以来两国教师结构的变化：(1)两国的博士、硕士学历的教师的比例都在增加，越南的增幅起伏较大；2009 年以前，中国除了在 2000 年以及 2001 年增幅程度没有越南高以外，其他年份都高于越南，而且增幅平缓；从 2009 年开始，越南的增幅超过了中国，而中国的增长幅度呈现逐年下降趋势。(2)2007 年以前，中国本科学历的教师的增幅程度要比越南的高，但是两国的增幅程度都是偏大的。但 2008 年之后，中国的增速开始大幅下降，2010 年以后出现负增长。(3)教师在专科及以下学历方面，越南呈现一种非常奇怪的状态，基本隔一年或两年就会呈现负增长，如 2005 年以及 2007 年，分别是-30.1%、-9.7%。与此同时，中国的增幅程度越来越小，2007 年开始出现了负增长，并一直保持负增长趋势。这些都说明，两国政府在师资投入方面存在异同。

表 6.5 专任教师学历发展指数[①]比较

	越南			中国		
年度	博士、硕士	本科生	专科生及以下	博士硕士	本科生	专科生及以下
2000	22.5	-0.5	-23.9	9.72	8.52	4.71
2001	19.6	5.3	21.6	15.06	14.67	16.88
2002	10.4	4.7	43.1	29.21	33.11	30.87
2003	5.5	2.5	-22.5	29.5	20.07	10.55
2004	20.7	17.2	42.8	29.63	17.86	3.01
2005	12.1	-5.9	-30.1	***	***	***
2006	1.9	17.8	13.3	***	***	***
2007	9.3	1.9	-9.7	16.2	48.32	-4.12
2008	8.3	3	-23.7	11.9	1.77	-3.88

① 专任教师学历发展指数=(本年该学历教师人数-上一年该学历教师人数)/上一年该学历教师。

续表

越南				中国		
年度	博士、硕士	本科生	专科生及以下	博士硕士	本科生	专科生及以下
2009	11	7.5	0.72	10.37	0.43	-8.7
2010	16.4	12.9	66.9	8.8	-0.56	-8.58
2011	13.2	-0.9	-9.2	7.84	-0.29	-2.74
2012	18.8	6.4	6	7.32	-0.53	-6

数据来源：根据越南教育培训部网站(http://www.moet.gov.vn)和中华人民共和国教育部网站(http://www.moe.edu.cn)的相关数据计算。

3.生均图书册数对比

由于没有生均图书册数这一项,我们通过图书总册数除以在校学生总数得出所需要数据。

表 6.6　两国图书资料比较

越南			中国	
年度	图书总量(万册)	生均图书(册/人)	图书总量(万册)	生均图书(册/人)
2004	1 876.6	16.59	101 170.1	75.86
2005	1 976.4	14.98	116 545	74.62
2006	2 002.7	14.44	132 236.8	76.05
2007	2 109.2	13.69	148 455.2	78.76

数据来源：越南教育培训部网站(http://www.moet.gov.vn)和中华人民共和国教育部网站(http://www.moe.edu.cn)。

从表 6.6 可以看出,越南的生均图书册数远比中国低,而且越南还呈现逐年下降的趋势,而中国除了 2005 年略有下降,其他年份都是逐年上升的。这说明了两国在高等教育扩张时,图书的投入力度有差距。

三、两国高等教育财政投入差异的原因分析

(一)两国教育体制改革的成效不同

1.中国高等教育财政体制改革的成效

(1)我国高等教育自 1998 年实施扩招政策以来,无论在量的提升,还是在质的改进上,都取得了明显的进步和发展。大学毛入学率从 1998 年的 9.1% 上升到

19%，进入了国际公认的大众化高等教育阶段。

（2）高等教育拨款方式由“基数+发展”改为“综合定额+专项补助”。所谓“基数+发展”，即由政府财政或高校主管部门根据各学校规模及日常开支的需要，核定一个拨款基数，此后各财政年度的经费开支预算在上年基数上，根据财力状况增加本年度的发展经费。这种拨款方式简便，但不易科学、合理地确定各校的拨款基数，也不利于纠正不当开支行为。因此，从1986年起高校拨款改为“综合定额+专项补助”的方式。“综合定额”是根据上年度生均成本费和本年度在校生规模（包括本年度计划招生数）核定的，“专项补助”则根据学校的特殊需要，经学校申请，教育主管部门批准后拨给①。

（3）高校经费由政府包办向以国家财政拨款为主、多渠道筹措经费的体制过渡。1993年颁布的《中国教育改革和发展纲要》明确提出：“要逐步建立以国家财政拨款为主，辅之以征收用于教育的税费，收取非义务教育阶段学生学杂费、校办产业收入、社会捐资集资和设立教育基金等多种渠道筹措教育经费的体制。”分析我国高等教育经费来源构成可知，国家财政性资金逐渐减少，由1998年的64.16 %减少到最低为2005年的42.77 %，虽然2006年所占比例又略增至48.96%，到2010年略微增至51.55%，但整体发展趋势说明相对1998年之前，国家财政性资金已经减少了很多，然后进入了平稳期。

逐渐改变包办高等教育的格局，减少对高等教育的拨款，推进高等教育改革。与财政性经费变化趋势相反，学费和杂费比重逐渐提高，从1998年的14.29%增加至2006年的33.33%，到2010年略微下降至29.78%，其日渐成为高校经费中除财政性经费以外的另一重要来源。从1998年到2006年，社会团体和公民个人办学经费所占比例也上升了9个百分点，社会捐资和集资办学经费及其他教育经费所占比例下降②。

2.越南高等教育体制改革遗留的问题③

（1）高等教育质量还很低。不少高校片面追求规模和数量，教学质量呈下降趋势。一方面，越南高等教育还没有与东南亚地区或国际先进水准接轨；另一方面，还没有较好地解决扩大办学规模与毕业生工作能力有限的矛盾，不能满足社会各行业的需要。

（2）高校专任教师。不仅数量缺乏，而且整体素质不高，不能满足既要迅速扩大规模又要保证提高质量、教育效果的需要。虽然可以看出教师队伍有了明显的

①② 陈丽娟.我国高等教育财政问题分析[J].现代商贸工业，2009（10）：244.
③ 欧以克.21世纪初的越南高等教育改革[J].外国教育研究，2005（8）：52—53.

进步,但总体上还不能适应教育发展的要求,教师专业水平普遍较低。由于招生规模迅速扩大,教师的实际数量少,导致很多教师没有时间改进教学方法,参加专业培训和开展科学研究,很少有条件接触、吸收新的知识和世界科学技术的新成果。

(3)办学经费困难,高校的基础设施扩建和教学仪器设备革新较慢,造成了大多数高校教学仪器设备、教学设施等办学条件紧缺,教学服务的图书馆以及教学资源不能满足高等教育规模扩张的程度。

(4)越南高等教育财政拨款的三分之二仍由中央财政负担,地方发展高等教育的积极性并不高。1996年越南的《国家预算法》通过之后,越南高等教育实行了中央与地方两级财政分权的体制,地方对高等教育的经济运营承担了更多的责任。但是2005年在河内举行的“越南教育财政机制和政策研讨会”,会上教育培训部的官员承认,地方在高等教育财政的调配上缺乏自主权。① 同时,学校对下拨经费的使用也受到“按目支出”机制的限制。②

(二)两国经济基础的差异

两国高等教育财政投入的差异很大程度上体现了人均GDP的不同。这是因为:(1)越南的人均GDP要比中国的低。各项研究表明,公共教育投资比例(即国家财政性教育经费占GDP的比例)与财政收入比例和教育占财政支出比例有关③。从1993年开始,越南的教育财政预算已经呈稳定增长的态势。1993年至2011年,教育财政支出占国家预算支出的比重由10.0%增长到19.97%④,但教育财政支出占GDP的比重则整体上呈下降的趋势,2010年降到最低,为2.55%,2011年略有上升,为2.63%。从2007年开始,中国的财政性教育经费的投资占GDP的比重超过越南之后,两国的反差就呈现扩大的趋势。这说明中国对教育发展的财政努力程度远高于越南,中国的公共教育经费也较越南充裕。(2)从总量上看,越南高等教育获得的财政拨款虽呈增长趋势,2011年的高等教育财政经费更是达到151.2万亿越南盾,但教育投资占GDP比例偏低的状况并没有得到改善。(3)由于两国经济发展程度不同引起的人均GDP差异,导致了两国在高等教育财政投入力度的差异。2000年我国人均GDP是越南人均GDP的2.36倍,从数据上看,两国的人均

---

① Labor and Education. *Weak Capital Management Curbs Development of Vietnam´s Education* [N]. Young People. May. 30, 2005

② 根据1997年越南财政部的公文,高等教育财政拨款应按“项目”进行,目前共有23个项目。高等学校必须按照规定的项目支出,“专款专用,结余上缴”。参见:阮氏清翠.越南教育投资分析[D].北京:北京师范大学硕士学位论文,2005.

③ 岳昌君.中国公共教育经费的供给与需求[M]//杨东平.中国教育发展报告(2009).北京:社会文献出版社,2009.

④ 越南财政支出来自越南《经济时报》网站:http://www.foods1.com/content/1393196/。越南高等教育财政支出来自越南教育与培训部网站:http://en.moet.gov.vn/.

GDP 的差距呈扩大的趋势，到 2011 年这个差距拉大到 3.94 倍。由于富裕程度的不同，所以在教育投资上两国就存在很大的差距，如在两国生均基建、生均图书册数、师资力量的对比中，我们很明显地可以看出越南的劣势，这种差异产生的根本原因在于两国人均 GDP 的不同。

表 6.7　国家财政性教育经费及其占 GDP 的比例（单位：%）

年份 \ 国家	越南	中国
1995 年	3.62	2.32
1996 年	3.63	2.35
1997 年	3.59	2.36
1998 年	3.66	2.41
1999 年	3.5	2.55
2000 年	3.36	2.58
2001 年	3.38	2.79
2002 年	3.37	2.9
2003 年	3.49	2.84
2004 年	3.26	2.79
2005 年	3.21	2.82
2006 年	3.15	3
2007 年	3.05	3.32
2008 年	2.58	3.31
2009 年	2.58	3.59
2010 年	2.55	3.67
2011 年	2.63	3.94

数据来源：国家统计局《中国统计年鉴 2011》，中国统计出版社；越南统计局 http://www.gso.gov.vn/。

表 6.8　中越两国人均 GDP 的比较（单位：美元）

年份 \ 国家	越南	中国	中国是越南的倍数
2000 年	402	949	2.36
2001 年	448	1 042	2.33
2002 年	440	1 135	2.58
2003 年	492	1 274	2.59
2004 年	553	1 490	2.69

续表

国家 年份	越南	中国	中国是越南的倍数
2005 年	642	1 703	2.65
2006 年	730	1 970	2.70
2007 年	843	2 230	2.65
2008 年	1 052	3 266.8	3.11
2009 年	1 064	3 749	3.52
2010 年	1 169	4 430	3.79
2011 年	1 375	5 432	3.95
2012 年	1 755	6 090	3.47

数据来源：国家统计局《中国统计年鉴 2012》，中国统计出版社；越南统计局 http://www.gso.gov.vn/。

（三）教育投入渠道多元化格局的差异

1.民办高校的影响

截至 2011 年，越南私立普通高校仅为 80 所，占其全国普通高校总数量（386 所）的 20.7%。而中国从 20 世纪 80 年代起就鼓励社会力量办学，2012 年民办高校 707 所（含独立学院 303 所），招生 160.28 万人，在校生 533.18 万人。民办高校占全国高校数量的 29%。相对于公办高校，越南的民办学校一般规模很小，在财政方面几乎完全依赖学生的学杂费，平均比重高达 83.12%。① 这都说明在高等教育投资体制方面，越南正处于由政府单一投入向多元化投入方向过渡。而在中国，已经形成了比较完善的投资体制，在利用民间投资、社会企事业单位等多元化主体发展高等教育方面要比越南的力度大。

表 6.9 越南私立高等学校的数量（单位：所）

年份 指标	2000	2001	2002	2003	2004	2005	2006	2007	2008	2009	2010	2011
高校总量	153	178	191	202	214	230	255	322	346	369	376	386
民办学院	5	5	6	6	8	7	9	17	24	29	30	30
民办大学	17	17	17	17	19	22	25	30	40	45	46	50

① 数据来源：《2009 中国教育经费统计年鉴》，经整理计算得出。

2.高等教育学费负担水平的差异

我国从1997年开始在普通高等教育的本专科阶段全面实施由受教育者本人及其家庭分担部分培养成本的高校收费制度。高等教育成本分担政策的引入,大大缓解了我国高等教育财政的紧张局面,为我国高等教育规模的跨越式增长以及大众化高等教育的顺利推进作出了积极的贡献。到2009年,全国普通高校的平均学杂费水准上涨到6 874元。① 而在部分经济发达地区,如北京和上海,普通高校的平均学杂费在2009年分别上升到14 363.05② 元和13 009.82③ 元。进入2009年,即使是经济发展水平较低的西部地区,普通高校的平均学费水平也已基本稳定在5000—6000元。而随着我国普通高等教育生均学费水平的不断提高,学费水平与我国城乡居民承受能力产生明显差异。我国普通高等教育的平均学杂费水平在2009年已经达到城镇居民家庭人均可支配收入的40.02%(同期城镇居民的恩格尔系数仅为36.5%),相当于农村居民家庭人均纯收入的133.39%(同期农村居民的恩格尔系数仅为41.0%)。随着我国高等教育规模的不断扩张,高校学费增长与城乡居民可支付能力之间的结构性矛盾日益突出。④

相反,越南政府由于财政预算有限,截至2006年,财政性教育支出为每个学生3.7百万越南盾(按1人民币=2 500越南盾算,折合人民币1 480元),而学费的收取仅为每年1.8百万越南盾(折合人民币720元)。这种情况导致教师的工资和教育设备都不够预算,难以实现高质量的高等教育水平。越南政府已经呼吁,希望个人能分担更多的学费成本。⑤ 越南教育部公布了2009—2014年的教育提案,从2009—2010学年,普通高等院校的学费从现在的每个月18万越南盾增加到每个月25.5万越南盾,到2014年,争取达到每个月50—80万越南盾。

上述的情况表明,在中国方面,个人分担高等教育成本过高,需要寻找更多的途径来降低成本,而在越南方面,个人分担高等教育成本还有提升的空间。随着越南人均GDP的增高以及个人对高等教育的需求,越南的个人学费负担水平会有显著提高。这也是两国高等教育财政投入形成差异的原因。

---

① 数据来源:国家统计局《中国统计年鉴2010》,中国统计出版社,2008和越南统计局 http://www.gso.gov.vn/。

② 数据来源:《上海统计年鉴2010》,http://www.stats-sh.gov.cn/data/toTjnj.xhtml? y=2010,经整理计算得出。

③ 数据来源:《北京统计年鉴2010》,http://www.bjstats.gov.cn/nj/main/2010-tjnj/index.htm,经整理计算得出。

④ 康小明.从结构性约束看大众化阶段我国高等教育公共政策的选择[J].高等教育研究,2007(2)。

⑤ http://www.baomoi.com/Home/GiaoDuc/www.cpv.org.vn/Tu-nam-hoc-20092010-se-tang-hoc-phi-dai-hoc-cao-dang/2998601.epi

（四）教育财政模式的差异

中国从20世纪80年代到90年代中期，中央不再统一规划高等教育财政，而是根据学校的隶属关系，分别由中央和地方财政各自承担所属高校各项经费的预算和支出，这大大加快了我国高等教育的大众化进程，到目前为止，我国高等教育已处于大众化阶段。而在越南，虽然地方政府也参与高等教育的经费预算以及支出，但积极性还不够，基本还是由中央统一规划，也就是中央政府需要承担更多的高等教育财政投入，越南高等教育的大众化进程还处于发展阶段。上述情况也造成了两国在高等教育财政投入方面的差异。

四、通过比较研究得到的启示

从上述研究分析中我们可以知道，中越两国高等教育财政投入存在相同的问题，如中央都过多地承担了财政拨款，地方政府的投入积极性不够；又如在投资体制中，两国均以政府拨款为主，多渠道筹集办学经费的新体制还不够成熟，鼓励社会向高校投资、捐资的力度还不够，总而言之就是高等教育经费来源的主渠道薄弱，结构性障碍难以逾越。关于上述问题，解决的方法有以下几个。

（一）改革高等教育管理体制

需要更深入地推进高等教育管理体制改革，真正落实高等教育中央—地方两级财政分权制，从而增强地方发展高等教育的权力，激发地方投资的积极性。其次，减少对高校的财政经费分配与使用权限的直接干预，赋予学校更多的权责，以适应市场需求。

（二）必须在继续挖掘财政潜力、加大财政投入力度的基础上，调整教育经费的分担结构，实现办学模式的多样化，充分发挥市场力量

在高等教育大力发展的今天，高等教育经费占国家财政的比例却在下降，这是不符合社会发展规律的。因此，高等教育应在国家给予大力支持的前提下，加大社会团体对教育成本的分担力度，增大高校自筹经费的比例。要进一步改革办学体制，彻底改革政府包揽办学的格局，扩大非政府投资规模。

（三）继续推进多学科一体化，形成规模合并后有效的内部管理体系

（1）撤销部门的办学体制，取缔仍保留的一小部分单科学校。这就需要提出相关可靠的合并计划，安抚好剩余的那些单科大学、师范学院的抵触情绪。

（2）合并的大学中，应该增强大学内部单位之间、人员之间的沟通，防止规模合并之后的急速膨胀，要有相应的内部管理措施。

（四）增强高等教育对转型社会经济发展需求的适应力

（1）努力扩展数量的同时强化质量意识，增强普通高校的自律性，按计划招收学生，提高在职进修生的课程教学质量，严厉打击私下买卖文凭的现象。此外，鼓励民办高等教育的发展，改善质量，着手建立和发展一个权威的高等教育评估和监督系统。

（2）加强大学的科学技术研究与成果推广的能力。从专项教育科研投入、科研条件、合作伙伴的挑选、研究生教育四个方向进行重点发展。

（3）加强对外交流，借鉴与吸收国外高等教育发展的先进经验。不仅要以西方发达国家为主要的借鉴学习对象，还要发展与亚洲周边国家和地区的高等教育国际合作与经验交流，形成自己的高等教育本土化理念。

另外，我国由于人口基数大，高等教育受教育人口将比任何一个国家都多，因此，更多地要从财政拨款体制、模式等方面改革我国的高等教育财政投入。

（五）设立教育拨款组织，建立健全“三元”结构拨款体制

即建立独立于政府与高校的教育拨款中介机构，形成由政府、中介机构、高校三者构成的完整的拨款体系。

（六）拨款模式的改革

现行的拨款模式并没有反映高校的实际成本行为，结果造成高校盲目扩大招生规模以及追求学生层次的弊端，因而在改革拨款模式的时候，我们应该兼顾“公平”与“效率”的原则，引进公式拨款，建立多政策的拨款公式，并考虑在我国建立高等教育基金制，淡化和削弱非制度化的激励机制。

（七）建立与完善高等教育财政转移支付制度，改革预算办法，完善预算体系

国家应在高等教育上高效地投入更多的资金。在 GDP 高速增长的过程中，不

能仅仅看提高了其资金的投入，还应该使高等教育所占的比重提高到合理的水平。同时，在对不同地区不同学校的财政投入中也应该把握好其中的权衡关系。

（八）完善高等教育成本分担机制

要寻求更多的社会捐赠，建立合理的学费制度以及公平有效的学生资助制度，对高校的资产、营业和捐赠收入等应当实行免税，继续扩大民营高校的发展。

（九）寻求高等教育体制改革的新思路

想要寻求高等教育体制改革，可以改变思路，比如实行教育券制度、创业教育等。以新思路促进高等教育体制改革，促进高等教育大发展。

五、结语

通过上述的比较研究以及得出的启示，可以为中越两国在以后的高等教育财政投入改革中确定方向。对越南来说，越南的人力资源可以进一步满足社会经济转型的要求；而对中国而言，可以解决教育经费投入不足以及个人分担成本的矛盾，还可以作为一个参照模式，成为发展中国家高等教育财政改革的榜样。

参考文献：

[1]尼古拉斯·巴尔. 高等教育财政[J]. 喻恺,译.北京大学教育评论,2008(4).

[2]毕雪阳.高等教育大众化阶段财政投入绩效评价的研究[J].商场现代化,2008(9).

[3]陈丽娟.我国高等教育财政问题分析[J].现代商贸工业,2009(10).

[4]邓莉,杨昕群,张伟.浅析我国高等教育财政政策[J].时代经贸,2009 (6).

[5]高慧鸽.对我国高等教育财政投资的评析[J].经济研究导刊,2009(20).

[6]黄波,韩欣欣.关于我国高等教育财政公平问题的探讨[J].教育与职业,2009(6).

[7]胡伟莉,黄华文.关于我国高等教育财政拨款体制改革的思考[J].商业时代,2009(24).

[8]刘海波.我国高等教育财政思想变迁研究[J].复旦教育论坛,2008(2).

[9]李英.高等教育财政体制改革问题研究综述[J].北京行政学院学报,2009(4).

[10]莫光政.全球创业教育的勃兴与高等教育发展的新变革[J].东南亚纵横,2008(1).

[11]涂瑞珍,林荣日.教育券制度——我国高等教育财政体制改革的新思路[J].高等工程教育研究,2008(6).

[12]王春明.关于完善我国高等教育财政政策的若干思考[J].理论导刊,2009(4).

[13]徐挺,杨琳.高等教育财政支出绩效评价的研究[J].宁波工程学院学报,2009(2).

[14]谢愚.中国高等教育财政投入分析[J].中国市场,2009(10).

[15]姚蓉.我国高等教育财政支出浅析[J].中国经贸,2008(22).

[16]杨克瑞,陈雨亭.教育财政模式的比较分析[J].天津市教科院学报,2007(2).

[17]叶伟萍，刘建武.改革我国高等教育拨款模式需要注意的问题[J].中国科教创新导刊，2008(16).

[18]翟志华.高等教育财政体制现实选择研究[J].黑龙江高教研究，2008(10).

[19]钟泽胜.中国教育财政投入政策研究[J].山东社会科学，2008(1).

[20]赵善庆.改进高等教育财政投资体制[J].会计之友，2009(9).

[21]钟云华，胡惠伟.我国高等教育财政拨款模式演变及展望[J].黑龙江高教研究，2009(1).

[22]朱锡平，陈英，唐英.高等教育财政体制改革：国际经验与中国选择[J].重庆工商大学学报，2009(2).

[23]赵宏斌，蒋莉莉.我国教育财政投入比例及与中低收入国家的比较[J].复旦教育论坛，2008(4).

[24]张小萍.比较视野下的高等教育财政投入问题研究[J].黑龙江高教研究，2009(7).

[25]宗晓华，赵家章.财政外溢下的地方政府公共服务提供——以教育为例[J].当代经济管理，2009(4).

[26]赵黎娜.高等教育财政政策的国际比较[J].华中师范大学学报(人文社会科学版)，2009(5).

专题报告七:广西高校外籍教师工作压力的实证研究
——以广西大学等四所高校为例

苏曼丽①

摘要:随着经济全球化进程的不断推进,政治、文化乃至教育也随之国际化。教育国际化体现在教育领域的各个方面,其中教师的国际交流也是十分重要的一个方面。外籍教师流入问题是教师国际交流的一个重要环节,涉及外籍教师的教育教学、教师管理等问题。本文以广西大学等四所在广西具有一定代表性的高校的外籍教师作为调查对象,对外籍教师的工作压力问题进行了深入的调研。研究表明,广西高校外籍教师中,有相当一部分(45.1%)的外教自我感觉压力较大,感觉压力较大和压力非常大的外教人数超过了调查总数的50%,只有7.8%的外教没有感到压力,还有21.6%的外教觉得压力比较小。因此,本研究认为广西高校外籍教师的压力普遍较大。

本研究旨在引起更多学者对该问题的重视,并为高校的外教管理提供一些借鉴,提高外籍教师的工作积极性,从而提高广西高等教育的教育质量,最终达到加速广西高等教育国际化进程的目的。

关键词:外籍教师　工作压力　双因素理论

一、引言

经济的全球化也推动了教育的国际化。我国的教育国际化时代已经悄然到来,据国家外国专家局统计,2001年我国聘任的语言类外籍教师为170人,2007年则达到了492人。《国家中长期教育改革和发展规划纲要(2010—2020年)》提出,探索"多种方式利用国外优质教育资源"的要求,制定了"提高高等学校聘任外籍教师的比例"的目标。高校聘请外籍教师能够提高外语教学水平,也是提升高校教师国际化水平的重要途径。高校教师国际化是高等教育国际化的主要组成部分,对

① 苏曼丽(1982—　),女,上海人,广西区党校公共管理系教师,主要研究方向为人力资本开发。

此中外学者已经有过论述。美国学者 Hans van Ginkel(2002)强调:“高等教育国际化不仅强调国家间学生的流动,更重要的活动在于教师和研究者的流动和交换。”我国高等教育国际化研究学者陈学飞教授(2002)也认为:“教师的国际交流是高等教育国际化的一个核心部分。具有国际知识和经验的教师可以直接推动教学、科研向着国际化的方向发展。”

目前,高校中外籍教师的数量呈迅速增长的趋势。不仅仅是因为教育需求总量的扩大,更重要的是因为外语学习者需求的比例在不断地提高。外籍教师对于高校来说,不仅在数量上能满足学生的外语学习需求,而且在结构上更能弥补我国教师在教学上的不足,这将会成为教育国际化的一种强有力的推动力。有了外籍教师的参与,我国的教育手段和方式也将更加多元化,借助外籍教师的先进的教育教学理念,为我国教育注入新的生机和活力。

随着外籍教师的不断增多,对相关的管理便提出了挑战。因为过去我们在教师管理问题上更多关注的是本国教师,对外籍教师关注得很少,特别是对外籍教师的压力问题似乎没有给予足够的重视,目前还没有外籍教师工作压力问题的相关论述。因此,加强对外籍教师的压力问题研究,不仅可以弥补外教管理研究的空白,而且可以让我们更加充分地了解外籍教师的工作压力现状,有针对性地解决问题,以提高他们的工作积极性,从而提高外教的聘任效益,确保外籍教师的教学工作在我国高校健康稳定地发展。

二、压力管理的相关理论

(一)相关概念的界定

关于教师压力的定义,是在压力的概念产生之后而出现的,它是根据教师职业特点来描述的。不同的学者关于教师职业的定义也略有不同。最早对教师压力进行研究的学者是 Kyriacou 和 Sutcliffe(1977),他们将教师压力定义为教师的一种不愉快的、消极的情绪经历,如生气、焦虑、紧张、沮丧或失落;Kyriacou(1978)认为教师压力是由教师意识到他们的工作状况对其自尊和健康构成威胁这一知觉过程而引起的消极情感体验。Litt 和 Turk(1985)将压力定义为:当教师的幸福受到威胁,而且所要解决的问题超过他的能力范围时,所产生的不愉快的情形和困惑的经验。根据各学者的不同表述,可以将教师压力概括为:因教师工作的因素所导致的紧张,而使教师产生不愉快或负面的情绪。由于教师压力是教师工作中所产生的压力,因此可以把教师压力的概念等同于教师工作压力的概念,其实质是一样的。

目前并没有关于外籍教师压力的确切描述。按照 1996 年国家外国专家局、国家教委颁布的《学校及其他教育机构聘请外籍专业人员管理办法》,对“外籍专业人员”的定义是指:应聘在我国各级各类学校及其他教育机构中工作的外国专家、外籍教师及教学和项目管理人员。因而可以认为,只要是非本国国籍而在本国学校任教的教师均可以归入“外籍教师”。

把外籍教师的定义和教师压力的定义综合起来,并结合本文描述的对象——高校外籍教师,可以把“高校外籍教师压力”的概念界定为:应聘在我国高校的外籍教师,因工作的因素所导致的紧张,使得他们产生不愉快或负面的情绪。

(二)压力管理的相关理论

1.双因素理论

赫兹伯格的双因素理论(Two Factors Theory)又称激励保健理论(Motivator-Hygiene Theory),该理论认为影响人们工作积极性的因素主要是由两个方面构成的:一是保健因素,二是激励因素。当保健因素缺乏时,员工会产生不满情绪。但是在保健因素得到满足后,如果继续在保健因素方面进行改善,员工也很难感到满意。就保健因素而言,“不满意”的对立面是“没有不满意”。属于保健因素的内容一般与工作环境有关。与保健因素不同,激励因素的改善会使员工产生满意感,能够激发员工工作的热情,而且当激励因素得不到满足时,员工也不会感到不满意。就激励因素而言,“满意”的对立面是“没有满意”。属于激励因素的内容一般与工作内容本身有关。

运用双因素理论,分析外籍教师中可能存在的压力来源的类型,可以有针对性地消除属于保健因素缺乏带来不满意的压力来源,在这个基础上,再通过消除属于激励因素缺乏的压力来源,给外教带来更大的满意感,从而起到激励外教工作积极性的作用。

2.压力与绩效的关系理论

工作压力—绩效抑制理论认为:过度的压力源会引起信息的超负荷,从而增加员工犯错误的概率。因此,过度的压力会影响工作业绩,对工作绩效有消极的阻碍作用(Miller,1960;Lawler,1973)。工作压力—绩效激发理论认为,压力可以激发个人创造良好的工作业绩,具有催化剂的功能和推动力的作用。因此,工作压力是工作绩效的活力源之一,能激发个人创造良好的业绩(Sullivan,Bhagat,1992)。工作压力—绩效适度理论认为,压力与绩效之间成倒“U”型关系,过低的压力水平不能激发个体努力工作的动机;而过高的压力水平又会使个体为了应对压力而占用精力,从而抑制工作积极性;只有适当水平的压力才会对个体的工作效率起到激励的作用(Yerkes,Dodson,1908)。

本文倾向于工作压力—绩效适度理论,压力—绩效适度理论较为全面地说明了问题,它更好地结合了激发理论和抑制理论中可能出现的情况,全面考虑了压力的积极作用和消极作用。本文将通过运用压力与绩效关系的理论,分析广西高校外教压力的应对策略。

三、广西高校外教压力的问卷统计分析

本次调查的时间为:2011 年 11 月至 2012 年 3 月。本文选取的调查对象为广西具有代表性的四所高校的外籍教师,分别是:广西大学、广西民族大学、广西师范学院、广西医科大学。四所高校的外籍教师总计 59 名。

本文采用普查的方式对这四所高校的所有外籍教师进行了调研,主要采取问卷调查的形式。另外,对广西大学的外教进行了小规模的访谈调查,对他们的工作压力问题进行了深入的了解。本次发放的问卷一共 59 份,其中有效问卷为 51 份,有效率达到了 86.44%,本研究的工具为 SPSS 统计软件。

(一)人口统计学分析

问卷统计的结果如下:

1.年龄构成

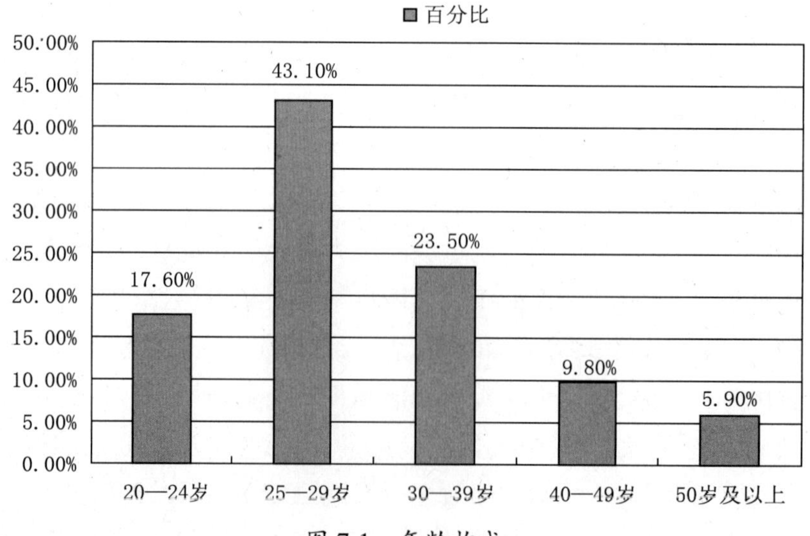

图 7.1 年龄构成

统计图表说明,被调查者的年龄构成中,20 岁至 29 岁的外籍教师占了较大比

例,达到了60.7%,超过了半数。相比之下,年纪较大的外籍教师比例较小,40岁至49岁的外籍教师和50岁及以上的外籍教师分别只占了9.8%和5.9%。这说明,广西高校的外籍教师还是以年轻教师为主。

2.性别构成

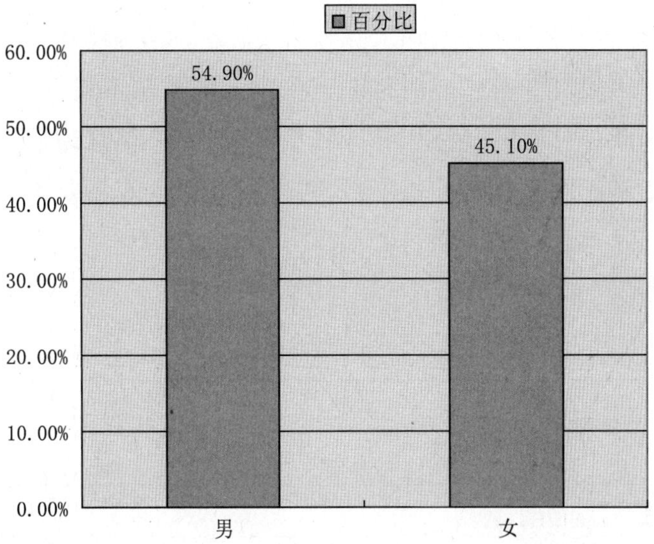

图7.2　性别构成

从统计结果可以看出,外籍教师的男女比例基本持平。这可能是因为:第一,在招聘外籍教师的时候,我们对外籍教师的性别并没有特殊的倾向;第二,外籍教师在决定是否来我国任教的时候,男女教师的个人意愿也没有太大的区别。

3.国籍构成

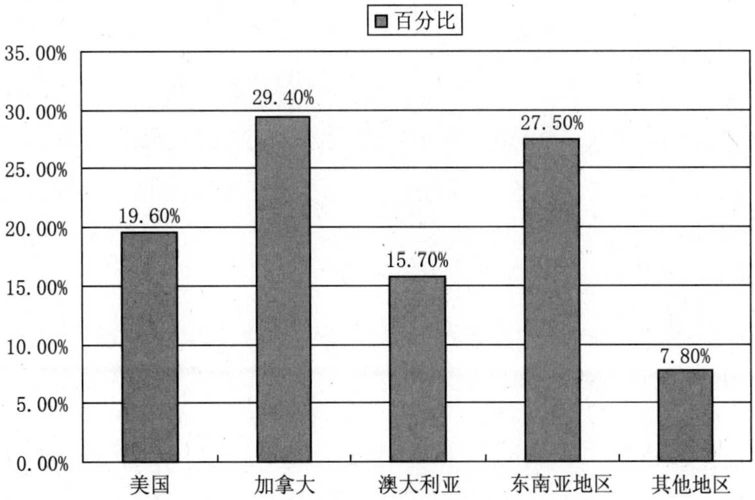

图7.3　国籍构成

据统计,外籍教师主要来自加拿大、美国和东南亚地区,其中来自加拿大和东南亚地区的外籍教师最多,分别达到 29.4% 和 27.5%。从其母语来看,除了东南亚地区的外籍教师担任小语种的教学外,其余的外籍教师均在我国从事英语语言教学,所选择的外籍教师也就以英语为母语的国家为主,这有助于保证英语教学的质量。而且,根据笔者了解,外籍教师人数较多的广西大学,其外籍教师招聘的渠道基本上都是通过当地设立的中介机构。这些中介机构基本设立在美国、加拿大和澳大利亚三个国家。对于民族特色和区域特色较为突出的广西民族大学来说,其外语教学则以东南亚地区小语种为主,这些外籍教师也就主要来自这些东南亚地区的国家。

4.学历构成

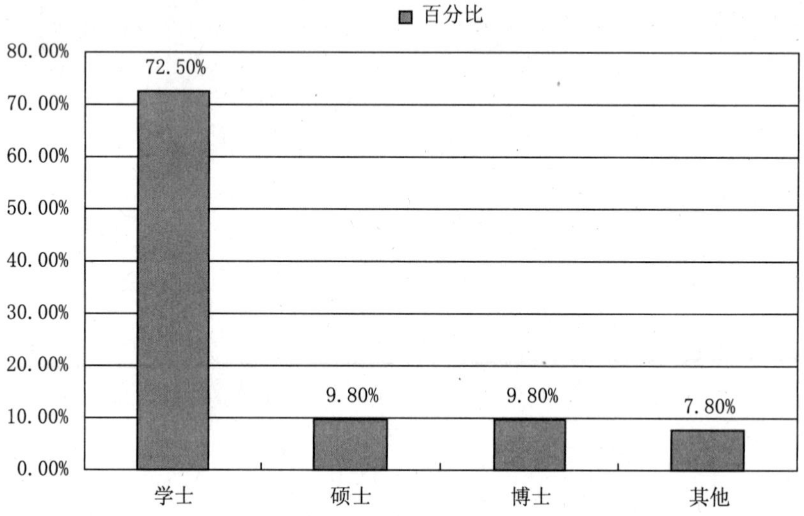

图 7.4 学历构成

据调查,外籍教师中本科学历的人数比例较大,其中具有学士学位的人数达到了 72.5%,硕士和博士的比例较少,均占 9.8%。这也是因为相对于本国教师的招聘要求,外籍教师的入职条件相对较低,一般具有本科学历就可以在我国高校任教。

5.问卷的信度和效度检验

(1)信度检验。本文主要运用 SPSS 软件对量表进行信度分析,主要考察调查项目是否测量的是同一个特征,这些项目之间是否存在内在一致性。测量信度的结果如下:

Reliability

RELIABILITY ANALYSIS.SCALE (ALPHA)

Reliability Coefficients

N of Cases =　　51.0　　　　　　　　　N of Items = 36

Alpha =　　0.76(指的是在某一个维度内,不同题项间的一致程度,通常用来表明问卷可靠程度或结构效度)

统计结果表明 α 系数为 0.76,大于 0.7,因此我们可以认为该问卷的信度在可接受的范围内。

(2)效度检验。本问卷中压力源量表的设计建立在文献综述和对外籍教师进行个别访谈等的基础之上,并请相关专家对测验项目和内容的符合性做了判断。此外,在调查过程中,根据实际情况,并结合外籍教师的意见,对有些项目做了多次删减和补充,不断加工和完善,从而保证了问卷各项目能真实反映外籍教师压力源的主要方面。因此,问卷具有较高的效度。

(二)外教的压力强度分析

1.外教的压力感受

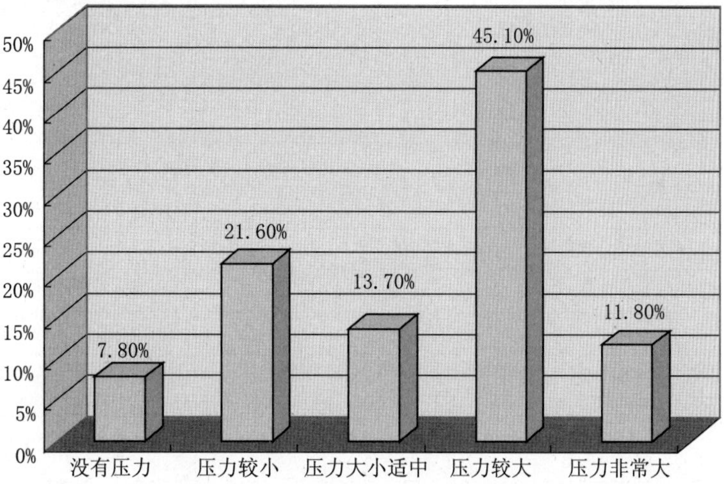

图 7.5　在中国高校有无压力感

统计结果表明,有相当一部分(45.1%)的外教自我感觉压力较大,还有小部分的外籍教师感觉压力非常大,总体看来,超过了 50% 的外籍教师感觉压力大,只有 7.8% 的外籍教师没有感受到压力。还有 21.6% 的外籍教师觉得压力比较小,但是相比感觉压力比较大的人数而言,这个比例较小。因此可以认为广西高校外籍教师的压力普遍较大。

2.各压力源的符合程度

表 7.1 各种压力源的符合程度及其均值

	N	Minimum	Maximum	Mean	Std. Deviation
过多的非教学性会议	51	2	5	4.25	0.744
学生基础差距悬殊	51	2	5	4.16	0.946
缺乏合适的教材	51	2	5	4.06	0.858
语言不通	51	1	5	3.51	1.189
缺乏岗前培训与指导	51	1	5	3.49	1.419
无法理解中国的教育体制	51	1	5	3.45	1.101
工作缺乏保障	51	1	5	3.45	1.172
与领导关系不融洽	51	2	5	3.29	1.045
自我期望过高	51	1	5	3.20	1.342
工作量太大	51	1	5	3.08	1.146
合理建议得不到采纳	51	1	5	2.92	1.093
易疲劳	51	1	5	2.88	1.070
健康状况不佳	51	1	5	2.84	1.120
缺乏自信心	51	1	5	2.82	1.195
沟通障碍	51	1	4	2.82	1.034
担心工作发展前景	51	1	5	2.80	1.265
情绪不稳定	51	1	5	2.63	1.199
与学生关系疏远	51	1	5	2.47	1.046
担心学生学习成绩不理想	51	1	4	2.47	1.084
过多的责任	51	1	5	2.47	1.046
收入低	51	1	5	2.25	1.214
学校考核过严	51	1	4	2.20	0.800
在异国的孤独感	51	1	4	2.16	0.967
气候不适应	51	1	4	2.16	0.784
缺乏朋友	51	1	4	2.12	0.931
相关知识更新速度过快	51	1	4	1.92	0.913
工作能力欠缺	51	1	4	1.75	0.796
居住环境不理想	51	1	4	1.59	0.779
与同事间竞争激烈	51	1	3	1.51	0.674
因工作而照顾不到家人	51	1	3	1.41	0.606
饮食不习惯	51	1	5	1.39	0.777
Valid N (listwise)	51				

表7.1中的各个数值分别表示为,1为完全不符合;2为基本不符合;3为不确定;4为基本符合;5为完全符合。即压力源的数字越大,表明其符合程度越高,其压力强度也就越大。只要这个数值超过了3,那么就可以基本判断这个压力源的强度较大。

根据统计结果,并且把均值由高到低排列后发现,在各种压力源中,数值超过3的一共有10个压力来源,依次是:过多的非教学性会议,学生基础差距悬殊,缺乏合适的教材,语言不通,缺乏岗前培训与指导,无法理解中国的教育体制,工作缺乏保障,与领导关系不融洽,自我期望过高,工作量太大。可以看出这些压力源主要集中体现在"工作内容"和"学校管理"这两方面。其中,标准差最小的一项是"过多的非教学性会议",说明在这个问题上外教普遍有同感。

而压力最小的10个压力源依次是:饮食不习惯,因工作而照顾不到家人,与同事间竞争激烈,居住环境不理想,工作能力欠缺,相关知识更新速度过快,缺乏朋友,气候不适应,在异国的孤独感,学校考核过严。这些内容分散在各个方面,但是有较多的内容是属于"日常生活"这个方面的。主要是"饮食""居住环境"和"孤独感",这几个方面和我们一贯的想法有所不同。调查表明,饮食和居住条件等问题并不是外籍教师的主要压力源。在访谈的时候也发现,许多外籍教师都比较喜欢中国的饮食,对学校提供的住宿条件也比较满意。根据国家外国专家局文件《学校及其他教育机构聘用外籍专业人员管理办法》的相关规定,学校给外籍教师提供的住宿等生活设施都是有一定的要求的,都能满足外籍教师的基本需求。这可能就是外籍教师对学校的住宿、饮食都较为满意的主要原因。

在所有的压力源中,"缺乏岗前培训与指导"这一项是标准差最大的一项,达到了1.419,其最大值和最小值分别为1和5,可见对于这个压力源大家的反应不一致。虽然均值偏大,但是差异也大,说明相当一部分人认为缺乏岗前培训,但是也有不少外籍教师并不认为这是个问题。这可能是因为有些外籍教师在来中国之前并没有教学经验,并且对中国的教学状况也不太了解,这些外籍教师就非常需要中国高校提供相应的培训。反之,有些外籍教师有教学经验,他们就不太需要这些培训与指导。关于这个想法是否正确,我们可以通过基本信息中的"过去有无教师工作经历"与压力源中的"缺乏岗前培训与指导"做一个相关性分析来验证。

表 7.2　工作经历与岗前培训的相关性分析

		过去有无教学经验	缺乏岗前培训与指导
过去有无教学经验	Pearson Correlation	1	0.587**
	Sig. (2-tailed)	.	0.000
	N	51	51
缺乏岗前培训与指导	Pearson Correlation	0.587**	1
	Sig. (2-tailed)	0.000	0
	N	51	51

通过相关性分析可知，外籍教师“过去有无教学经验”与其认为“缺乏岗前培训与指导”的相关系数为 0.587，相关系数检验的概率 P 值为 0。两者呈正相关关系，表示越是缺乏教学经验的外教，越觉得学校缺乏岗前培训与指导。这个结论和我们之前的推测是一致的。

（三）外籍教师压力与各个因素的相关性分析

1.压力与人口统计学信息的相关性分析

（1）压力与性别。

表 7.3　压力与性别的关联表

			性别		总计
			男	女	
在中国高校有无压力感	没有压力	Count	2	2	4
		% within 在中国高校有无压力感	50.0%	50.0%	100%
		% within 性别	7.1%	8.7%	7.8%
	压力较小	Count	6	5	11
		% within 在中国高校有无压力感	54.5%	45.5%	100%
		% within 性别	21.4%	21.7%	21.6%
	压力适中	Count	2	5	7
		% within 在中国高校有无压力感	28.6%	71.4%	100%
		% within 性别	7.1%	21.7%	13.7%
	压力较大	Count	14	9	23
		% within 在中国高校有无压力感	60.9%	39.1%	100%
		% within 性别	50.0%	39.1%	45.1%
	压力非常大	Count	4	2	6
		% within 在中国高校有无压力感	66.7%	33.3%	100%
		% within 性别	14.3%	8.7%	11.8%
Total		Count	28	23	51
		% within 在中国高校有无压力感	54.9%	45.1%	100%
		% within 性别	100%	100%	100%

以上统计数据表明,在男女压力感受中,没有压力感和压力较小的男女比例基本一致,但是有更多的女教师(71.4%)认为压力大小适中,而很多男教师(60.9%)认为压力较大。在所有男教师中,认为压力较大的比例达到了 50%。这和我国许多学者的研究结果较为一致,如应海儿(2007)对我国高校的教师压力研究发现,男教师的压力稍大于女教师。这可能是因为男教师的自我期望更高,或者承担了更多的社会责任。

(2)压力与年龄。

表 7.4　压力与年龄的关联表

			年龄					总计
			20-24 岁	25-29 岁	30-39 岁	40-49 岁	50 岁及以上	
在中国高校有无压力感	没有压力	Count	0	1	1	1	1	4
		% within 在中国高校有无压力感	0	25.0%	25.0%	25.0%	25.0%	100%
		% within 年龄	0	4.5%	8.3%	20.0%	33.3%	7.8%
	压力较小	Count	1	2	4	3	1	11
		% within 在中国高校有无压力感	9.1%	18.2%	36.4%	27.3%	9.1%	100%
		% within 年龄	11.1%	9.1%	33.3%	60.0%	33.3%	21.6%
	压力适中	Count	2	3	1	0	1	7
		% within 在中国高校有无压力感	28.6%	42.9%	14.3%	0	14.3%	100%
		% within 年龄	22.2%	13.6%	8.3%	.0%	33.3%	13.7%
	压力较大	Count	5	11	6	1	0	23
		% within 在中国高校有无压力感	21.7%	47.8%	26.1%	4.3%	0	100%
		% within 年龄	55.6%	50.0%	50.0%	20.0%	0	45.1%
	压力非常大	Count	1	5	0	0	0	6
		% within 在中国高校有无压力感	16.7%	83.3%	0	0	0	100%
		% within 年龄	11.1%	22.7%	0	0	0	11.8%
Total		Count	9	22	12	5	3	51
		% within 在中国高校有无压力感	17.6%	43.1%	23.5%	9.8%	5.9%	100%
		% within 年龄	100%	100%	100%	100%	100%	100%

根据统计发现,外籍教师的压力呈现出明显的特点,即年轻外籍教师(20 岁至 39 岁)的压力普遍较大,感觉压力较大的比例占本年龄段的 50%,40 岁至 49 岁的外籍教师普遍感觉压力较小,其比例占本年龄段的 60%。而 50 岁及以上的外籍教

师中有33.3%的人觉得没有压力。这一点与我国学者对本国教师的研究情况一致。根据曾小娟(2010)对我国教师压力的调查结果,我国50岁以上的教师压力最小。这可能是因为来中国的年轻外籍教师基本是刚踏上工作岗位的,很多是第一次来到中国,对中国的教育环境还很陌生,而且教学经验也不足,导致压力相对较大。而年长的外籍教师基本上有了一定的教学经验,工作比较得心应手,因此压力相对较小。

(3)压力与国籍。

表7.5 压力与国籍的关联表

			国籍					总计
			美国	加拿大	澳大利亚	东南亚	其他	
在中国高校有无压力感	没有压力	Count	2	1	1	0	0	4
		% within 在中国高校有无压力感	50.0%	25.0%	25.0%	0	0	100%
		% within 国籍	20.0%	6.7%	12.5%	0	0	7.8%
	压力较小	Count	1	4	2	2	2	11
		% within 在中国高校有无压力感	9.1%	36.4%	18.2%	18.2%	18.2%	100%
		% within 国籍	10.0%	26.7%	25.0%	14.3%	50.0%	21.6%
	压力适中	Count	1	3	0	3	0	7
		% within 在中国高校有无压力感	14.3%	42.9%	0	42.9%	0	100%
		% within 国籍	10.0%	20.0%	0	21.4%	0	13.7%
	压力较大	Count	5	6	4	6	2	23
		% within 在中国高校有无压力感	21.7%	26.1%	17.4%	26.1%	8.7%	100%
		% within 国籍	50.0%	40.0%	50.0%	42.9%	50.0%	45.1%
	压力非常大	Count	1	1	1	3	0	6
		% within 在中国高校有无压力感	16.7%	16.7%	16.7%	50.0%	0	100%
		% within 国籍	10.0%	6.7%	12.5%	21.4%	0	11.8%
Total		Count	10	15	8	14	4	51
		% within 在中国高校有无压力感	19.6%	29.4%	15.7%	27.5%	7.8%	100%
		% within 国籍	100%	100%	100%	100%	100%	100%

从以上统计结果看，在所有压力较大和压力非常大的外籍教师中，以东南亚地区的外籍教师人数最多，达到了76.1%。相比之下，美国、加拿大、澳大利亚的这一比例则要小得多，分别为38.4%、42.8%和34.1%。由此可见，东南亚地区的外籍教师相对于加拿大和澳大利亚这两个国家的外籍教师而言压力要大，可能是因为东南亚地区的外籍教师与我国教师的生活方式较为接近，工作主要还是谋生的手段，因此，工作压力相比西方国家的教师会比较大些。也可能是因为来自东南亚地区的外籍教师在广西高校主要从事小语种教学。相比而言，英语对于我国高校的学生来说已经有了多年的学习基础，而东南亚小语种在高校才开始接触，学校对小语种外教有更高的期望，一般要求学生在经过两到三年的学习后能够具备基本的交流能力。因此，相比来自英语国家的外籍教师，东南亚地区的外籍教师承担了更大的压力。

(4)压力与学历。

表7.6　压力与学历的关联表

			学历				总计
			学士	硕士	博士	其他	
在中国高校有无压力感	没有压力	Count	3	1	0	0	4
		% within 在中国高校有无压力感	75.0%	25.0%	0	0	100%
		% within 学历	8.1%	14.3%	0	0	7.8%
	压力较小	Count	9	0	1	1	11
		% within 在中国高校有无压力感	81.8%	0	9.1%	9.1%	100%
		% within 学历	24.3%	0	33.3%	25.0%	21.6%
	压力适中	Count	4	2	1	0	7
		% within 在中国高校有无压力感	57.1%	28.6%	14.3%	0	100%
		% within 学历	10.8%	28.6%	33.3%	0	13.7%
	压力较大	Count	19	2	0	2	23
		% within 在中国高校有无压力感	82.6%	8.7%	0	8.7%	100%
		% within 学历	51.4%	28.6%	0	50.0%	45.1%
	压力非常大	Count	2	2	1	1	6
		% within 在中国高校有无压力感	33.3%	33.3%	16.7%	16.7%	100%
		% within 学历	5.4%	28.6%	33.3%	25.0%	11.8%

续表

			学历				总计
			学士	硕士	博士	其他	
Total		Count	37	7	3	4	51
		% within 在中国高校有无压力感	72.5%	13.7%	5.9%	7.8%	100%
		% within 学历	100%	100%	100%	100%	100%

统计数据表明，在所有感觉压力较大和非常大的外教中，具有学士学位的达56.8%，具有硕士学位的达57.2%，博士学位的达33.3%。可见，外籍教师的压力感受和学历之间没有明显的线性关系。这个结果与我国多数学者的调查结果不太一样，他们的研究结果认为我国高校教师的学历和压力之间是呈负相关关系，即学历越高的教师压力越小。这主要是因为我国高校教师的学历和职称之间有挂钩，导致学历越高的教师越容易获得高职称，而高职称教师在高校中各方面的待遇比低职称或无职称的教师要好很多，因此低学历教师就会有较大的心理落差，从而产生较大的压力。对于外籍教师来说，不存在评职称的问题，因此学历和压力感受之间就没有明显的正相关或负相关关系。

（5）压力与在中国的时间。

表 7.7　压力与在中国的时间的相关性分析

		来中国的时间(单位：月)	在中国高校有无压力感
来中国的时间(单位：月)	Pearson Correlation	1	-0.614**
	Sig. (2-tailed)	.	0
	N	51	51
在中国高校有无压力感	Pearson Correlation	-0.614**	1
	Sig. (2-tailed)	0	.
	N	51	51

通过统计可知，外籍教师来中国的时间与其压力感受的相关系数为-0.614，相关系数的概率 P 值为0。两者相关系数为负，表明外籍教师来中国的时间越长，其压力感受越小。主要是因为与在中国时间较长的外籍教师相比，刚来中国的外籍教师由于文化的差异导致了对中国的教育体制、生活习惯等都缺乏足够的了解，刚来中国的外籍教师需要更多的时间来适应新的环境。因此，和来中国较长时间的外籍教师相比，他们在工作和生活上或多或少存在着由于不适应而导致的压力。

2.压力与个人特质的相关性

(1)压力与健康状况。

表 7.8　压力与健康状况的相关性分析

		在中国高校有无压力感	健康状况不佳
在中国高校有无压力感	Pearson Correlation Sig. (2-tailed) N	1 . 51	0.525** 0 51
健康状况不佳	Pearson Correlation	0.525**	1

通过分析可知,外籍教师健康状况与其压力感受的相关系数为 0.525,概率 P 值为 0。相关系数为正,表示外籍教师的健康状况越差,其压力越大。Beehr 和 Newman(1978) 认为不良的工作压力产生的症状不仅仅是心理健康问题,还包括生理健康问题。另外,根据英国的 Abouserie(1996) 对高校教师压力产生原因的专门调查发现,由健康问题引起的压力问题占到了所有压力源的 8.9%。因此,一方面,可以认为是由于外籍教师的压力大而产生了对健康的不良影响;另一方面,不良的健康状况又会使外籍教师承受压力的能力下降,从而导致压力和健康之间互相影响,恶性循环。

(2)压力与情绪稳定性。

表 7.9　压力与情绪稳定性的相关性分析

		在中国高校有无压力感	情绪不稳定
在中国高校有无压力感	Pearson Correlation Sig. (2-tailed) N	1 . 51	0.738** 0 51
情绪不稳定	Pearson Correlation Sig. (2-tailed) N	0.738** 0 51	1 . 51

通过相关性分析可知,外籍教师的情绪稳定性与其压力感受的相关系数为 0.738,概率 P 值为 0。相关系数为正,表示外籍教师的情绪越不稳定,其压力越大。从心理学上说,压力与情绪有密切的关系。人在愉快的时候,压力减轻;不愉快时,压力增加。因此,情绪对外籍教师的压力感受影响很大,应尽量防止情绪的巨大波动。

(3)压力与自信心强度。

表 7.10　压力与自信心强度的相关性分析

		在中国高校有无压力感	缺乏自信心
在中国高校有无压力感	Pearson Correlation	1	0.468**
	Sig. (2-tailed)	.	0.001
	N	51	51
缺乏自信心	Pearson Correlation	0.468**	1
	Sig. (2-tailed)	0.001	.
	N	51	51

通过分析可知,外籍教师的自信心强度与其压力感受的相关系数为 0.468,相关系的概率 *P* 值为 0。相关系数为正,表示外籍教师越是缺乏自信心,其压力越大。自信心是日常生活中常常谈起的一个概念,而在心理学中,与自信心最接近的是班杜拉(A.Bandura,1977)在社会学习理论中提出的自我效能感(self-efficacy)。自我效能感是指人们能否利用自身拥有的技能去完成某项工作的自信程度,即我们常说的自信。本文的研究结果和班杜拉的研究一致,即自我效能感低的人(缺乏自信的人),更容易紧张。

(4)压力与自我期望程度。

表 7.11　压力与自我期望程度的相关性分析

		在中国高校有无压力感	自我期望过高
在中国高校有无压力感	Pearson Correlation	1	0.544**
	Sig. (2-tailed)	.	0
	N	51	51
自我期望过高	Pearson Correlation	0.544**	1
	Sig. (2-tailed)	0	.
	N	51	51

通过统计可知,外籍教师的自我期望程度与其压力感受的相关系数为 0.544,概率 *P* 值为 0。相关系数为正数,表示外籍教师的自我期望越高,其压力越大。根据 Vroom(1962)的期望理论,人们采取某项行动的动力取决于其对行动结果的价值评价和预期达成该结果可能性的估计。按照该理论,对于外籍教师来说,如果他们对自身行为可能产生的结果缺乏正确的评估,高估了自身的能力,当结果不尽如人意时就容易产生压力。

从以上统计描述来看,个人特质和外籍教师的工作压力之间都存在着明显的相关性。而且基本上反映出心理素质和身体素质的高低直接影响着个人承受压力的能力。因此,个人特质在外籍教师压力管理的过程中起到了十分重要的作用。

四、外籍教师压力的来源分析及应对策略

(一)双因素理论下的外籍教师压力来源分析

根据统计分析,广西高校外籍教师压力强度最大的10个压力源中,属于保健因素的主要有:(1)组织政策方面,即无法理解中国的教育体制、工作缺乏保障;(2)行政管理方面,即过多的非教学性会议、缺乏岗前培训与指导;(3)工作条件方面,即缺乏合适的教材、学生基础差距悬殊、语言不通;(4)人际关系方面,即与领导关系不融洽等。这些内容与赫兹伯格所描述的保健因素的内容相吻合。根据双因素理论,当保健因素缺乏时就会引起“不满意”,正是这些“不满意”引起了压力。

外教压力源中属于激励因素的有:自我期望过高、担心工作发展前景、缺乏自信心、合理建议得不到采纳等。根据双因素理论,当保健因素得到满足的时候只是“没有不满意”,并没有得到满意的状态,因此,消除保健因素中的不利因素只是消除不满,没有激励的效果。为了达到激励的效果,就要做进一步的努力,在满足保健因素,即消除压力、消除不满的条件下,采取激励措施。为了调动外籍教师的积极性,外籍教师管理者要学会利用激励因素去激发他们的工作热情,促使他们创造更佳的工作成绩。如果管理者能够做到将保健因素转变为激励因素,则能起到事半功倍的效果。

(二)基于压力与绩效关系基础上的建议

根据工作压力—绩效适度理论,在外籍教师的压力管理方面,对造成过大或过小压力的压力源,应采取干预性的措施,要防止压力过大导致消极的影响,也要防止压力过小导致教师没有发挥出真正的潜能。对于压力适中的情况,应该积极维持和巩固。

1.干预性的压力应对

(1)行政管理的改进。第一,减少非教学性会议。外籍教师无法理解这些会议的价值,对他们来说也许和教学内容密切相关的会议才有意义。过多的非教学型会议不仅带来了反感的情绪,也产生了一定的压力。因此,外籍教师管理者要充分考虑到外籍教师的感受,尽量减少这些会议的内容和缩短会议的时间。第二,提供汉语学习机会。很多外籍教师是第一次来中国,且没有学习过汉语,语言不通给他

们的工作和生活都带来诸多不便。为激励外籍教师教学的积极性,学校管理者可以适当地为需要学习汉语的外籍教师提供学习的机会。第三,处理好文化差异问题。文化差异问题始终是外籍教师在工作和生活中不可避免的问题。无论是语言问题,还是生活方式等问题,都是他们的压力源之一。外籍教师作为在中国高校教师的身份出现的时候,我们必须充分尊重他们的信仰和生活习惯。可以组织形式和内容多样的联谊活动,加深他们对中国文化的理解和认同。

(2)教学管理的改进。第一,分班制管理。调查表明,大多数外籍教师觉得学生基础差距悬殊,这给他们的教学工作带来了困难和压力。要解决这个问题,学校在招收学生时可以考虑按一定标准将学生进行分班。这样,每个班级内部学生的水平就不会相差太大。第二,共同参与选择或编写教材。不少外籍教师反映学校提供的教材并不完全适用于我国学生的教学。学校应该充分利用外籍教师的资源,和外籍教师充分沟通学习,让我国教师和外籍教师共同探讨合适的教材,从而找到适合我们中国高校的教材。第三,及时与外籍教师就教学管理体制进行沟通。本次调查表明,缺乏对我国教学管理体制的了解是外籍教师的压力源之一。教学负责人应及时向外籍教师介绍我国的教育方针、政策、学校的培养目标等各种教学问题,让他们对我国教育体制有充分的了解。

(3)人力资源管理的改进。第一,提高招聘效益。广西有些高校招聘的外籍教师是从设立在国外的中介机构处招聘的,由于招聘过程缺乏严格的程序管理,招聘到的人员质量良莠不齐,有的甚至没有任何教学经验。这样就导致一些外籍教师由于缺乏相关经验而产生工作压力的情况。因此,对于外籍教师的面试还是要有相关专业的人员来参加,以降低招聘风险,提高招聘效益。第二,进行工作分析。工作分析的结果之一是工作描述,有了明确、清晰的工作描述,就可以避免员工由于角色模糊和角色冲突带来的压力。学校应在招聘外籍教师的时候,向外籍教师详尽地描述在中国高校任教的具体情况。第三,提供岗前培训。岗前培训可以提高外籍教师的教学水平和业务素质,使其更好地胜任工作职责,从而减轻工作压力。近年来,我们在这方面也做了一定的改进,2010 年 5 月我国外国专家局发布了《关于试行开展外籍语言教师(英语类)职业培训的通知》,决定试行外籍教师(英语类)职业培训项目。该培训解决了相关工作经历不满两年的外国人有意来华从事外籍教师工作的问题。只要经上述培训合格后,经省级外国专家局认可,就可以担任外籍教师工作。

(4)提高管理者素质。第一,要有包容心。据本文统计表明,外籍教师与管理者之间的关系不融洽也是压力源之一。外籍教师的价值观念与我们存在很大的不同,他们所期待的是更扁平的领导方式,希望管理者和他们之间的关系是平等的,而不是高高在上的领导者。外籍教师管理者在面对这类特殊的教职工时,应该体谅和理解外籍教师在异国他乡工作的难处,给予他们一定的帮助。第二,提高沟通能力。外教管理者不仅要具备很高的外语语言水平,还要掌握一定的沟通技巧。一方面,需要把我国教育政策、教育条件、要求等向他们转达;另一方面,要学会聆听和了解外籍教师的需求,包括教学条件和生活配备等。特别是要善于及时了解外籍教师的需求,在他们遇到困难时给予适当的帮助。第三,提升专业素质。目前,高校外籍教师以母语为英语的居多,一般对外籍教师管理者要求达到专业英语八级水平。此外,管理者应该具备心理学基本知识,在有需要的时候及时给予外籍教师心理疏导。因此,外籍教师管理者要不断学习,提高自身的专业素质,提高跨文化管理水平。

2.预防性的压力应对

生活中压力不可避免,但并不是所有的压力都会产生不良的影响。统计表明,有些方面的压力还是相对适中的,这些压力源主要有:缺乏自信心,沟通障碍,担心工作发展前景,与学生关系疏远,担心学生学习成绩不理想,过多的责任,薪水不够,学校考核过严等。根据压力与绩效关系理论,目前我们可以对这几个项目暂不采取措施。虽然在一定的范围内具有相对的稳定性,但是随着环境的变化,压力强度会通过刺激强度不断加强而累加。一旦这种压力的频率增加,也会变成强大的刺激,因此,我们不能忽视这些潜在的压力源。

根据压力绩效关系理论,压力过小,工作绩效无法发挥到最佳水平。因此,对于一些压力过小的压力源,根据实际情况可采取适当加压的方式,以提高外籍教师工作绩效。如本研究中外籍教师的“与同事竞争激烈”这一项,排在压力源大小的倒数第三位,相比其他压力源,这个压力较小。学校可以引入一定的竞争机制,如通过开展外籍教师与同事之间的教学效果评比活动,并在此基础上采取一定的奖惩措施从而达到一定的加压目的。对外籍教师自身而言,不仅可以通过自身的努力得到更好的报酬,也可以从中增强竞争意识,从而提高教学质量。

从这些年国家外国专家局颁布的《关于完善在华工作外国专家医疗保障制度的意见》等政策的陆续出台可以看出,我们对外籍教师给予了相当大的人力、物力和财力支持。通过本文研究表明,单纯的物质投入并不能充分发挥出他们应有的积极作用,因为精神激励也是同样重要的。所以,我们需要更深入地了解外籍教师在我国工作和生活中的心理压力状况,及时和有针对性地进行疏导,这样才能更好地提升他们的工作积极性,发挥其重要作用,从而加速我国高等教育的国际化进程。

参考文献

中文文献

[1]陈安福.学校管理心理学[M].北京:高等教育出版社,2001.

[2]陈秋英.外籍教师激励偏好、激励制度满意度及工作满意度实证研究[D].长沙:中南大学硕士学位论文,2007.

[3]陈学飞.高等教育国际化 跨世纪的大趋势[M].福州:福建教育出版社,2002.

[4]成达如.学校管理的人本意蕴[M].北京:北京大学出版社,2004.

[5](美)E·马克·汉森.教育管理与组织行[M].冯大鸣,译.上海:上海教育出版社,2005.

[6]方方.教师心理健康研究[M].北京:人民教育出版社,2003.

[7]付拥军.论学校外籍教师的管理[D].武汉:华中师范大学硕士学位论文,2004.

[8]贯宁.高校外教跨文化管理中的沟通技巧探析[J].文教资料,2007(17).

[9]李进忠.教师压力分析及解决策略——美国的研究结果和经验[J].基础教育参考,2004(9).

[10]李新月.多维度下的中国大学生与外籍教师间文化冲突研究[D].哈尔滨:黑龙江大学硕士学位论文, 2010.

[11]李云霞.强化外教管理促双赢[J].湖北教育,2009(10).

[12]刘新颜.高校外籍教师管理人员应具备的素质[J].边疆经济与文化,2010(3).

[13]马文超.西安市外籍教师的文化适应探究[J].陕西师范大学学报(哲学社会科学),2007(AZ).

[14]彭未名.国际教育交流与管理[M].广州:华南理工大学出版社,2007.

[15]任夫元,胡国庭.新形势下高校外籍教师管理模式探索[J].新西部(下半月),2009(6).

[16]石俊杰.教育社会心理学——理论探讨与专题研究[M].保定:河北大学出版社,2003.

[17] Tim Ang,姜旭平.我的压力管理课堂[M].上海:上海交通大学出版

社,2007.

[18]陶芳芳.高校教师压力及应对方式对心理健康的影响研究[D].华中科技大学硕士学位论文,2006.

[19]王电建.影响来华外教社会文化适应性的相关因素研究[J].云南师范大学学报(对外汉语教学与研究版),2010(2).

[20]王丽娟.柔性管理在外教管理工作中的应用探析[J].山东教育学院学报,2007(6).

[21]靳娟.工作压力管理[M].北京:人民邮电出版社,2007.

[22]张秋红,张雪岩.人本主义理念在外籍教师管理实践工作中的应用[J].长春大学学报,2010(2).

[23]张锐,林琳.国外教师压力源研究的新进展[J].内江师范学院学报,2006(5).

[24]张园园.我国民办高校外籍教师管理问题研究——以吉林省民办S学院为例[D].长春:东北师范大学硕士学位论文,2009.

[25](美)赫茨伯格,等.赫茨伯格的双因素理论[M].张湛,译.北京:中国人民大学出版社,2009.

[26]邱珊.重庆高校外专外教跨文化适应问题研究[D].上海:上海外国语大学硕士学位论文,2008.

[27]朱敏,陈慧.北京高校的外籍师生适应问题研究[J].北京教育,2007(3).

外文文献:

[1]Abouserie, R. Stress,coping strategies and job satisfaction in university academic staff [J]. Educational Psychology, 1996 (1).

[2]Byrne.B.M.The Maslach Burnout Inventory:Testing for Factorial Validity and Invariance Across Elementary Intermediate and Secondary Teachers [J]. Journal of Occupational and Organizational Psychology, 1993 (3).

[3]Chan, D. W. & Hui. E. K. P. Burnout and So-ping among Chinese Secondary School Teachers in HongKong [J]. British Journal of Educational Psychology, 1995 (65).

[4] Cockburn. A. D. Primary Teachers Knowledge and Acquisition of Stress Relieving Strategies [J]. British Journal of Educational Psychology, 1996(55).

[5]David Fontana,Reda Abouserie. Stress levels:Gender and personality factors in

teachers [J]. British Journal of Educational Psychology, 1993 (3).

[6]Duance Brown. Career choice and development [M]. San Francisco, 2002.

[7] Elaine Adams. Vocational Teacher Stress and Internal Characteristics [J]. Vocational And Technical Education,1999(1).

[8]Farber B.A. Crisis in education: Stress and burnout in the American teacher [M]. San Francisco: Jassey-Bass, 1991(11).

[9]Gmelch W.H. Lovrich N.P. and Wilke P.K. A National Study of Stress Among University Faculty Members [J]. Phi Delta Kappan, 1984(65).

[10]Hans van Ginkel. Internationalization in Higher Education [J]. Towards a New International. Partnership Gernerated from DocBooK, 2002(36).

[11] H · Selye. The stress concept [J]. Canadian Medical Association Journal, 1976(5).

[12]IIse Schaad. No Reason for Foreign Teachers to Celebrate [J]. European Education,1998 (30).

[13]J. Griffith, A. Steptoe, M. Cropley. An investigation of coping strategies associated with job stress in teachers [J]. British Journal of Educational Psychology, 1999 (4).

[14]Kyriacou C, Svutcliffe J. Teacher Stress: Prevalence, Sources and Symptoms [J]. British Journal of Educational Psychology, 1978(48).

[15]Lazarus R S. Psychological stress in the work place [M]. In: Rick Crandall, Pamela L Perreweed. Occupational Stress: A Handbook. New Jersey: Prentice Hall, 1995(13).

附录:调查问卷

广西高校外籍教师压力情况调查问卷(中文版)

尊敬的老师:

您好!我是广西大学公共管理学院的一名硕士研究生,此调查的目的是了解广西高校外籍教师的工作压力状况和压力来源,从而探讨管理外籍教师压力的有效方法。为使调查结果更具实效,请您根据亲身感受如实地回答,并在最符合的选项上打"√",主观题请在横线上填入您的答案。为确保您所填信息的保密性,本问卷采取不记名调查的方式,请放心填写。谢谢您的合作!

一、个人基本情况

1.性别:□男□女

2.出生年份:

3.国籍:

4.学历:□学士□硕士□博士□其他

5.您来中国有多久了?________个月

6.您是独自居住还是和家人同住?□独自居住□家人同住

7.您目前的工作量:________小时/周

8.您以前做过教师吗?□做过□没做过

9.作为外籍教师,您感到在中国高校工作的总体压力大吗?

□没有压力□压力较小□压力适中□压力较大□压力很大

10.您认为压力给工作带来了什么样的影响？

□非常负面的影响□较负面的影响□没有影响□较积极的影响□非常积极的影响

二、压力源量表

请您根据实际情况，在对应的表格中打“√”。1 为完全不符合；2 为基本不符合；3 为不确定；4 为基本符合；5 为完全符合。

表 2.1 压力源量表

序号	工作内容	1	2	3	4	5
1	每天的工作量太大或工作时间太长					
2	工资、福利待遇低					
3	工作性质不稳定，缺乏保障					
4	要承担的责任太多					
5	意识到专业素质或能力难以应付工作					
6	知识更新太快，需要不断学习					
7	学生学习水平参差不齐					
8	担心所教学生成绩不理想					
9	担心工作的发展前景					
10	对中国教育体制的不理解					
序号	学校管理	1	2	3	4	5
11	领导不重视不关心教师					
12	缺乏教育培训或指导					
13	对教师进行考核过严					
14	缺乏合适的教学设备或教材					
15	非教学性的会议太多					
16	合理的建议或意见得不到尊重和采纳					
序号	人际关系	1	2	3	4	5
17	缺少朋友					
18	与领导关系不和睦					
19	同事之间相互竞争					
20	感觉与学生关系疏远					

续表

序号	日常生活	1	2	3	4	5
21	语言不通导致的沟通障碍					
22	因工作而照顾不到家人					
23	饮食不适应					
24	居住环境不理想					
25	不适应这里的气候					
26	在异国他乡生活感到孤独					
序号	个人特质	1	2	3	4	5
27	容易感到疲劳					
28	缺乏自信					
29	自我期望过高					
30	身体健康状况不佳					
31	情绪不稳定					

问卷调查完毕，非常感谢您的合作！

主题二:教育服务贸易

专题报告八:中国—东盟高等教育服务贸易研究——以广西为例[①]

旷　乾　孙维克

摘要:高等教育的国际化已经成为国际上的一种潮流和趋势,而高等教育服务贸易正成为各国积极寻求发展的突破口,在中国与东盟各国的政治、经济和文化关系日益紧密的联系下,双方的高等教育服务贸易发展逐步呈现强劲的势头,但是如何正确认识中国与东盟各国高等教育服务贸易的发展现状,并针对其中存在的问题提出相应的解决对策是一项重要的研究工作。

关键词:高等教育　服务贸易　东盟

一、中国—东盟高等教育服务贸易的发展背景

20世纪末以来,经济全球化程度日益加深并扩展到教育领域,经济的全球化需要与之相适应的国际化高素质人才,进而带动了高等教育的国际化发展。加之高等教育又是知识要素在国家间移动的一种主要形式,有助于科技、知识的创新和传播,这又从某种程度上推动了经济的联动发展。2002年中国—东盟自由贸易区建设并启动,我国与东盟各国的经贸关系也由此进入快速发展的阶段。随着中国与东盟贸易、投资的不断升温,教育作为人力资本积累的重要途径,对推动中国—东盟自由贸易区的发展具有不可替代的作用,因此,中国与东盟双方展开了包括教育服务贸易在内的广泛合作。

---

① 本研究是"国际区域经济一体化下的中国—东盟高等教育合作模式研究(11FJY056)"的阶段性研究成果。

在经济全球化、区域经济一体化和教育国际化的背景下，广西教育服务贸易的发展也逐步进入国际轨道。自 2002 年中国—东盟自由贸易区建设启动以来，双方在教育领域的合作与交流不断深入。首先，2007 年 1 月中国与东盟双方签署了《服务贸易协议》，这样的区域一体化发展环境为广西—东盟高等教育服务贸易的发展创造了有利条件。其次，《国家中长期教育改革与发展规划纲要（2010—2020 年）》中的教育开放政策更是为广西与东盟高等教育服务贸易的发展提供了政策上的鼓励和支持。再次，中越两国"两廊一圈"的成功建立、大湄公河次区域合作等都为广西参与国际教育服务贸易提供了良好的机遇。最后，2008 年 1 月，国家正式批准实施《广西北部湾经济区发展规划》，这标志着广西北部湾经济区的开放开始上升到国家战略层面，这必将对教育服务的需求及利用提出新的要求，从而进一步推动广西积极发展教育服务贸易，参与激烈的国际教育贸易竞争。

二、中国—东盟高等教育服务贸易的研究意义及研究现状

中国与东盟在发展高等教育服务贸易方面具有较强的互补性，通过高等教育服务贸易的发展，中国与东盟能够充分而有效地利用国际、国内两种教育资源，进而弥补本国教育资源的不足，也可以满足本国人民对教育多样性和选择性的需求，促进教育供求平衡，进一步提高教育资源的有效配置。教育服务的高质量有利于人才的培养和人力资本的储备，而人力资本的增加又会对生产效率起到促进作用，从而推动社会经济的进步①。因此，中国与东盟之间的高等教育服务贸易符合双方对共同利益的根本追求，有利于增进中国与东盟之间的友谊，有利于加深双方之间的了解，也有利于我国同东盟各国保持一种相互尊重的传统友好关系，更有利于加强双方间的政治互信。通过高等教育的交流与合作还可以化解不同民族文化差异形成的文化冲突。因此，我国与东盟国家发展高等教育服务贸易有利于双方文化的相互影响、相互理解、相互渗透，进而增进对双方各国独特文化的尊重与理解。

国外对教育服务贸易的研究较多，主要表现为：注重国际合作和国际组织的作用研究，如 Michael R. Czinkota（2006）、Wendy W.Y.Chan（2004）和 Tristan Bunnell（2006）等人的研究；国际学生流动方面的研究，如 Michael（1995）、Vikash Naidoo（2007）和 Karinc Tremblay（2005）等人的研究；跨国高等教育质量保障问题研究，如 David Coleman（2003）和 James P.Lassegard（2006）等人的研究。经济全球化和区域经济一体化是高等教育服务贸易产生与发展的时代背景，在服务贸易总协定将教

① 李佳原.我国教育服务贸易与经济增长的关系研究[D].上海：东华大学硕士学位论文，2011.

育正式纳入服务贸易以来，人们便将目光集中在WTO背景下高等教育服务贸易的发展研究，中国和东盟之间也加强了合作，特别是中国—东盟自由贸易区建设启动以来，双方展开了包括教育服务贸易在内的各方面的广泛合作，国内对这一主题的研究主要体现在以下几个方面：随着中国与东盟高等教育服务贸易合作进程的不断加快，刘稚（2010）、韦朝晖（2009）和韦茂繁（2010）等学者从时间和空间等多种角度对中国与东盟的高等教育服务贸易合作现状进行了研究；农锦华（2008）、刘莉（2008）、鲁学武（2008）和王红晓（2007）等学者对中国—东盟自由贸易区背景下的人才培养模式进行了研究。唐晓萍（2004，2007，2008）和黄骏（2005）则对中国与东盟间的高等教育合作机制理论进行了研究；刘庆（2009）、覃壮才（2006）和黄骏（2005）等学者从留学生的角度切入，对中国与东盟各国留学生服务贸易的发展进行了相关研究。

综观高等教育国际化方面的相关研究不难发现，高等教育服务贸易的研究正日益引起广大学者的关注，但是其研究深度和广度还有待进一步加深和拓宽。目前的研究文献多是从国际大背景下对高等教育服务贸易进行笼统的介绍与分析。本文将站在系统全局的高度上对中国与东盟高等教育服务贸易的发展进行较为深入的分析，以期为双方进一步发展高等教育服务贸易提供参考。

三、中国—东盟高等教育服务贸易的发展现状

高等教育服务贸易是“指国与国之间主要出于经济目的而进行的关于高等教育的输入与输出，它属于一种国际服务性贸易”①。在WTO按照联合国暂定的主要产品分类中，高等教育服务贸易属于教育服务贸易五个部门（初等、中等、高等、成人和其他教育服务）中的一个，主要包括跨境交付、境外消费、商业存在和自然人流动四种形式。

（一）跨境交付的发展现状

高等教育服务贸易中的跨境交付指的是通过远程教育、在线教育培训等方式向本国国民提供教育服务的一种贸易方式，而培训的主体一般是外国教育机构。在中国—东盟自由贸易区框架中，中国和东盟各国对跨境交付这一方式所做出的承诺可以通过下表反映出来。

---

① 熊庆年，王修娥.高等教育国际贸易市场的形成与分割[J].教育发展研究，2001(9).

表 8.1　中国与东盟国家对跨境交付做出的相关承诺

部门或分部门	市场准入限制	国民待遇限制	附加承诺
中国高等教育	不做承诺	不做承诺	
越南高等教育	不做承诺	不做承诺	
泰国高等教育	不做承诺	不做承诺	
柬埔寨高等教育	不做承诺	不做承诺	柬埔寨将根据教育和专业服务市场的需要，努力建立与国际惯例相适应的独立的国家认证程序
马来西亚高等教育	除依照外国教育机构与马来西亚教育机构签署特许协定或合作协定外，其他不做承诺	不做承诺	
新加坡成人教育服务	没有限制	没有限制	

注：东盟的其他成员缅甸、文莱、老挝、菲律宾、印度尼西亚没有在中国—东盟服务贸易协定中对高等教育的跨境交付做出承诺。

资料来源：中国自由贸易区服务网 http://fta.mofcom.gov.vn/dongmeng/dm_fwmy.shtml。

从所查阅的相关文献来看，中国与东盟各国在高等教育服务贸易的跨境交付方面并没有太大发展。但实际上，中国与东盟各国的远程教育都有一定程度发展，只是没有建立彼此间的合作和开放，双方各国提供远程教育的主要目的是满足国内人民对于教育的需求，扩大人民的教育选择机会，促进教育公平，实现高等教育大众化。随着全球教育资源的共享和开放要求日益强烈，中国和东盟之间的教育资源相互开放和相互共享，已经开始逐步演变成一个全球化的发展趋势①。因此，中国与东盟各国的跨境交付发展也是教育资源全球化趋势的发展要求。

（二）境外消费的发展现状

境外消费是通过服务消费者的过境移动来实现的，服务则是在由提供者实体存在的国家或地区来生产的，反映在教育服务贸易中主要是一国人员到他国的学校或科研机构留学、进修或学术访问等。中国与东盟各国在境外消费方面发展迅速，留学生数量不断增长。对于境外消费，中国与东盟各国在境外消费方面的承诺可以通过下表反映出来。

① 王革民.开放大学与中国远程教育的发展[J].教书育人，2011(3).

表 8.2 中国与东盟国家对境外消费所做出的相关承诺

部门或分部门	市场准入限制	国民待遇限制	附加承诺
中国高等教育	没有限制	没有限制	
越南高等教育	没有限制	没有限制	
泰国高等教育	没有限制	没有限制	
柬埔寨高等教育	没有限制	没有限制	柬埔寨将根据教育和专业服务市场的需要，努力建立与国际惯例相适应的独立的国家认证程序
马来西亚高等教育	除依照特许和合作协定出国的学生可以境外消费，其他不做承诺。	不做承诺	
新加坡成人教育服务	没有限制	没有限制	

注:东盟的其他成员缅甸、文莱、老挝、菲律宾、印度尼西亚没有在中国东盟服务贸易协定中对高等教育的境外消费做出承诺。

资料来源：中国自由贸易区服务网 http://fta.mofcom.gov.vn/dongmeng/dm_fwmy.shtml。

中国与东盟各国在境外消费方面的发展状况突出表现为留学生规模的不断扩大。随着 CAFTA(中国—东盟自由贸易区)的提出和快速建设,以及我国良好的经济表现,东盟国家学生逐渐将我国作为海外留学的重要目的地。教育部的统计数据显示,中国从 1978 年至 2006 年接受了 170 多个国家和地区的留学生,其中东盟国家的学生约为 15%,并以每年 30%的速度不断增加。从 2008 年到 2010 年,东盟国家来华留学生由 34 766 人上升到 49 580 人,年均增长 7 407 人①。

表 8.3 2002—2011 年东盟各国来华留学生人数统计(单位:人)②

国家 \ 年份	2002 年	2003 年	2004 年	2005 年	2006 年	2007 年	2008 年	2009 年	2010 年	2011 年
越南	2 336	3 487	4 382	5 842	7 310	9 702	10 396	12 247	13 018	13 549

① 王邻.走向更加务实有效的高等教育合作——第四届“中国—东盟教育交流周”综述[N].贵州日报,2011-8-25(01).

② 根据中国教育年鉴整理.

续表

国家＼年份	2002年	2003年	2004年	2005年	2006年	2007年	2008年	2009年	2010年	2011年
印尼	2 583	2 563	3 750	4 616	5 652	6 590	7 084	7 926	9 539	10 957
泰国	1 737	1 554	2 371	3 594	5 522	7 306	8 476	11 379	13 177	14 145
马来西亚	840	841	1 241	1 589	1 743	1 908	2 114	2 792	3 885	4 259
菲律宾	638	602	1 375	2 176	1 512	1 335	2 362	2 273	2 989	2 662
新加坡	583	551	929	1 322	1 392	1 480	2 155	3 198	3 608	4 483
老挝	333	403	509	569	833	943	1 161	1 557	1 859	2 395
缅甸	232	232	397	494	538	645	652	1 026	972	1 529
柬埔寨	151	139	180	188	221	225	330	406	502	775
文莱	4	4	6	7	10	13	36	22	31	36

通过上表中的数据可以发现，东盟各国的来华留学生人数正呈逐年增长的趋势，特别是在2007年之后增长幅度较大。不仅东盟各国来华留学生人数不断增加，而且中国学生赴东盟各国的人数也不断增长，从2008年到2010年，中国赴东盟国家的留学生由68 510人上升到82 431人，年均增长6 960余人，其中，在泰国留学的中国学生达到9 000多人，可见中国已经成为泰国较大的留学生生源国之一。2010年，在马来西亚的中国留学生数量为10 214名，这在马来西亚的外国留学生排行榜上占据第二的位置，中国留学生在东盟其他国家的数量也呈快速增长之势，如缅甸、老挝、印度尼西亚、文莱等国的中国留学生数量不断增多[①]。

除规模扩大外，留学生地域分布的特征也较为明显。东盟国家的留学生在我国具有明显的地域分布特征。东盟各国输入到我国的留学生主要集中于我国的西南边疆省区，如广西、云南等省区。东盟各国的来华留学生主要来自越南、泰国、印度尼西亚等国，且越南、泰国、印度尼西亚三国的来华留学生最多。以2011年为例，2011年来华留学生按洲别统计，来自亚洲的留学生人数占首位，总计187 871人，占全年来华留学生总数的64.21%。亚洲是来华留学生的主要市场。2011年来华留学生人数名列前10位的亚洲国家是：韩国（62 442人），日本（17 961人），泰国（14 145人），越南（13 549人），印度尼西亚（10 957人）。排在前十位的亚洲国家来华留学生总数为119 054人，占亚洲来华留学生总人数的63.37%。这其中以韩

① 沈燕清，李一平.留学东南亚，你应该知道的[EB/OL].2012-08-17.

国来华留学生最多,比例达到52.45%,泰国、越南、印度尼西亚这三个国家分别占11.88%、11.38%、9.20%。东盟各国中,泰国、越南、印度尼西亚这三个国家的留学生人数占排在前十位的亚洲国家来华留学生总数的32.46%,但是与韩国相比还有较大差距,且这三个国家总人口比韩国多得多。这说明中国文化大国的优势对东盟还没有产生较大影响,东盟这个潜力巨大的市场还有待于进一步开拓。

作为中国与东盟高等教育合作的桥头堡,广西的发展格外醒目,有数据显示,2008年广西各高校有东盟国家的留学生3 696人次,占全国东盟国家留学生总量的十分之一①。2009年,广西有来自境外的留学生4 378人,其中来自东盟国家的留学生与占在华东盟国家留学生总人数的比例均有所增加②。2011年5月13日,南宁市政府正式出台《东盟国家留学生奖学金管理办法》(以下简称《办法》)并于同年9月1日起施行,《办法》中决定设立东盟国家留学生奖学金,主要奖励来自东盟国家中与南宁市建立友好城市或者友好交往城市的优秀留学生,获奖的优秀留学生每人每年最高可以获得1.5万元的奖学金③。据统计,目前在广西留学的东盟留学生超过5 000人,广西派往东盟交流学习的高校学生也超过了5 000人。在广西的越南留学生占越南在中国留学人数的四成,广西成为东盟国家留学生人数最多的省份之一。近几年来东盟在广西的留学生人数分别为:2007年1 000人,2008年3 696人,2009年为5 224人,分别占全国东盟学生总数的3.32%、10.64%、14.93%。选择到广西留学的东盟国家学生人数越来越多,广西成为东盟国家学生来华留学的一个重要选择地。十年前,在广西留学的东盟国家留学生只有339人,2009年达到了5 224人,十年间增长了14倍多。由此可见,广西与东盟在留学生教育方面呈现了迅猛的发展势头。

(三)商业存在的发展现状

商业存在是指在一缔约方内设立相应的机构并提供相关的服务,进而取得收入形成贸易,教育服务贸易方面具体指一国企业或学校到他国直接开办独资或合资学校、培训机构等。下表可以清晰地反映中国与东盟各国在商业存在方面的承诺。

---

① 韦茂繁.广西与东盟高等教育合作发展探析[J].广西民族大学学报(哲学社会科学版),2010(5).

② 朱朝霞.广西与东盟高等教育合作问题研究[J].青岛职业技术学院学报,2010(3).

③ 王煜霞.南宁设立东盟国家留学生奖学金[EB/OL].人民网,2011-04-28.

表 8.4　中国与东盟国家对商业存在做出的相关承诺

部门或分部门	市场准入限制	国民待遇限制	附加承诺
中国高等教育服务	允许中外合作办学，外方可获得多数拥有权	不做承诺	
越南高等教育服务	除以下规定外，没有限制：自本协定生效之日起，只允许外国服务提供者在越南设立合资企业，但外方可以在合资企业中占多数股权。从 2009 年 1 月 1 日起，允许设立 100%的外商投资的教育实体	在外商投资学校任职的外国老师必须有至少五年的执教经验，并获得权威主管部门的资质认可。	
泰国高等教育服务	不做承诺	不做承诺	
柬埔寨高等教育服务	不做承诺	不做承诺	柬埔寨将根据教育和专业服务市场的需要，努力建立与国际惯例相适应的独立的国家认证程序
马来西亚高等教育服务	除依照外国教育机构与马来西亚教育机构签署特许协定或合作协定外，其他不做承诺	不做承诺	外资股份超过 49%时，需经过下列额外的经济需求测试：a.所提供课程对马来西亚来说是关键性课程，如医学、牙医、工程、工商、科学和技术；b.属于研究项目；c.属于与当地机构合作研究项目；d.外国学生的比例较小的课程项目
新加坡成人教育服务	没有限制	没有限制	

注：东盟的其他成员缅甸、文莱、老挝、菲律宾、印度尼西亚没有在中国—东盟服务贸易协中对高等教育的商业存在做出承诺。

在中国与东盟高等教育服务贸易的商业存在即中外合作办学方面，孔子学院最具特色。截至 2012 年，我国已建立 400 所孔子学院、525 所孔子课堂，注册会员

60 万人。在众多的孔子学院中,东南亚地区以学院多和质量高显示出自己的特色①。我国在亚洲的孔子学院有 127 所,其中东盟各国共有 41 所,占亚洲数量的将近三分之一,其在东盟各国的分布情况如下:泰国有 23 所、印度尼西亚有 7 所、菲律宾有 3 所、马来西亚有 2 所、新加坡有 2 所、缅甸有 2 所、柬埔寨有 1 所、老挝有 1 所②。中国与东盟各国联合承办孔子学院,对国内高校而言,不仅可以积极地宣传本校,为提高本校在海外知名度提供重要途径,而且孔子学院也为检验国内高校在适应国际化和走向国际化的发展道路提供了有益尝试,尤其是为今后开展更高层次水平的海外汉语教学提供了借鉴。

加入 WTO 后,我国在一定程度上允许中外合作办学,并允许外方获多数拥有权,这在一定程度上促进了中外合作办学的发展。随着中国—东盟自由贸易区的不断发展,广西与东盟各国在教育合作上也呈现了新的面貌,主要体现在:合作办学层次不断提高,合作日趋紧密。在孔子学院总部/国家汉办的支持下,广西大学、广西师范大学、广西民族大学与泰国的 3 所大学及老挝的 1 所大学合作建立了 4 所孔子学院,培训学习汉语的各类学生 1 万多人。

(四)自然人流动的发展现状

自然人流动主要是指缔约方的服务提供者通过过境移动,在其他缔约方境内提供相关服务而形成的贸易,教育服务贸易方面则指一国公民到另一国从事专业教学、培训、研发等工作。对于自然人流动这一教育服务贸易形式,各国都采取了较为谨慎的开放态度和承诺。中国与东盟各国对自然人流动的承诺可以通过下表反映。

表 8.5 中国与东盟国家对自然人流动做出的相关承诺

部门或分部门	市场准入限制	国民待遇限制	附加承诺
中国高等教育	除水平承诺中内容和下列内容外,不做承诺:外国个人教育服务提供者受中国学校和其他教育机构邀请或雇佣,可入境提供教育服务	资格如下:具有学士学位且具有相应的专业职称或证书,具有 2 年专业工作经验	—
越南高等教育	除水平承诺中的内容外,不做承诺	除水平承诺中的内容外,不做承诺	—

① 林华东,吴端阳.东南亚地区孔子学院可持续发展研究[J].泉州师范学院学报,2011(5).

② 根据联合国教科文组织网站资料整理。

续表

部门或分部门	市场准入限制	国民待遇限制	附加承诺
泰国高等教育	外国的自然人可以在泰国提供教育服务，但须满足以下条件：(1)外国自然人受到在泰国合法设立并注册的教育机构的邀请或雇佣；(2)外国自然人具备相关教育机构所要求的资格和工作经验，在适当情况下，还应符合泰国教育部设定的其他相关标准。首次入境的期限为一年或与聘用期相同，以较短者为准，可能获得延长。其他要求与水平承诺的内容相同	不做承诺	——
柬埔寨高等教育	除水平承诺中的内容外，不做承诺	除水平承诺中的内容外，不做承诺	柬埔寨将根据教育和专业服务市场的需要，努力建立与国际惯例相适应的独立的国家认证程序
马来西亚高等教育	除水平承诺中的内容外，不做承诺	除水平承诺中的内容外，不做承诺	——
新加坡成人教育服务	除水平承诺中的内容外，不做承诺	不做承诺	——

注：东盟的其他成员缅甸、文莱、老挝、菲律宾、印度尼西亚没有在中国—东盟服务贸易协议中对高等教育的自然人流运动做出承诺。

自然人流动是目前国际教育服务贸易中份额最小的部分。在高等教育服务贸易领域，互派学者开展访问研究、教学交流等均属于自然人流动的范畴。目前，在中国与东盟各国的教育交流中，派出汉语教师已经成为教育服务贸易市场自然人流动的主要方式，但是我国与东盟之间的教育服务贸易中的自然人流动比较少，目前规模很小，主要有孔子学院的汉语教师出国授课，以及广西、云南等地与东盟国家的高校合作办学过程中的教师出国授课两种。① 截至2008年，国家汉办通过派出专家的形式已经为东盟地区培养了2 986名汉语教师，并向东盟10国派遣了4 412名汉语教师志愿者。② 随着广西与东盟各国高等教育服务贸易的不断推进，语

① 付丽.中国与东盟国家的教育服务贸易：基于自由贸易区框架下的SWOT分析[D].北京：北京第二外国语学院硕士学位论文，2009.

② 刘稚.中国—东盟高等教育合作的现状与前景[J].思想战线，2010(4).

言教学成为双方教育合作的热点,这使得汉语和东盟当地语言的学习逐渐升温。越来越多的各国人民特别是青少年希望学习对方国家的语言,进一步了解对方国家的文化、历史。2006 年以来广西派出了近 300 名汉语教师志愿者前往泰国、菲律宾任教,同时为越南、老挝、柬埔寨和泰国培训了 300 多名汉语教师,各大高校或省区教育厅也都曾经委派教师到越南、泰国等国家的高校任教。

(五)教育合作协议方面的签署状况

从中国与东盟签署的教育合作文件来看,中泰两国于 1999 年、2007 年以及 2009 年分别签订了《关于高等教育合作谅解备忘录》《关于相互承认高等教育学历和学位的协定》和《中泰教育合作协议》三项文件。这一系列文件的签署,极大地加快了两国前往对方国家留学人数的增长速度,这些合约也大大促进了中国和泰国的教育合作与交流。① 中国与越南在 2009 年 4 月签署了《中越学位互认协议》,极大地促进了双方的高等教育合作。中国与马来西亚于 1997 年签署了《教育交流谅解备忘录》,于 2005 年签署了《中华人民共和国政府和马来西亚政府教育合作谅解备忘录》。2011 年 4 月 28 日,温家宝总理访问马来西亚,《中华人民共和国政府和马来西亚政府关于相互承认高等教育学历和学位的协定》得以正式签订。目前,得到中国教育部认可的马来西亚高校有 60 多所,其中公立大学有 20 所,私立大学有 40 多所。② 中国与新加坡于 1999 年签署了《教育交流与合作备忘录》,于 2009 年签署了《中新教育交流合作协议》,这些协议将两国的教育合作事业推向更加成熟、完善的阶段。中国同菲律宾于 2009 年签署《中华人民共和国政府和菲律宾共和国政府关于相互承认高等教育学历和学位协议》。2002 年 2 月,中国和老挝签订了《中华人民共和国教育部与老挝人民民主共和国教育部 2002—2005 年教育合作计划》,2005 年 10 月双方又签订了《中华人民共和国教育部与老挝人民民主共和国教育部 2005—2010 教育合作计划》。1999 年 2 月中柬两国签订了《中柬文化协定》,2008 年 12 月双方签订了《中柬教育合作协议》。中国与文莱于 1999 年签订了《文化合作谅解备忘录》,随后双方签订《高等教育谅解备忘录》并表明双方愿意不断扩展和加深在教育领域中的合作。2001 年中国和印度尼西亚两国签订了《文化合作协定》,这为中国和印度尼西亚的科学、技术、文化教育事业的合作发展奠定了良好的基础。1996 年 1 月,中国与缅甸签署了《文化部文化合作协议书》,两国在教育方

---

① 唐晓萍.《东盟宪章》等文件生效后北部湾经济区跨境培训的增量调整策略[J].高教论坛,2010(8).

② 教育部出国留学政策调研组.中国在泰国、新加坡、马来西亚三国留学人员情况调研[J].世界教育信息,2012(2).

面的合作得到不断拓宽和加深。[①] 2007 年，中国同泰国、越南、新加坡、柬埔寨和马来西亚等国在中国—东盟《全面经济合作框架协议服务贸易协议》中均签订了教育服务具体承诺减让表，这推动了中国与东盟高等教育服务贸易的深入发展。至 2008 年 1 月，东盟国家中的老挝、菲律宾、印度尼西亚都签署了《亚太地区高等教育学历、文凭与学位相互承认地区公约》，中国早于 1984 年 9 月 25 日就签署了该地区公约。[②] 中国同东盟或东盟成员签署的一系列高等教育合作方面的文件，从法律和制度的层面上保障了双方高等教育服务贸易的有序和快速发展[③]。

四、中国—东盟高等教育服务贸易取得的成绩及存在的问题

在经济全球化、教育国际化以及区域经济一体化的大背景下，中国与东盟之间的高等教育服务贸易得到了较大发展，有成绩也有不足。我们不仅要看到成绩，也要正视发展中存在的问题。

（一）中国—东盟高等教育服务贸易取得的成绩

中国与东盟之间的高等教育服务贸易优化了双方的高等教育资源配置。特别是中国的广西和云南等西南省份因为紧邻东盟国家，在地缘人文方面有天然优势，无论是优势学科还是优质师资，都对东盟国家产生了较强的吸引力。借助中国与东盟双方相互的教育合作交流，广西和云南等西南省区的国外教育市场也得到了开拓，我国高等教育的区域均衡得以加速推进，教育资源也得到了优化配置。

中国与东盟间的高等教育服务贸易培养了大量国际人才，传播了汉语文化，促进了文化间的共享。高等教育是培养高级专门人才的教育活动，它所传授的知识应是代表时代最高水平的科学文化知识，因此，它必然要进行国际交流沟通与相互合作，进行借鉴和学习。[④] 中国与东盟之间的高等教育服务贸易合作培养了双方各自需要的国际型人才，如小语种、经贸和法律人才等。以广西为例，近年来广西的多所高校通过开办短期培训班的方式为越南培训了多名青年党政干部；广西农业职业技术学院为越南、缅甸、老挝和菲律宾等东盟国家培养了多名现代农业方面的

---

① 杨延军.中国—东盟跨境教育政策研究[D].南宁:广西师范学院硕士学位论文,2010.

② 张建新. 21 世纪初东盟高等教育[M].昆明:云南人民出版社,2010.

③ 宛凤英.略论中国与东盟的政治与经济关系[J].安徽商贸职业技术学院学报(社会科学版),2007(2).

④ 陈雯.高等教育国际化的动因探析[J].福建工程学院学报,2004(4).

专业技术人员；广西民族大学的中国—东盟法律培训基地，每年都通过培训的形式为东盟国家培养了大批司法官员人才。中国与东盟教育服务贸易的开展也极大地传播了汉语文化，在东南亚各国掀起了“汉语热”。以广西为例，广西各高校对于东盟国家的汉语培训工作十分重视，先后派出300多名汉语教师志愿者前往菲律宾和泰国等国，并积极在泰国、老挝和印尼等国筹备并建立多所孔子学院，共计培训了一万多名学习汉语的各类学生。[①] 通过汉语培训课程的开展、汉语教师人员的派出以及孔子学院的建立，更多东南亚国家的学生了解并学习了汉语，广西和云南等西南省区的多所高校也都开设了多种东盟国家语言课程。人和语言是文化的载体，无论是国际人才的培养还是汉语文化的传播，都使得中国与东盟之间实现了文化的共享。

（二）中国—东盟高等教育服务贸易存在的问题

第一，四种服务贸易形式发展失衡。境外消费发展较快，商业存在逐步发展，而跨境交付和自然人流动则发展缓慢。通过中国和东盟各国对四种教育服务贸易形式做出的承诺可以发现，这四种教育服务贸易形式发展失衡与市场准入制度密切相关，而这几种方式本身又有着内在的联系。“如果政府只针对其中一种服务贸易采取开放（或限制）政策的话，那么，有可能会对其他服务贸易提供模式造成影响，从而导致服务贸易政策的实施结果将会是无效或是不可预知的。”[②]

第二，专项制度特别是质量保障制度和学分、学历互认制度缺乏。中国与东盟各国之间的高等教育服务贸易缺乏针对各种形式的专项制度规范，也没有针对双方高等教育合作中的质量保障签署具体的协议。在学分学历互认方面，中国只与泰国、越南、菲律宾、马来西亚四国签订了学分学历互认协议，而与其他的东盟国家均没有签署这方面的相关协议或协定。

第三，东盟广大的高等教育服务贸易市场还没有得到充分开发。从中国与东盟的高等教育服务贸易发展现状来看，东盟来华留学生主要集中于泰国、越南、印度尼西亚这几个国家，其他东盟国家的来华留学人数并不多，这说明在同东盟各国进行高等教育服务贸易的时候，我们并没有充分开发东盟市场。

---

① 陶子健.架起跨国育人新桥梁—广西高校面向东盟培养国际化创新型人才纪实[N].广西日报，2011-01-17(11).

② 豪英华，黄建忠.服务贸易提供四模式交互影响的实证研究：基于美国服务贸易出口数据的考察[J].财贸经济杂志，2008(9).

五、中国—东盟高等教育服务贸易发展的路径选择

（一）适当放宽市场准入制度，加强多种高等教育服务贸易模式的综合开发

中国与东盟之间严格的市场准入制度限制了双方高等教育服务贸易的开展，因此，中国与东盟之间高等教育服务贸易的进一步发展还需要双方在市场准入制度层面加强开放程度。在境外交付准入方面，可以与新加坡等高等教育比较发达的东盟国家开展远程教育方面的合作，在探索成功的发展模式以后，再进一步与其他的东盟国家进行远程教育合作；在商业存在准入方面，中国与东盟可以根据双方具体的合作办学情况适当地放宽领域和条件准入；在自然人准入方面，可以在自然人准入类型及签证数量上给予适当放宽，对学历、资历和职业资格等方面的认证可以制定统一的准则和多边协定。但是，在逐步放开市场准入制度时，也要考虑我国高等教育的发展状况和承受能力，在逐步开放的同时注意适度保护。

无论是广西还是东盟各国，在进行高等教育服务贸易时都应该提高意识，形成教育国际化的共识，积极促进多种高等教育服务贸易形式的综合开发。首先，在高等教育的四种贸易模式中，境外消费（国际留学生教育）一直占广西高等教育服务贸易的最大份额，在巩固境外消费贸易模式的基础上，要注重对其他服务贸易模式的开发，如加强双方的合作办学，促进商业存在这一贸易模式的发展。广西各高校可以通过合作办学、设立分校、建立友好学校、开展相关教育研究项目等方式进入东盟各国教育市场，抢占先机。其次，增派教学人员到国外任教，促进自然人流动这一贸易模式的发展，在支持本地区教师、研究人员到东盟各国提供的高等教育服务的同时，也要注重通过政府资助，支持东盟部分国家的专家及学者来广西进行专业教学和科学研究。最后，应充分利用信息时代的科技成果，发展跨境交付—电子学习模式。这种贸易形式不仅可以减少教师和学生在地理上的流动成本，而且在国际高等教育服务贸易中也有较大的潜力和吸引力。

（二）加强专项制度供给，构建质量保障制度及学分学历互认制度

中国与东盟双方应积极制定针对四种教育服务贸易形式的具体法规制度。在结合我国教育服务贸易的发展前景和 WTO 规则要求的基础上，加快制定《中华人民共和国教育服务贸易法》，并针对四种教育服务贸易形式制定相应的法律制度规范，如《远程教育服务条例》、《出国留学条例》、《来华留学条例》、《中外合作办学条例》（已制定）、《境外办学条例》、《教育服务人员出境工作条例》和《教育服务人员

来华工作条例》等具体的法规和条例。[①] 这有助于在《中华人民共和国教育法》的基础上形成一个相对完备的教育服务贸易法律体系框架，以规范我国教育服务贸易的跨境交付、境外消费、商业存在和自然人流动，也有助于我国与东盟各国顺利地开展高等教育服务贸易，便于在各种形式的教育服务贸易中都有相对应的法律规范和制度约束，进而加快我国融入教育全球化的步伐。

中国与东盟各国要通过积极加强谈判和磋商的方式来增进双方在质量保障制度及学分学历互认制度上的构建。首先，双方应不断完善高等教育的跨国质量评估与资格认证体系，加强在质量保障制度方面的建设，积极推行公平有效的质量评价体系和机制，以使双方的高等教育服务贸易在质量上能够得到保障。在这方面也可以借鉴国外的经验，如美国主要通过高校外部质量保障机制（院校认证和专业认证）和高校内部质量保障机制（校领导的任期和提升评估，同行专家组的科研评估、专业评估，学生对教师和教学的评估）等对高校进行质量认证（Accreditation），以鉴定高校的办学质量或教学质量。其次，在学分学历互认方面，双方可以考虑成立一个中国与东盟高等教育合作与交流的专门机构，就学分学历互认问题进行积极协商，以努力达成中国与东盟各国的在高等教育学分学历互认协议。

（三）调动高校微观主体的制度创新热情，增强双方的文化认同

关于中国与东盟高等教育服务贸易的进一步发展，制度创新是关键。在制度创新中需要发挥高校这一层面的主体作用，而高校的主体作用主要是通过高校行政人员和高校教师这些微观主体来发挥作用的。因此，要激发高校行政人员和教师的制度创新意识、调动他们的主动性和积极性，就必须设计相应的激励机制。首先，政府可以根据制度创新成果所惠及的范围、程度及制度设计成本等方面设立不同级别的奖励基金，因为一项新的制度安排需要支付高昂且不确定的交易成本。通过设立高等教育制度创新等级基金，可以使新制度的开创者为制度创新付出的成本得到部分补偿，从而激发他们自下而上进行制度创新的热情。[②] 其次，在政策上要给予引导和扶植，鼓励各高校进行高等教育服务贸易制度创新的探索，并为其创造相对宽松的制度环境。最后，要建立从中央政府、地方政府到学校和教育者联动的制度创新体系，以形成国家、学校和教育者多元主体与多层次的制度创新主体。

高等教育在强化中国与东盟之间的文化认同起着重要作用。高等教育的目的

① 朱秋.关于我国教育服务贸易立法原则及法律体系的构建[J].长春大学学报，2003(4).
② 肖俊茹，王虹红.我国高等教育制度变迁的路径依赖与超越[J].重庆教育学院学报，2008(2).

是塑造和培养人，通过文化熏陶与渗透，促使处于一个集体或共同体的人们形成共同的价值观、规范和认同。因此，加强中国与东盟双方之间的文化认同还需要发挥高等教育在促进非正式制度变迁特别是意识形态方面的作用。教育特别是高等教育是帮助个体或群体如何更好地理解、尊重和遵守各自或各个国家民族价值观以及规范，促进相互间理解与认同的有效方式①，且高等教育天然就具有巨大的文化功能，它可以促进文化的传递和传播，可以对文化起到净化和升华作用，也可以促使文化不断地更新和发展，因而，高等教育能够直接影响非正式制度的变迁，进而间接地影响正式制度变迁。鉴于此，中国与东盟之间不仅要重视和加强双方在高等教育领域的交流与合作，而且还应在发展高等教育服务贸易的过程中，通过设置具有民族特色的文化传统、宗教信仰、风俗习惯等国际课程，来增进彼此间的文化认同。

① 覃玉荣.东盟一体化进程中认同建构与高等教育政策演进研究[D].上海:华东师范大学博士学位论文,2009.

参考文献：

[1]陈雯.高等教育国际化的动因探析[J].福建工程学院学报,2004(4).

[2]付丽.中国与东盟国家的教育服务贸易:基于自由贸易区框架下的SWOT分析[D].北京:北京第二外国语学院硕士学位论文,2009.

[3]豪英华,黄建忠.服务贸易提供四模式交互影响的实证研究:基于美国服务贸易出口数据的考察[J].财贸经济杂志,2008(9).

[4]教育部出国留学政策调研组.中国在泰国、新加坡、马来西亚三国留学人员情况调研[J].世界教育信息,2012(2).

[5]李佳原.我国教育服务贸易与经济增长的关系研究[D].上海:东华大学硕士学位论文,2012.

[6]林华东,吴端阳.东南亚地区孔子学院可持续发展研究[J].泉州师范学院学报,2011(5).

[7]刘稚.中国—东盟高等教育合作的现状与前景[J].思想战线,2010(4).

[8]覃玉荣.东盟一体化进程中认同建构与高等教育政策演进研究[D].上海:华东师范大学博士学位论文,2009.

[9]盛洪.为什么制度重要[M].郑州:郑州大学出版社,2004.

[10]沈燕清,李一平.留学东南亚,你应该知道的[EB/OL].2012-08-17.

[11]唐晓萍.《东盟宪章》等文件生效后北部湾经济区跨境培训的增量调整策略[J].高教论坛,2010(8).

[12]陶子健.架起跨国育人新桥梁——广西高校面向东盟培养国际化创新型人才纪实[N].广西日报,2011-01-17(11).

[13]王革民.开放大学与中国远程教育的发展[J].教书育人,2011(30).

[14]王邻.走向更加务实有效的高等教育合作——第四届“中国—东盟教育交流周”综述[N].贵州日报,2011-8-25(1).

[15]王煜霞.南宁设立东盟国家留学生奖学金[EB/OL].人民网,2011-04-28.

[16]宛凤英.略论中国与东盟的政治与经济关系[J].安徽商贸职业技术学院学报(社会科学版),2007(2).

[17]韦茂繁.广西与东盟高等教育合作发展探析[J].广西民族大学学报(哲学社会科学版),2010(5).

[18]肖俊茹,王虹红.我国高等教育制度变迁的路径依赖与超越[J].重庆教育学院学报,2008(2).

[19]熊庆年,王修娥.高等教育国际贸易市场的形成与分割[J].教育发展研究,2001(9).

[20]杨延军.中国—东盟跨境教育政策研究[D].南宁:广西师范学院硕士学位论文,2010.

[21]朱朝霞.广西与东盟高等教育合作问题研究[J].青岛职业技术学院学报,2010(3).

[22]朱秋.关于我国教育服务贸易立法原则及法律体系的构建[J].长春大学学报,2003(4).

[23]张建新. 21 世纪初东盟高等教育[M].昆明:云南人民出版社,2010.

专题报告九:中泰教育服务贸易的现状研究①

黄兰妹　沈　迎

摘要:教育开放是中国加入WTO以后的必然发展趋势。中国—东盟自由贸易区的建立与建成,为中泰教育合作的发展提供了更加便利的平台,进一步推进了中国与泰国教育资源的交流与互换。本文探讨了两国教育交流的成就及存在的问题,通过比较优势理论分析中泰国际教育服务贸易的优势因素,凸显出中泰教育合作发展的广阔前景。以提高我国的国际教育服务贸易竞争力为目标,努力寻求完善两国教育合作机制的对策,为促进中泰教育合作更好的发展提出了几点对策和建议。

关键词:教育服务贸易　服务贸易形式　比较优势

一、问题的提出

(一)选题的背景

1.中国加入WTO

在中国加入WTO时所签署的《服务贸易总协定》(General Agreement on Trade in Services,简称GATS)中,中国在服务贸易方面对其他世贸组织成员国做出了一系列承诺,这些承诺不仅涉及与国民经济命脉息息相关的金融业、电信服务业,而且还涉及我国在文化、思想、传统、知识的灌输上处于最根本地位的一环:教育贸易。2007年1月,中国与东盟各国签署了《服务贸易协定》,根据服务贸易协定的规定,中国和东盟承诺进一步相互开放教育服务领域,这为中泰两国实施教育开放、消除教育壁垒、实现资源共享创造了条件。

---

① 本研究是"国际区域经济一体化下的中国—东盟高等教育合作模式研究(11FJY056)"的阶段性研究成果。

2.中国—东盟自由贸易区的建立

自2002年中国—东盟自由贸易区(CAFTA)启动以来,中国与东盟经贸发展进入了一个快速发展阶段,双边贸易额由2002年的500亿美元增长到2010年的2 928亿美元,年均增长60%左右,中国俨然已成为东盟第一贸易伙伴国。2010年1月1日,CAFTA正式建立,伴随着中国—东盟贸易、投资的升温,教育作为人力资本积累的重要途径,已经成为中国与东盟合作交流最为活跃的区域之一。中泰教育服务贸易发展速度不断加快。

(二)研究的现实意义

教育服务贸易是指跨国界的教育服务交换活动,教育服务贸易中的教育服务是教育活动中的一部分,是商业性和市场化的教育活动,当提供和接受教育服务的双方存在于不同的国家(地区)时就构成了国际教育服务贸易。①

作为服务贸易,高等教育服务分为四种贸易形式:(1)跨境交付方式,指教育提供者和学生均不流动,分布在各自国家,教育和培训均通过国际互联网或远距离课程实现。(2)境外消费方式,指学生通过到外方国家留学获得教育和培训。(3)商业存在方式,指通过到对方国家建立办学机构提供教育服务,如设立中外合作办学机构。(4)自然人流动方式,指教师等教学人员以个人身份前往对方国家任教,为学生提供服务。②

教育与经济之间存在着相互推动、相互促进的关系。高等教育领域的国际化是对经济全球化的一种应对,在世界舞台中的国际竞争力是许多国家发展战略中的一个重要方向。随着中国—东盟自由贸易区的推进,我国的教育竞争实力与发达国家相比,虽然不具备绝对优势,甚至相对比较落后,但在与泰国进行的教育服务贸易中,我国具备独特的优势,使得中泰教育服务贸易发展速度不断加快。2005年以后,泰国来华留学的学生人数每年都排在来华留学人数最多的十个国家之列。2006年泰国来华留学生人数为5 522人,排名第六;2007年为7 306人,排名第五;2008年为8 476人,排名第六;2009年为11 379人,排名第五;2010年为13 177人,排名第四;2011年为14 145人,排名第四。数据来源这表明,中泰教育国际合作的长足发展对扭转中国在国际上的教育服务贸易逆差的形势有着重大的意义。但因为是新兴的合作与发展领域,中泰教育服务贸易的发展过程中难免会遇到一些问

① 世界贸易组织乌拉圭回合多边谈判结果法律文件.1995:287.

② 中国教育服务贸易承诺减让表。

题。本文试图从中泰教育服务贸易的现状入手，找出目前中泰教育服务贸易合作中的优势，进而分析中泰教育服务贸易发展的前景，提出相应的对策与思考，以期能为更好地发展中泰教育服务贸易、提高我国国际教育服务贸易竞争力献计献策。

（三）研究的理论意义

1.中泰教育服务贸易发展条件分析

吴汶亚（2006）提出，我国的教育体系建立在计划经济的背景之下，所以无法正确认识教育服务所具有的双重属性。普遍认为教育是纯公共的物品，理应由国家或政府提供。而实质上教育服务不是纯公共物品，是具有营利和社会双重性质的准公共产品。政府注重发挥我国教育在泰国市场的工营利性质是中泰教育服务贸易发展的基础条件。

姜雪梅和任雪莲（2010）指出，中泰友谊源远流长，自泰国被称为“暹罗”之时起，至今已有两千多年的历史。始于公元前2世纪的“海上丝绸之路”，泰国就是重要一站。由于历史的原因，中国人纷纷移居暹罗，就目前来看，伴随一代代的血脉相传，泰国基本不存在哪个行业的从业者中完全没有中国血统。1975年中泰建交以来，中泰友谊更是得到了进一步的发展。云南省从启动三大发展战略（民族文化大省、绿色经济强省、南亚及东南亚国际大通道）以来，已经取得了实质性的成效和收益，水路、陆路、航空已相继建成启用。因此，中国与泰国的经济、文化、政治、教育的交流与合作也将日益频繁。

2.中泰教育服务贸易发展中出现的问题分析

刘欣等人（2007）提出，我国高等教育服务贸易的竞争力相对落后，我国接收留学生的规模偏小。然而，在境外消费仍然是当今服务贸易的最重要形式的背景下，一个国家接收留学生的规模大小直接关系到教育服务贸易的出口额。根据事实的数据，我们可以得出我国高等教育服务贸易存在较大逆差的结论。

付丽（2009）认为，我国高校的竞争实力有待提高，高等教育学历学位不能完全得到包括泰国在内的东盟国家的承认，成为我国教育服务出口的瓶颈。而泰国采用的是欧美教育体系，教育体制层次完备、教学严谨，与欧美发达教育接轨，教育质量水平已经被国际考试机构所认可。第一，泰国与欧美高校通过联合办校，使学生获得国外大学文凭，得到了欧洲、美国、加拿大等众多国家的承认。在高等教育中，通过泰国高校与国外知名高校联合办学的方式，开设双联课程，学生毕业后获得两所学校的文凭。第二，到泰国留学的签证很好办。从这个角度看，泰国的教育市场已经成为我国面临的市场威胁。

3.中泰教育服务贸易发展对策分析

杨波(2004)提出,应成立中国—东盟高等教育国际合作专门机构,参照国际上的通行做法,建立健全相关的部门和组织,对高等教育国际化活动进行组织协调和专门研究,使专业和课程内容国际化,使师生互换与交流、学分互换和学位等值、校际合作与共同研究等一系列活动具体化、标准化和系统化。有效的合作机制能够直接促进中泰教育服务贸易的发展。

胡吉红(2007)指出,为加快国际化进程,可借助中国—东盟自由贸易区的建立以及“两廊一圈”的构建,充分利用地缘优势,与泰国各种教育机构建立广泛的合作关系。广西首府南宁是中国—东盟博览会的永久会址,除一年一度的博览盛会,每年都有相当数量的国际交流、商品交流会等国际性活动在这里举办,广西与泰国各种教育机构可充分依托这些会展平台,共同组织相关高校或机构开展教育展或教育推介会,加大各自的宣传,扩大各自的影响。

综上所述,学者都认为在教育服务贸易这个新兴的领域上,应该正确地认识到中国与泰国之间教育服务贸易的必要性。面对现在贸易进程中出现的问题,学者们提出,应利用中国—东盟的框架机制,加大宣传,巩固发展。但是,目前国内对中国国际教育服务贸易的研究大多是基于中国与发达国家、中国与东盟的研究,并没有就中泰两个国家具体的情况,将两国的教育服务贸易的发展情况进行单独的分析。中泰两国同属于第三世界国家,教育服务贸易的开展存在一定的特殊性,由于这是刚起步还并未成熟的贸易领域,难免会有很多障碍。本文将立足于中泰两国教育服务贸易的最新发展情况,对相关问题进行探讨。

二、中泰教育服务贸易四种方式的发展现状及存在的问题

(一)中泰教育发展取得的成就

中泰两国是近邻,中泰人民的友好往来已经有上千年的历史,公元前 2 世纪我国开辟了“海上丝绸之路”,途径泰国。因此,中国与东南亚和印度洋沿岸的国家开始了长期的政治、经济和文化交流。1975 年 7 月 1 日,中国与泰国正式建立外交关系。1978 年 3 月,两国政府签订贸易协定。1985 年,两国政府签订关于成立中泰经济联合委员会协定和投资保护协定。进入 21 世纪以来,中泰经贸合作发展迅速,双边贸易额逐年上升,2005 年达到 218.1 亿美元。2010 年中泰双方贸易额已达到 459.9 亿美元,双向投资累计达到 65 亿美元。中泰两国在经济、政治和文化领域的合作为中泰两国人民在高等教育领域的交流与合作奠定了坚实的基础。

1.境外消费(主要是留学教育)是中泰教育主要形式

泰国一直都是非常注重高等教育国际化的国家。从20世纪60年代到90年代泰国一直保持较高的出国留学率,也几乎一直保持着50%以上的留学生选择去美国、加拿大。虽然主要流向英美等发达国家的总体情况没有改变,但是近几年选择在亚洲国家留学的趋势越来越明显。泰国来华留学的学生人数加速增长,2001年到2005年泰国在中国的留学生人数年均增长率为48.89%。

据教育部网站报道:2011年,全年在华学习人数首次突破29万人。来华留学生总人数、生源国家和地区数、中国接受留学生单位数及中国政府奖学金生人数四项均创新中国成立以来新高。共有来自194个国家和地区的292 611名各类来华留学人员,与2011年相比,2010年来华留学生总人数增加27 521名,如下表所示。

表9.1 来华留学生人数名列前10位的国家及人数(单位:人)

国家 / 年份	韩 国	美 国	日 本	越 南	泰 国	俄罗斯	印 度	印 尼	哈萨克斯坦	巴基斯坦
2005年	54 079	10 343	18 874	5 842	3 594	——	4 616	4 616	——	——
2006年	57 504	18 363	11 784	7 310	5 522	——	——	5 652	——	——
2007年	64 481	14 758	18 640	9 702	7 306	——	——	6 590	——	——
2008年	66 806	19 914	16 733	10 396	8 476	8 939	8 145	7 084	5 666	5 199
2009年	64 232	18 650	15 409	12 247	11 379	10 596	8 468	7 926	6 497	5 738
2010年	62 957	19 668	16 808	13 018	13 177	12 481	9 014	9 539	7 874	7 406
2011年	62 442	23 292	17 961	13 549	14 145	13 340	9 370	10 957	8 287	8 516

数据来源:根据教育部网站发布数据编辑整理。

从表中数据我们可以看到,中泰教育交流越来越频繁。2006年以后,泰国赴华留学人数更是排名前五,之后一直以年均2 000人的速度增加,2011年泰国来华留学生人数比2005年增长近四倍。

此外,近年来赴泰留学人数较多的前五个国家分别为中国、缅甸、越南、美国、老挝。据统计,2010年中国大约有9 000人在泰国留学,比2001年增长近十倍,主要分布在泰国44所高校。中国俨然已成为泰国最大留学生生源国。

2.中泰教育商业存在(主要是合作办学)发展迅速

随着中国综合国力的增强和国际地位的不断提升,“中国热”悄然波及世界各地,作为中国友好邻邦和东南亚华人华侨主要聚居地的泰国更是如此,两国的友好关系不断加深,教育交流也越来越频繁,近几年在泰国掀起了“中国热”“汉语热”的高潮。汉语课程已经正式进入泰国课堂。中泰教育交流的主要表现形式就是中泰的合作办学,利用国家间交换学生以及交换教师资源进行合作。目前,泰国易三仓大学与北京语言大学合作编写了名为《中文》的汉语学习教材,并开创了北京语言大学曼谷学院;厦门大学与泰国宋卡大学建立友好合作关系,增进中泰两国学生的学习交流;昆明理工大学与泰国博仁大学联合办学的中文国际学院,简称昆工博仁中文国际学院(KUST-DPU)等。

由国家汉办成立的以推广汉语教学、传播中国文化与国学为主要活动内容的孔子学院,成功将汉语教学推向五大洲。截至 2011 年 10 月,亚洲已有 30 个国家和地区设立 75 所孔子学院,其中在泰国设立 12 所,占整个亚洲的 19%。

3.中泰教育跨境交付和自然人流动发展现状

跨境交付主要是指远程教育及网络教学。随着现代化科技的不断进步,面对国际教育市场竞争的局面,我国高校也开始到国外开设网络教育或网络学校,但是由于中泰教育服务贸易起步较晚,目前中泰教育利用网络进行教学并能完成学业取得证书的机构还没有,只能提供短期培训。

自然人流动主要是指教师资源的互换,教师到贸易国进行教育教学活动。随着中泰两国教育开放度不断扩大,两国到对方国进行教学以及交流活动的人员越来越多。其中,值得一提的是,自 2003 年中泰“汉语教师志愿者”项目启动以来,中国国家汉语国际推广领导小组办公室都会选派志愿者前往泰国国立中小学、私立学校、高等学校和孔子学院开展汉语教学工作,到 2009 年志愿者人数已突破1 000 人。

(二)中泰教育发展存在的问题

1.中国教育服务贸易规模小

中国教育服务贸易的中国教育服务贸易出口规模小,表现在接收的留学生人数与发达国家相比差距还很大。近年来,虽然到中国留学的人数增长迅速,但相对于中国庞大的高校教育体系来说,境外消费教育服务出口规模所占的比重太小。根据教育部网站的统计数据,2008 年来华的留学生人数为 21.5 万人,在读高等院校的学生人数为 2 021 万人,留学生人数占高等院校学生总人数的比例为 1.06%,2011 年来华的留学生人数为 29 万人,在读高等院校学生人数为 3 766 万,留学生所占的比重为 0.77%。与发达国家相比,中国的教育服务贸易出口少之又少。

2.中国吸引泰国留学生的优势学科开发不足

在到中国留学的泰国留学生中，现呈现学习中国的汉语语言文化、中医、中国戏剧等学科居多的现象，但还是有相当一部分学生对中国的理科类学科感兴趣。而中国目前只有少数的学校能接收理科专业的来华留学生和提供这类专业的学历教育，但也不能提供所有这些方面的课程。此外，中国对已有的传统优势学科利用还不够，中国高校的中医、中国建筑等传统学科虽然在国内市场上趋于饱和，但是这类传统学科正是泰国所缺乏的。但是，中国高校不重视开发这些学科的泰国市场，导致各高校不能从高等教育国际化发展的角度来强化这些学科，相对浪费了这些传统的优势学科资源。

3.泰国的奖学金制度优于中国

泰国各大学的学费根据学校和专业的不同而有所差距，国立大学的学费相对较低，一般本科生一年的学费为2万—3万元人民币，私立大学一般本科生一年学费为4万—5万人民币。为了吸引优秀的中国留学生到泰国留学，包括排名靠前的朱拉隆功大学、国立玛希敦大学、西那瓦大学等15所泰国高等教育学府专门为中国学生推出了近百项奖学金。部分学校会提供学费、交通、住宿全免的全额奖学金，其中，很多学校也有减免学费的单项奖学金。当然，中国也为泰国提供了不少数量的奖学金，2008年为泰国提供了164名国家政府奖学金名额。中国孔子学院在2009年设立"孔子学院奖学金"，2009年全年对泰提供的政府奖学金以及孔子学院奖学金超过220人次。但是，相比之下，我国就泰国留学生发放的奖学金数量仍有待增加。

4.学历认证的问题

在2007年5月28日，中泰两国签署了互相承认学历学位协议，在泰国可认证的高校名单中有165所高校位列其中。但并不包括所有的学校或学位证书。据教育部留学服务中心现已公布的国外学历学位认证范围，有七种证书不能认证：一是参加外语培训或攻读其他非正规课程（如短期进修）所获得的结业证书；二是国（境）外高等院校或其他高等教育机构颁发的预科证明；三是进修人员、访问学者的研究经历证明和博士后研究证明；四是通过函授、远程教育及网络教育等非面授学习方式获得的国（境）外学历学位证书或高等教育文凭；五是未经中国政府相关教育行政部门批准的办学机构（项目）颁发的国（境）外学历学位证书或高等教育文凭；六是国（境）外非高等教育文凭、荣誉称号和无相应学习或研究经历的荣誉学位证书；七是国（境）外各类职业技能或职业资格证书。

三、中泰教育服务贸易取得较快发展的原因分析

（一）中泰两国教育服务贸易的比较优势有利于发展

1.区位优势带来良好的环境

由表 9.1 可以看出，2005—2011 年来华留学人数排前十名的国家中，越南、日本、韩国、泰国等八个国家属于亚洲国家，外国留学生都以来自本地区国家为主，而美国虽然距离遥远，但没有任何国家横在中间，这也是一种区位优势，俄罗斯则是横跨亚洲和欧洲的国家。所以区位因素发挥着重要的作用，中泰两国虽互不接壤，但边界的距离只有 200 多千米。中泰两国交通相当便捷，这都为中泰教育交流合作提供区位优势。一方面，有利于学习交流；另一方面，也有利于降低留学生在中泰两国往来的交通费用，教育服务出口具备低运费的优势。这在很大程度上有利于两国间教育服务贸易的人员流动，境外消费得以提高。

2.文化传统优势

在中国，尤其是广西、云南与泰国有着悠久的文化往来。泰语的词汇与广西壮族的壮语词汇有 60%相同或相似，许多留学生也是看中这一优势，愿意成为中泰教育交流的载体。除了语言上的优势，两国人民在生活习惯和民族风俗上也有很多相似之处。泰国曼谷的唐人街是泰国华人居住的地方，90%的商人是有直系中国血统的潮州人，一般不太会讲中文，但是还延续着许多中国的传统习俗。唐人街经常举办各种中国传统文化交流活动，无疑为喜欢中国的泰国人提供了一个文化交流平台。在泰国北部，靠近边界的很多村落还居住着来自云南地区的华人，稍微上点年纪的都还能说普通话。中泰的友谊在文化的相融上得以体现，两国间在教育服务贸易的交流与办学合作上也更加密切，使得中泰教育服务贸易商业存在迅速发展。

3.学费成本优势

尽管我国在很多科学技术学科的教学研究能力上与欧美国家存在一定的差距，但是近年来发展很快，差距正在缩小，而且中国对留学生的收费远低于欧美发达国家，使中国具有学费成本的比较优势。这对于与中国经济实力相当的泰国来说更具吸引力，也更有利于两国进行教育服务贸易。

下图为赴部分国家一年所需学习费用情况。

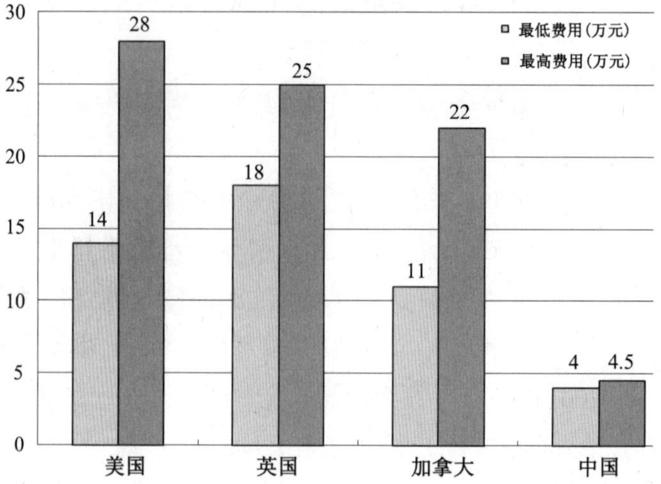

图 9.1　2010 年各国一年留学费用

据网易教育网站的统计数据 http://edu.163.com/10/0721/11/6C455T5B002946SL.html，经作者整理制作。

如图 9.1 所示，根据 2010 年的统计数据显示，美国的大学学费是最高的，一般留学一年所需要的费用为 14 万—28 万元；其次是英国，18 万—25 万元，加拿大为 11 万—22 万元。最后，最便宜的是中国，一般一年在 4 万元左右，只相当于那些发达国家的四分之一。泰国方面，一年的本科留学费用加起来为 4 万—5 万人民币。这对于同属于第三世界国家的中泰两国来说，显然是个吸引人的优势。这也是近几年两国到对方国留学的人数逐年增多的原因。

4.学科互补双赢的合作优势

尽管我国继续教育在整体发展水平上与发达国家还有一定的差距，但是某些学科或领域还是有其自身的优势和特色，基本能满足泰国对相关人才培养的要求。我国的优势学科或领域主要有：一是特色学科，如汉语、中医、文学、艺术、历史、哲学等；二是国际贸易学科，如经济、法律、管理等；三是西医、理科、工科、农科等自然科学。泰国的继续教育水平和国际化程度较高，因此，在优质继续教育资源输出的同时，也应积极借鉴和引进其优秀成果。两国充分利用要素丰富的资源与要素稀缺的资源进行互补，可寻求更广阔的发展空间。

很显然，无论中国还是泰国，在教育服务贸易领域都不是具有绝对优势的国家，但是中泰两国高等教育在基础理论研究以及体制构建上都各具优势，且优势具有互补性，教育要素的跨国流动可以使两个国家在不同程度上获益。我们应该用经济学上的比较优势理论来审视两国的教育服务贸易的产生和发展。因而中国应该更注重自身学科优势以及其他各种优势的发挥。两国的教育服务贸易不仅有条件发展起来,而且理论上也非常有发展潜力。

(二)同为 WTO 成员国有利于双边教育服务贸易的发展

中国与泰国同是东盟自由贸易区的主要成员国,这是历史性的机遇,现将中泰教育市场放入自贸区框架下进行讨论,其服务提供方式如下表所示。

表 9.2 服务提供方式

部门或分部门	市场准入限制	国民待遇限制	其他承诺
中国高等教育服务(CPC923),不包括特殊教育服务,如军事、警察、政治和党校教育	(1)不做承诺 (2)没有限制 (3)允许中外合作办学,外方可获得多数拥有权 (4)除水平承诺中的内容和下列内容外,不做承诺:外国个人教育服务提供者受中国学校和其他教育机构邀请或雇佣,可入境提供教育服务	(1)不做承诺 (2)没有限制 (3)不做承诺 (4)资格如下:具有学士或以上学位;且具有相应的专业职称或证书,具有2年专业工作经验	
泰国高等教育服务(CPC923)	(1)不做承诺 (2)没有限制 (3)不做承诺 (4)外国的自然人可以在泰国提供教育服务,但须满足以下条件:a.外国自然人受到在泰国合法设立并注册的教育机构的邀请或雇用;b.外国自然人具备相关教育机构所要求的资格和工作经验,在适当情况下,还应符合泰国教育部设定的其他相关标准。 首次入境的期限为一年或与聘用期相同,以较短者为准,可能获得延长。 其他要求与水平承诺的内容相同	(1)不做承诺 (2)没有限制 (3)不做承诺 (4)不做承诺	

注:(1)跨境提供;(2)境外消费;(3)商业存在;(4)自然人移动。

资料来源:韩秀丽.对中国—东盟《服务贸易协定》框架下高等教育服务承诺的法律解读[J].比较教育研究,2007(7).

可以看到,两国都在教育的准入方面有一定开放承诺,而中国在教育市场的承诺更为广泛。根据《中外合作办学条例》,中外合作办学机构是指外国教育机构同中国教育机构在中国境内合作举办以中国公民为主要招生对象的教育机构。而就我国西南地区的现实情况来看,在与泰国教育合作中,还没有真正获得教育行政部门批准并通过国家复核的中外办学机构。其中正是由于政策开放度不同,商业存在的形式是形成这样状态的主要原因之一:中国允许中外合作办学,外方可以持有多数股,但对外方不承诺任何国民待遇;而泰国政府不允许外国机构单独在泰设立学校及其他教育机构(持股份额为49%)。这些市场准入的限制,使大型的实质性的、紧密联系的中泰教育服务贸易合作办学相对缺乏。因此,两国在贸易中市场存在方面还有很大的发展空间。根据两国对教育服务做出的承诺,中国与泰国可以在现有的WTO框架内,根据其中的规则,开展教育服务贸易,实现"双赢"。

(三)泰国的"汉语热"有利于双边教育服务贸易发展

泰国是东南亚华人华侨较集中的地方,而汉语作为泰国华人华侨以及华裔的必要语言,一直是人们交流的一种工具。随着中泰两国友好和睦关系的加强,特别是近年来中国经济的蓬勃发展,中泰两国外交与经贸关系日益密切,合作日趋频繁,华语作为沟通纽带显得更为重要。中断多年的华文教育由于得到泰国政府的支持,出现空前活跃的局面。在"汉语热"的推动下,仅曼谷就有超过一万人在学习中文。他信政府时期一直很重视华语教育,时任泰国教育部长差徒龙·猜森更是为推广华语教学制定了多项计划。"汉语热"使得泰国对学习汉语的需求市场不断变大。在泰国,汉语逐渐成为与英语并重的主流外语,学习汉语的这股热潮为中国与泰国的教育服务贸易带来了广阔的合作空间。

四、中泰教育服务贸易发展的对策

中泰教育各有特点、各有优势,中国的教育以深远的文化背景为依托,泰国有着很多的东方文化元素,有许多经验值得中国学习,因而中泰两国高等教育的交流与合作可以全方位地进行。中泰教育服务贸易已迎来加快发展时期,并且发展前景良好,我们必须把握好机遇,将中泰教育服务贸易的发展推上一个新的台阶。

(一)扩大人员双边交流

为鼓励管理者、教师和学生通过亲身体验来理解泰国文化,双方的部门、机构和学校应进行合作,共同制订留学生培养交流计划。考虑和泰国教育领域建立多层次的合作关系,展开短期教育,鼓励和支持各自的教育机构到对方设立分支机构以西南地区以外的其他教育资源丰富的城市高校可尝试与泰国高校进行合作办学,还可以尝试在师资力量较好的高校开设泰国学生到中国留学的大学预科班。从资金、人力上加强合作,加大对泰国汉语教师培养和培训的力度,鼓励和吸引有教师资格证书的毕业生到泰国的学校去任教。同时,通过泰国的开放远程教育,大力发展交流与合作。

（二）注重现代技术在教育服务贸易中的应用

1.大力发展跨境支付的贸易模式

从一定程度上来说，物理距离移动带来的诸多不便以及跨境所带来的高昂支出是发展中泰教育服务贸易的不利因素，我们应该将现代化科技应用于跨国教育合作。国际教育服务贸易的跨境交付模式——远程教育、网络教育等新兴领域存在着很大的发展空间。可以利用网络实现信息的整合、品牌的宣传，同时可以实施远程教育，在网络上交付学习费用，从而免去来往国家的交通运输费用和生活费用，就能获得便捷的教育资源，这对中泰两国许多家庭经济实力不强的学生来说都是理想的选择。因此，这种新兴的跨境交付模式可谓潜力巨大。当然，这里就不得不提到学历认证的问题，国际教育最终是以课程以及可得到的学历为必然要求的。只有学历互认空间充分，两国教育服务才能冲破各种信任障碍、政策障碍，才能得到更深、更广的发展。因此，在政府层面，应加快打通网络远程教育渠道建立的进程，同时伴随以严格明确的实施规范，确保跨境支付模式得以长足地发展。

2.积极利用现代技术进行高校日常招生及宣传

为克服中泰教育国际合作的空间障碍，我们可以联合各中泰高校通过网络建立教育交流官方平台，进行招生工作以及信息发布，自费深造的留学生就不必通过中介或者一定要加入各高校间的国际交流项目才能找到留学入口。高科技的发展，现代技术的发达，使许多事情都可以利用网络进行，中泰教育合作也应跟上时代的脚步。例如，高校的宣传、活动的举办和邀请等，可以让中国的比较优势通过网络平台，更便捷、更全面地进入泰国的各家各户。未来几年中各种便利的网上入学申请渠道，通过网络进行学术交流甚至合作，都会使整个中泰教育服务贸易受益并更加蓬勃地发展。

（三）开发中国高校的优势学科，改革专业结构

首先，开发中国的优势学科。高校的学科和专业建设要面向全球化，除了加强特色学科，如汉语言和中医等专业的建设外，课程设置上要主动了解泰国以及国际人才需求市场和国际高校教育的发展动态，积极吸收国际上成功的课程改革经验，根据泰国留学生市场的需求，对学科和课程进行灵活的调整。

其次，转变教学模式。目前，中国的人才教育培养缺乏市场意识，没有完全引进市场竞争机制，各高校对人才市场的需求反应迟钝，同时缺乏坚实的体制化培训系统。这导致中国高等教育培养的人才难以适应市场的需求，对泰国留学生的吸

引力也不强。因此,要更新教学观念,摒弃单纯传授知识的教育观念,重视实践能力的培养,增加留学生的实践机会,充分发挥留学生的能力。

(四)努力提高教育质量

增强高校的国际竞争力是发展中泰教育服务贸易的基石。一是与国际高等教育质量保证体系接轨,成立专门针对中泰教育交流的教育标准和质量评估办公室,负责制订外部评价的标准方法,并规定所有的教育机构必须至少每年接受一次外部质量评估。在质量保障方面,虽然我国起步较晚,但是已在不断地发展之中。2010 年 11 月 1 日,全国高等教育质量保障与评估机构协作会在北京宣告成立,200 余家机构将形成合力,共同推动中国高等教育质量建设。就目前来看,全国共有独立设置的省级教育评估机构 12 家、学校评建机构 300 余家。我们可以利用形式相通的模式设立独立的或者属于此保障体系分支的机构。二是尝试在高校引进国内外优秀人才担任教学、科研和管理之职,并提供优厚的待遇,以推动高等教育的发展。要提升教育服务贸易的竞争力,就必须从顾客需求的角度来发展教育产品,树立以顾客为导向的观念。任人唯贤也是提升竞争力的关键因素。三是积极探索新的教育教学方法,注重应用现代化的教学手段,为教育质量的提高打下良好的基础。

五、结论

中国与泰国发展教育服务贸易是有巨大优势的。随着中国经济的快速发展,我们应该整合优势资源,从长远的角度进行相较于其他国家更深层次的教育服务贸易合作,取长补短,趋利避害。虽然教育领域的合作必然伴随较多的国家保护色彩,但就目前中泰教育服务贸易现状以及有利因素的推动分析,中泰教育服务贸易的前景仍然广阔,有较宽广的发展空间。我国可以从各个方面继续增大对双边交流的支持力度,同时成立中泰高等教育合作与交流的专门机构以及中介机构。在加速完善各方面制度建设以及改善市场环境的基础上,注重高等教育的质量提升,这样才能从根本上发展我国的教育服务贸易。我们不断探索新渠道、新方法,充分利用高新科技,将中泰教育合作推上一个新的台阶,使两国在教育服务贸易上实现真正的贸易双赢。

参考文献

[1]付丽.中国与东盟国家的教育服务贸易:基于自由贸易区框架下的SWOT分析.[D].北京:北京第二外国语学院硕士学位论文,2009.

[2]阮韶强.泰国高等教育的国际化进程[J].东南亚纵横,2009(12).

[3]文岚.中泰国际教育服务贸易发展的市场不确定性分析[J].东南亚纵横,2007(10).

[4]韦锦海.发挥区位优势,广开生源渠道——"10+1"背景下广西东盟留学生教育的思考(一) [J].东南亚纵横,2005(7).

[5]蒙聪惠,陈英.论中国—东盟高等教育国际合作[J].特区经济,2007(11).

[6]吴汶亚.关于提升我国教育服务贸易竞争力的战略思考[J].合肥工业大学学报(社会科学版),2007(6).

[7]崔丽丽.浅析我国国际教育服务贸易发展现状及对策[J].辽宁大学学报(自然科学版),2009(4).

[8]姜雪梅,任雪莲.中国和泰国的高等教育交流与合作初探[J].文教资料,2010(11).

[9]韩秀丽.对中国—东盟《服务贸易协定》框架下高等教育服务承诺的法律解读[J].比较教育研究,2007(7).

[10]韦茂繁.广西与东盟高等教育合作发展探析[J].广西民族大学学报(哲学社会科学版),2010(5).

[11]唐晓萍.中国—东盟教育准入政策分析[J].东南亚纵横,2006(6).

[12]唐佩斌.20世纪90年代以来云南与泰国高等教育交流与合作问题及思考[D].昆明:云南师范大学硕士学位论文,2007.

[13]唐拥军,杨波.中国—东盟高等教育国际合作与交流的障碍与对策[J].东南亚纵横,2004(10).

[14]胡吉红.广西与泰国教育服务贸易发展研究[J].东南亚纵横,2007(1).

[15]刘源源.中国—东盟自由贸易区教育服务贸易研究[D].桂林:广西师范大学硕士学位论文,2010.

[16]陆利香."南—南"型高等教育合作的形式/绩效与方向[J].商业时代,2011(25).

[17]覃壮才.中国教育服务贸易承诺减让表解读[J].比较教育研究,2002(4).

专题报告十:战略品牌管理视角下广西来华留学生教育服务贸易品牌创建路径探索——以越南生源市场为例①

李雪岩②

摘要:留学生教育服务贸易作为教育服务贸易出口最主要的形式,近年来得到了快速发展,但也凸显出一些问题。通过对广西开拓越南留学生生源市场优势条件的细致分析,从战略品牌管理的角度指出,发展广西来华留学生教育服务贸易应从识别和确立品牌定位、做好留学生源市场顾客群的营销、创建与顾客之间适当的品牌联系三方面出发,树立广西来华留学生教育服务贸易品牌。

关键词:战略品牌管理　留学教育服务贸易品牌　广西—越南

一、广西来华留学生教育服务贸易发展现状及问题

(一)广西对越留学生教育服务贸易发展现状

一个地区的留学生教育服务贸易发展的好坏对国家教育服务贸易整体实力的提高有着重要的作用。比如广西,自中越关系正常化以来,中越的经贸交流得到了深入发展,越来越多的越南学生选择到中国留学进修,中国已经成为越南最主要的留学对象国,广西也已成为我国越南留学生最为集中的省份。数据显示,截至2011年,在中国留学的越南籍学生13 549人,其中在桂的越南留学生4 377人,约占所有越南留学生的三分之一,而随着中国—东盟自由贸易区建设的进一步推进,越南学生到广西留学的数量还会进一步增加。

---

① 基金项目:本文是广西哲学社会科学规划研究课题"广西产品在越南市场的品牌效应研究"(编号:08FJY017)阶段性研究成果之一。本文已被《广西师范大学学报》(哲学社会科学版)选用。

② 作者简介:李雪岩(1972—　),女,辽宁营口人,广西民族大学商学院教授,研究方向为服务营销、国际市场营销。

（二）广西来华留学生教育服务贸易品牌发展中存在的问题

广西在发展留学生教育服务贸易过程中，主要存在以下几方面的问题。

1.留学生教育服务贸易品牌意识淡薄

广西高校创建留学教育服务贸易品牌的意识淡薄，造成自身教育特色的培养和教育品牌效应的挖掘力度不够。虽然一些高校已经开始意识到自身教育品牌建设不足，也在实践中逐渐挖掘教育品牌效应，但是对来华留学生教育服务贸易品牌建设却很少，这给广西吸引更多留学生来桂留学和广西教育服务贸易的发展带来了一定影响。品牌意识淡薄成为目前广西来华留学生教育服务贸易品牌建设中亟须解决的问题。

2.具有留学生教育服务贸易品牌优势的学校鲜见，品牌创建模式跟风现象严重

广西教育整体水平相对落后，全区仅有广西大学一所“211 工程”院校，其他院校均为普通本、专科院校，具有品牌优势的高校鲜见，使得有效参与国际留学生教育服务贸易竞争的高校更是少之又少。高等院校的名片效应对越南留学生选择在桂留学造成了一定的干扰，给留学生教育服务贸易的发展带来了负面影响。同时，广西各高校在创建教育服务贸易品牌时，常常出现跟风现象，缺乏自身对独创性留学生教育服务贸易品牌建设模式的探索。例如，广西民族大学率先创立了“3+1”“2+2”国际合作办学模式，旨在提高自身教育服务品牌形象，但其他院校相继模仿，纷纷开设相同或相似的培养模式，使得品牌形象泛滥，减弱了教育服务贸易品牌自身的吸引力。

3.留学生教育服务贸易品牌组合较差，缺乏校际间的品牌强强合作

教育服务贸易品牌建设，除了要依靠院校自身优势资源外，还要开发和利用校际间资源集聚效应，达到共赢的效果，培养共生性品牌模式。但广西在高校教育品牌建设和留学生教育服务贸易品牌建设上，校际之间的合作很少，大都依靠院校自身力量进行品牌建设，校际间的品牌合作效应不明显。

二、广西开拓越南留学生源市场的优势

广西开拓越南留学生源市场的优势条件，主要有地理环境、政策环境、文化、历史、留学生成本等因素。

（一）地理环境因素

地理位置的远近是留学生能够更通畅、便捷地维系与祖国之间的关系的重要

因素,地理位置的远近直接影响着学生选择留学对象国的主观想法。一般来说,大多数学生都会选择地理位置较近且教育比本国发达的国家留学。广西与越南山水相连,位置毗邻,气候环境相似,越南学生选择来桂留学,可以避免选择我国其他省份由于气候反差给身心健康带来的影响。同时,相邻的地理位置又为越南学生往返越桂两地提供了便利的条件,如越桂之间每天都有一趟往返的火车,大约耗时 10 个小时,汽车也较为方便,大约耗时 7.5 个小时。

(二)政策环境因素

越南学生入桂留学受到政策环境因素的影响较大,这其中包括越南鼓励学生出国留学的政策和广西对东盟留学生政策上的优惠两方面。

1.广西积极探索越南留学生市场政策

广西在吸引外国留学生方面,受到国家宏观教育政策的影响较大。2010 年教育部颁布实施了《年国家中长期教育改革和发展规划纲要(2010—2020 年)》(以下简称《纲要》),《纲要》中对留学服务出口做了相对详细的规划,其中特别将对东盟教育服务输出的年增长目标定为 15%,并力争到 2020 年实现"双 10 万学生流动计划"。国家宏观教育规划为广西大力吸引东盟留学生入桂留学提供了政策保证。同时,中国—东盟贸易博览会(以下简称南博会)永久落户广西南宁,也为广西与越南之间的经贸联系提供了有利的条件,为留学服务的开展提供了良好的平台。2007 年以来,广西民族大学中国—东盟法律培训基地在南博会举办期间,为东盟 10 国培训司法官员,截至 2010 年已培训 60 多人,其中包括越南司法官员。

广西在扩大东盟留学生生源上,特别是越南留学生源市场上,也采取了卓有成效的措施。从 2011 年 9 月起,广西财政拿出 1 000 万元设立东盟国家留学生奖学金,为东盟国家学生来桂留学提供了经费支持,并且每年都会组织区内 20 多所高校到越南举办广西国际教育展,以此提高广西高校在越南的知名度,吸引越南学生来桂留学。

2.越南对其公民出国留学政策的鼓励

越南政府积极鼓励公民出国留学,越南国际教育发展部部长 Bui Trung Thong 曾表示,越南政府从 2004 年开始,每年投入约 1 000 亿越南盾(约 530 万美金,当年汇率)用于海外培训计划,为教师、员工、公务员及优秀学生到国外留学提供奖学金资助。① 我国是越南最主要的留学对象国,而广西作为我国招收越南留学生最为集中的省份,越南政府积极的留学促进政策为广西吸引更多越南留学生提供了输出国政策保障。

(三)文化环境因素

社会文化距离是指客源地与目的地之间以语言为主要特征的文化差异程度,主要包括语言差异、生活习惯差异、社会文化差异等。适当的文化差异对留学服务的开展具有一定的吸引力。广西与越南之间存在文化差异,但差异较小,主要表现为:

1.传统文化相似,饮食文化差异小

古时的广西和越南同属中国百越地区,受到中华文化的影响深远,文化底蕴相似,风俗习惯相近,这也使得广西与越南在语言文化上有着很大的相似性,如广西京族与越南越族。同时,广西与越南气候相似,饮食上都以清淡为主,注重气候环境对饮食的影响,饮食文化的相似确保了越南留学生在桂的留学生活与在家乡不会有太大反差。

2.华侨华人文化的影响

华侨文化距离应该表述为旅居海外的本国或者本国裔公民,受到当地原住民文化影响后,在对自身文化重新辨识过程中,形成对本国文化传统眷顾的一种心理感受。华侨和华人文化都是在保留中华传统文化的前提下,融合当地原住民文化后形成的文化观。一般来说,华人华侨文化对留学服务的影响主要表现在:在本国教育水平与社会环境相对劣势的情况下,华人华侨群体更愿意将子女送往中国进行留学。广西的教育教学质量,无论是教学基础设施还是教育师资水平,都明显高于越南。加之两者地理位置接近,这些利好因素都为华侨鼓励其子女到广西留学提供了可能性。同时,华侨华人在越南生活和工作过程中,也会在一定程度上向越南人介绍中国教育,通过自身修为素养的体现,使越南人潜移默化地对中国文化、教育感兴趣,为非华裔人群来桂留学做了最有效的宣传。②

---

① Eltiestudyin Taiwan.越南教育部提供1000个奖学金机会[EB/OL].http://www.esit.org.tw/resource_2.php?num=40&type=6

② 李雪岩,龙耀.西南边疆民族地区青年归侨侨眷教育发展探索:西南边疆民族地区青年归侨侨眷发展问题研究系列之三[J].广西师范大学学报(哲学社会科学版),2012(4).

（四）历史因素的影响

1.名人效应的推动作用

20世纪五六十年代，广西为越南人才的培养作出了重要贡献，先后在广西桂林开办了6所学校，帮助越南培养了一大批优秀青年人才。例如，当时广西师范大学为越南培养数千名优秀人才，其中8位担任过越共中央政治局委员，26位担任国家部级领导，还有的成为知名学者和富有成就的企业家。① 这些具有较大影响力的事件产生的名人效应，在越南青年中潜移默化地树立了广西留学教育品牌形象，为更多越南有志青年到广西留学奠定了思想基础。

3.家族式留学因素

家族式留学指的是父辈人（或祖辈人）在享受留学对象国教育服务之后，鼓励自己的子女仍然到该国（或该校）留学的族群式留学现象。虽然家族式留学对留学对象国整体外来留学生生源扩大的作用有限，但它却能够保证一部分留学生源规模的相对稳定。广西过去曾是辅助越南教育事业发展的前沿阵地，在越南有着一定的知名度，过去几十年间为越南培养了一批优秀人才，其中很多人都将自己的子女送到广西来留学，甚至有的是一家三代都在广西留学。

（五）留学费用优势明显

留学教育服务的费用支出在扩大生源市场中扮演着基础性的角色，常常影响留学生留学学校的选择，相对于中国其他省市高校，广西高校在留学费用支出方面占有比较优势。

从表10.1可知，广西在东盟留学生的学费及生活支出方面，明显比我国其他省市学校低很多。东盟国家大部分都是发展中国家，越南自身经济发展水平不高，人民生活质量参差不齐，因此，相对较低的留学费用支出，对吸引更多越南学生来桂留学有着较大的比较优势。

表10.1 2012年我国部分省份高校招收越南文科留学生学费统计表（单位：元/年）

院校 类别	北京第二外国语学院	云南民族大学	上海外国语学院	广西民族大学	广西大学	广西师范大学
本科生	22 000	16 000	20 000	12 000	12 000	14 000
研究生	25 000	22 000	25 000	15 000	15 000	18 000

数据来源：根据2012年北京第二外国语学院、云南民族大学、上海外国语学院、广西民族大学、广西师范大学和广西大学的留学生招生简章相关数据整理所得。

① 蔡昌卓，赵燕华.广西高校越南留学生教育研究[J].教育评论，2011(4).

三、战略品牌管理视角下广西来华留学生教育服务贸易品牌路径探索

（一）探索留学生教育服务贸易品牌建设的重要性

美国《读者文摘》杂志曾经做过一项调查，即地理系排名第一的是哪个大学。大概60%的答案是哈佛大学，但实际上哈佛大学根本没有地理系。从这个例子可以看出，民众对于一所教育机构的认同，更多的是来自于教育机构本身的荣誉，拥有良好声誉品牌的教育机构往往被认为拥有较高的教育质量，民众对哈佛大学的好感就来自于对其教育品牌的认同。① 由此可见，教育品牌对一所教育机构发展的重要性。

留学生教育服务贸易作为教育服务贸易最重要的形式，强化其品牌建设、发挥教育服务贸易品牌效应意义重大。首先，进行留学生教育服务贸易品牌建设，不仅可以逐步完善教育品牌建设、完善国家教育名片、提高留学教育服务贸易国际竞争力，而且可以通过留学教育服务贸易品牌效应的散播作用，扩大留学生生源市场，增加外汇收入。其次，留学教育服务贸易品牌的形成，可以带来很多除了经济价值之外的附加价值，如可以扩大自身政治、经济、文化等方面在留学生生源国的影响，满足政治和经济上的需求，而这也正是西方发达国家注重留学生教育服务发展的重要原因，正如勒希斌在《国际教育服务贸易研究——理论、规则与行动》一书中指出："留学生教育服务贸易已经成为西方发达国家扩张市场经济与全球影响力的重要政治策略。"②

通过对我国来华留学生教育服务贸易现状、问题及越南学生入桂留学影响因素的分析，现阶段我国留学生教育服务贸易竞争力的提升，应该将战略品牌管理作为视角切入点。

"战略品牌管理"（Strategic Brand Management）是著名营销学者凯文·凯勒教授在《战略品牌管理》中提出的概念，它是品牌管理的重要理论模型之一，是对建立、维护和巩固品牌全过程的管理，其核心思想就是有效监控品牌与消费者之间关系的发展。

（二）识别和确立品牌定位

品牌定位是一个品牌成败的关键性环节，是品牌维护和巩固得以开展的基础。

① 勒希斌.国际教育服务贸易研究——理论、规则与行动[M].福建：福建教育出版社，2005：328.

② 勒希斌.国际教育服务贸易研究——理论、规则与行动[M].福建：福建教育出版社，2005：130.

一般说来,人们通常只愿意看他们愿意看到的东西,而排斥与自身消费习惯不相同的东西。因此,树立一个产品品牌,找准定位就显得格外重要。广西高校应当认真分析自身的优势条件及当前国际留学市场现状,做好自身留学生教育服务贸易品牌定位。广西来华留学生教育服务贸易品牌定位主要包括以下几种类型。

1.品牌比附定位

比附定位的实质是一种借势定位,主要通过与竞争品牌的比较来确定自身市场地位的一种定位策略。广西各高校应该对越南留学生市场上主要竞争对手的营销定位进行仔细调查分析,特别是日本、美国、澳大利亚等具有很强竞争力的国家,借用知名度、美誉度高的品牌优势,顺势抬高自己的身价,推动自身品牌推广效率。

2.品牌情感定位

马哈詹·温德指出:"对某产品品牌产生情感上满足的顾客,对此产品的价格敏感度将会下降。"①越南和广西地理位置接近,文化上又具有很大的相似性,广西高校应该抓住情感优势因素,做好在越留学生教育服务市场营销中的品牌情感定位,以恰当的情感定位唤起消费者心灵的共鸣,拉近与越南消费者之间的距离。

3.消费者定位

越南在华留学生主要来自越南官员家庭和商人家庭,很少一部分是普通的工薪阶层。受到来华前学历和语言通晓度的影响,越南学生来华初期都会存在一段自我迷茫期。基于这样的现象,广西高校在进行留学生教育服务贸易定位时,应该有重点,以消费者的需求现状和面临的难题作为品牌定位的依据,进而提供特色化留学服务,使消费者对广西留学教育服务感到满意,达到扩大留学生生源的目标。

4.比较定位

阿尔·里斯和杰克·特劳特曾指出:"企业要想在这个过度沟通的社会取得成功,就必须在潜在顾客的心中树立一个定位,这个定位不仅要考虑企业自身的优势和劣势,而且要考虑竞争者的优势和劣势。"广西高校在进行越南留学生教育服务贸易品牌定位的过程中,应该对美国、澳大利亚、欧洲、日本等国家在越南留学服务市场上营销的优势与劣势进行比较分析,同时找出自身的优势与劣势,通过整合分析,找出越南市场营销定位的空隙,进而创建自身竞争力强的品牌定位。

(三)目标生源市场顾客群的营销保障

对于企业而言,从针对相似的、一般的顾客的营销,转换到针对最有价值的顾客和期望顾客的差异化营销已变得越来越重要。这些最有价值的顾客是位于"顾

① (美)克里斯托弗·洛夫洛克,约亨·沃茨.服务营销(第6版)[M].北京:中国人民大学出版社,2010:174.

客金字塔”顶端的20%—30%的顾客群，但他们却为公司提供了70%—90%的收入和利润。高校也是如此，广西高校在开展越南留学生源市场营销过程中，可以通过以下几种途径保证来华留学越南学生源的稳定性。

1.评估目标市场顾客价值

评估顾客价值的目的在于细分市场中最有价值顾客、潜在消费顾客和低端价值顾客，并借此实行针对性的营销方案，挖掘最大效益群体。针对越南对外留学市场，评估其顾客价值的手段主要有：通过顾客档案信息，对广西高校现有越南留学生基本信息进行整合分析，找出不同层次的顾客群；对越南留学生源市场进行细分，如分为官员家庭市场、商人家庭市场、工薪家庭市场和普通家庭市场等，分析各市场对出国留学的需求情况，借此区分不同顾客群的实际购买力；建立顾客数据库，并通过数据挖掘寻找隐藏在顾客数据库中的有用信息，以找寻与核心竞争力相匹配的顾客群，如越南留学生的社会关系、家族留学史、兄弟姊妹信息等与留学生本身信息相关联的次生需求市场信息，并对其留学消费潜力进行预测，找寻最有价值的顾客群。

2.维系最有价值顾客的关系

帕累托80/20法则的反向结论指出：“要为20%的顾客花去80%的精力，把资源投在不会带来利润的顾客身上是绝对划不来的。”迈克尔·施瑞吉甚至指出：“提升高品质服务的关键在于找出最差顾客并将其抛弃。”美国市场营销学会AMA顾客满意度手册数据也显示：“每100个满意的顾客会带来25个新顾客，每收到一个顾客投诉，就意味着还有20名有同感的顾客，获得一个新顾客的成本是保持一个满意顾客成本的5倍，争取一个新顾客比维护一个老顾客要多6—10倍的工作量。”这更说明了维系与最有价值顾客的关系的重要性。在对越南留学生源市场细分过程中发现，出国留学越南的人多集中在上层社会，如越南官员家庭和商人家庭。因此，在留学人员的跨国流动中，应该做好这一部分处于“顾客金字塔”顶端的高端客户的营销工作，维系好与最有价值顾客之间的关系。

3.避免现有顾客群的流失

美国学者的调查研究曾指出，一位不满的顾客会把他的抱怨转述给25个人听，而企业如果当场为顾客解决问题，95%的顾客会成为回头客，如顾客的投诉没有得到及时有效的处理，将导致91%的顾客流失。美国营销学者赖克海德和萨瑟也指出：“一个公司如果将其顾客流失率降低5%，利润就能增加25%至85%。”因此，应加大越南留学生源市场的营销力度，及时处理好现有留学生对广西高校留学教育服务的批评或建议，处理好广西高校与留学生之间的关系，树立顾客满意理念，减少现有顾客群的流失。

（四）创建与顾客之间适当的品牌联系

1.加强与顾客之间的正面接触

服务接触是服务生产和消费的过程，决定了顾客的服务感知和营销组合的综合展示效果，必须重视服务接触在服务营销中的地位。创建顾客与留学服务品牌之间的联系，主要可以通过服务营销、人际传播和教育文化交流三方面来进行。

一是要加大服务营销力度，推进品牌与消费者之间的距离。通过开展营销活动逐步让越南消费者了解我国留学生教育品牌，如传统营销模式下的广告宣传，网络营销模式下的教育服务官方网站、宣传片、网络广告、在线客服等网络新媒体手段的运用。

二是要通过人际的非正式正面传播为创建品牌与顾客之间的联系创造了必要的舆论氛围。有研究显示："只有4%的不满意顾客会对厂商提出抱怨，但是却有80%的不满意顾客会对周围的人谈起自己的不愉快经历，影响别人的选择。"因此，口碑传播作为可信度高的宣传媒介，发挥其正面传播效应至关重要。可以通过提升越南留学生对广西留学教育服务的满意度，如开展不同形式的师生和家长联系机制、完善"售后"服务，利用学生和家长的双向口碑传播，创建我国来华留学生教育服务贸易品牌。

三是要通过教育文化交流的进一步扩大，使我国留学生教育服务贸易品牌形象更好地进驻国外消费者的大脑。首先，要加强越桂之间的官方教育交流合作，建立广泛、务实的学术交流关系，在人才培养、科学研究、基地建设、学术活动等方面开展实质性合作①，促使更多越南留学及进修人员入桂留学。其次，促进中国在越南孔子学院、来华留学办事处等机构的设立。最后，借以中国—东盟博览会为代表的中越展会交流的机会，为越南学生提供更多了解广西留学教育情况与优势的机会。

2.管理好顾客的大脑，创建顾客忠诚

凯文·莱恩·凯勒曾指出，品牌的力量存在于顾客心中，是顾客随着时间的推移对该品牌的感受和认知。② 品牌的价值是基于顾客对产品的认知，以及由这个认知而产生的对企业的品牌营销所做出的相对于无品牌产品而言的差异性反应。在留学生教育服务贸易的实施过程中，主要可以通过以下几个途径对顾客忠诚的建立进行探讨。

（1）以提高顾客满意度为本。要想提高品牌的忠诚度，赢得消费者的好感和信

---

① 钟海青.高等教育在广西经济和社会发展中所面临的机遇和挑战[EB/OL].

② http://www.gxai.cn/fuwugx/llwz/201003/17828.html

赖,首先要人性化地满足消费者需求,令消费者在购买和享受服务的过程中获得满足感,从而增加顾客继续消费的意愿。一项调查显示:一个"非常满意"顾客的购买意愿是一个"满意"顾客的6倍。顾客的满意是构建品牌忠诚的基础,也是关键性环节。(见图10.1)①②

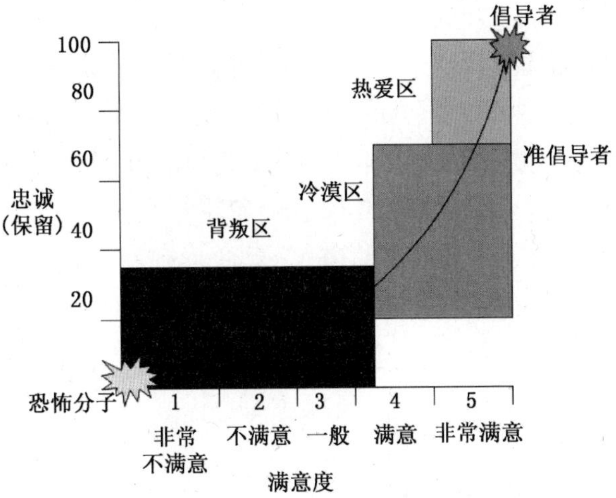

图10.1　顾客满意/顾客忠诚的关系

广西各高校应从以下几个方面创建顾客忠诚:一是提高留学品牌信誉度,提升服务形象价值。著名管理学家克拉伦斯·沃尔顿说:"全局观念下,企业被看成是讲信用、讲商誉、讲道德的组织,而不是赚钱的机器。"同样,信誉度对提高留学服务贸易品牌忠诚度也是至关重要的,广西各高校在提供留学服务时应该树立信誉理念,并且要始终贯穿于留学服务的全过程,要将留学服务贸易做实做细,杜绝追求短期利益的行为发生,力争将对越留学服务贸易打造成广西一大特色服务贸易品牌。二是提高留学服务贸易品牌细腻度。人性化地满足消费者的需求才是真正地了解和满足消费者,因而就需要对留学生教育服务中的学生进行细化分析。通过对留学生的结构、家庭状况、实际需求等情况的分析,找出留学生的边缘需求,并为其提供服务保障。高校可以通过问卷调查、小组座谈、连续追踪调查等方法,为顾客对产品细腻需求提供对应服务,提高品牌公众辨识度。三是增强留学服务贸易行为实施主体的责任意识。现阶段高校留学服务从业人员的责任意识淡薄,影响了留学服务品牌的构建,留学服务行为实施主体应该强化责任意识和服务意识,注重留学服务管理水平和综合实力的提高。

(2)创新留学教育服务产品,实现留学服务贸易品牌延伸。美国维持化学品公

① 凯文·莱恩·凯勒.战略品牌管理(第二版)[M].北京:中国人民大学出版社,2006:638.
② (美)克里斯托弗·洛夫洛克,约亨·沃茨.服务营销(第6版)[M].北京:中国人民大学出版社,2010:299.

司总裁威廉姆·泰勒指出:“我们的兴趣不仅仅在于让顾客获得满意感,而是要挖掘那些被顾客认为能增进我们之间关系的有价值的东西。”这就需要现阶段不断开发新的留学教育服务产品,找准竞争对手的薄弱之处或者留学服务市场空白领域,实现留学生教育服务贸易品牌延伸。笔者认为,广西在对越南留学生教育服务新产品开发上,可以从以下两方面进行探索:一是广西可以利用自身民族语言和国家非通用语种基地的双重优势条件,培养双语教师,并应用于对越留学生的教学中,为来华越南留学生上课语言障碍的解决创造了便利条件。二是定制化管理模式。定制化管理模式指的是按照留学生自身要求,为其提供适合其需求的服务的一种管理模式。例如,住宿问题,可以改变单一的留学生单独分区管理模式,根据留学生的意愿可以选择与国内学生混住的模式,以此加强交流;在课程安排上,改变大班教学模式,变革灵活选课模式,采取定制化课程教学。